21世纪普通高等院校系列教材

成本会计电算化实务

CHENGBENKUAIJI DIANSUANHUA SHIWU

主　编　陈英蓉

西南财经大学出版社
中国·成都

图书在版编目(CIP)数据

成本会计电算化实务/陈英蓉主编．—成都:西南财经大学出版社,2022.6
ISBN 978-7-5504-5393-7

Ⅰ.①成…　Ⅱ.①陈…　Ⅲ.①成本会计—会计电算化　Ⅳ.①F234.2

中国版本图书馆 CIP 数据核字(2022)第 102266 号

成本会计电算化实务

主　编　陈英蓉

策划编辑:邓克虎
责任编辑:邓克虎
责任校对:乔　雷
封面设计:杨红鹰　张姗姗
责任印制:朱曼丽

出版发行	西南财经大学出版社(四川省成都市光华村街 55 号)
网　　址	http://cbs.swufe.edu.cn
电子邮件	bookcj@swufe.edu.cn
邮政编码	610074
电　　话	028-87353785
照　　排	四川胜翔数码印务设计有限公司
印　　刷	郫县犀浦印刷厂
成品尺寸	185mm×260mm
印　　张	14
字　　数	323 千字
版　　次	2022 年 6 月第 1 版
印　　次	2022 年 6 月第 1 次印刷
印　　数	1— 2000 册
书　　号	ISBN 978-7-5504-5393-7
定　　价	39.80 元

前言

会计电算化是融会计学、计算机技术和信息管理学为一体的交叉学科。在整个社会都围绕着计算机技术这一中心转动、改造和演化时，会计领域将计算机技术用于会计工作已经成为历史的必然，现代会计学科的各组成部分必然产生与之相对应的电算化实务。如基础会计电算化实务主要对应基础会计内容，即在会计电算化信息系统中设置账户、复式记账、填制和审核凭证、登记账簿和编制财务报表；中级会计电算化实务对应中级财务会计内容，即在会计电算化信息系统中核算企业的货币资金、应收应付款、投资、存货、固定资产、无形资产、非货币性资产交换、长短期借款、应付职工薪酬、所有者权益、收入费用和利润，以及编制财务报告；成本会计电算化实务对应成本会计内容，即在会计电算化信息系统中归集和分配产品生产成本；管理会计电算化实务对应管理会计内容，即在会计电算化信息系统中利用财务会计提供的财务数据和其他资料进行比较和分析，为企业各级管理人员提供对日常发生的各项经济活动进行规划和控制的有用信息。

本书是基于制造企业 ERP 系统各模块间的数据流程关系和成本会计内容编制的。全书共九章，结合信息技术从最新的应用层阐述了在制造企业 ERP 系统中如何搭建成本管理系统与其他业务系统集成使用的通道，为成本管理系统与生产制造、采购、库存、销售、薪资管理和固定资产管理等系统的集成使用设置应用平台；如何通过生产制造子系统依据销售订单和预测订单下达生产订单；在进销存子系统中如何将产品生产领用的直接和间接材料费用传递给成本管理系统；如何在薪资系统提取计件工资数据，归集汇总后将生产产品的人工费用传递给成本管理系统；如何在固定资产系统中进行固定资产管理和核算，计提生产产品所耗折旧费用传递给成本管理系统，以及成本管理系统如何归集和分配各产品的生产成本等。

本书既可供普通高等院校会计、财务管理专业教学使用，也可供成本会计和制造企业业务管理人员进行 ERP 应用培训学习使用。

本书在撰写过程中参考了一些资料，如《用友 ERP-U8V10.1 使用说明书》，得到了用友公司和攀枝花学院各级领导的大力支持和帮助，在此，特向文献作者和各位领导致以衷心的谢意。

由于计算机信息技术是一个发展极为迅速的领域，而会计电算化理论框架和方法体系还处于逐步发展和不断完善的阶段，加之时间仓促、作者水平有限，书中难免存在不足之处，恳请读者和同行批评指正。

陈英蓉

2022 年 4 月 23 日

目录

第一章　总论

第一节　成本会计电算化实务的概念及特征

一、成本会计电算化实务的概念

成本会计电算化实务是基于生产制造信息化基础上，集信息技术、成本会计专门核算方法与系统管理思想于一体，以信息化的成本管理思想，按照制造企业成本会计核算原则搭建企业采购、仓储、销售、薪资管理、固定资产管理等业务环节与成本核算管理系统的数据通道，通过存货核算、薪资核算、固定资产核算等，来记录和报告制造企业的生产加工成本情况，为企业管理者提供生产决策需要的成本信息。成本会计电算化实务要求企业成本核算人员严格按照成本会计核算原则，遵循一整套成本核算公认的程序，定期或不定期提供管理需要的成本报告，该报告的成本信息应真实和完整，以便企业管理者做出合理的生产经营决策。

成本会计电算化实务为企业的管理活动提供基础数据，以便管理者对企业经营活动进行决策、规划、控制和业绩考核。成本会计电算化实务将企业的业务数据和财务数据直接连通，提供全财务对现代企业整个系统的参与和循环，为企业管理当局提供了更加详尽的管理信息。

广义的成本系统包括生产订单、物料需求规划、采购管理、销售管理、库存管理、存货核算、薪资管理、固定资产管理、成本管理等系统。狭义的成本系统仅指成本管理系统，本书所讲的成本系统特指广义的成本系统。

二、成本会计电算化实务的特征

成本会计电算化实务是依据成本会计的专门核算方法，按照成本会计核算原则的要求在会计信息系统中完成的。由于成本会计电算化实务是传统成本会计实务的电算化结果，因此成本会计电算化实务和传统会计实务相比较，既有共性，又有特性。成本会计电算化实务的特征主要体现在以下几方面：

（一）由业务处理自动产生成本数据

成本会计电算化实务搭建了企业生产订单、物料需求规划、采购、存货核算、薪资核算和固定资产核算等业务环节与成本管理系统的桥梁，促进了成本信息系统与业务信息系统的一体化，通过业务处理自动产生成本数据，减少人工操作，提高业务数据与成本数据的一致性，实现企业内部信息资源共享。因此，成本会计电算化实务处理是由业务处理自动产生成本数据，这样不仅可提供企业成本会计信息，还能提供企业详细的业务信息。

（二）由归集、分配和报告等程序构成

通过收集业务数据对企业经济业务进行确认和计量。成本业务一体化模式下的成本会计业务处理流程主要运用事件驱动形式创造原始性数据，该数据采集的过程由业务活动发挥推动作用，进而伴随相关的业务活动进行实时运转。业务活动产生的数据经过收集之后进行存储，存储地址为业务数据库，因此，数据库的存储过程直接关系到业务流程的正常运转。业务数据的相关存储库作为所有信息用户相关的信息来源，与其质量水平有着重要联系，已成为系统运行成功与否的关键。因此，在成本业务一体化模式下，产品生产成本是通过对业务数据库信息的提取和处理来确认和归集。

成本管理系统依据生产订单和所选择的成本计算方法进行要素费用和综合费用分配，并计算确定各完工产品和在产品的总成本和单位成本。

通过成本报表向企业管理者报告企业的加工成本情况，将企业成本控制情况传递给管理当局，并在管理需求不断变化的基础上进行有效调整，从而发挥成本会计的重要作用。

（三）遵循制造企业成本会计核算原则、要求和程序

成本会计电算化在进行相关实务处理时，应当遵循企业成本会计核算原则、要求和程序。制造企业成本会计核算原则、要求和程序是依据《企业会计准则》《企业财务通》和《企业内部会计制度》等相关规定制定的。

成本会计具有两重性，它既是财务会计的一个重要组成部分，又是管理会计的一个重要组成部分。因此，成本会计系统应由两个部分组成：①以财务报告为目的的成本会计。不管使用何种类型的成本会计系统，成本的结果都被用于公司的财务报表，财务报告的要求将影响成本会计系统的设计。成本在损益表中被列为销售成本，在资产负债表中被列为存货。②以管理为目的的成本会计。从管理会计的角度看，成本会计是为企业正确地进行最优决策有效经营和严格进行成本控制服务的。成本是综合反映企业经营活动过程的质量和效果的一个重要指标，企业管理部门为了实现有效经营，正确进行经营决策往往要从许多方案中选取最优方案，“优”的标准主要是经济效果，而各种形式的“成本”，又是经济效果的重要表现形式。

第二节　成本会计电算化实务的内容及目标

一、成本会计电算化实务的内容

成本会计电算化实务是搭建成本管理系统与其他业务系统集成使用的通道，为成本管理系统与生产订单、物料需求规划、采购、存货核算、薪资核算和固定资产核算系统集成使用进行设置，实现业务与成本信息的传递及相应凭证的自制。因此，成本会计电算化实务的主要内容是参数的设置、基础数据的处理、企业日常成本业务的处理和成本数据归集，期末对要素费用和综合费用的分配，计算确定各完工产品和在产品的总成本和单位成本，以及编制成本会计报表。其中，参数的设置和基础数据的处理是为了保证成本与业务系统能够实现有效的集成和有效的信息传递。

（一）通用成本管理软件转为专用成本管理软件

通用成本管理软件是不含或含有较少的成本会计核算规则与管理方法，其特点是通用性强、成本相对较低、维护量小且有保障、软件开发水平较高、开发者决定系统的扩充与修改、专业性差。它实质上是一个工具，由企业输入本成本会计核算规则，使成本管理软件突破了空间和时间上的局限，转换成完全符合本企业成本管理要求的专用软件。

专用成本管理软件一般是指由使用单位根据自身成本会计核算与管理的需要自行开发或委托其他单位开发，专供本单位使用的成本会计核算软件。其特点是把使用单位的成本会计核算要求，如产品成本核算方法、会计科目、报表格式、工资项目、固定资产项目等编入会计软件。专用成本管理软件非常适合本单位的成本会计核算要求，使用起来简便易行，但费用高，后期维护没有保障。

因此，现在大部分企业都是购买通用成本管理软件，通过参数设置将其转为适合本企业的专用成本管理软件。

（二）搭建业务系统与成本系统的数据通道

在成本业务一体化模式下，需要通过成本业务系统基础档案和初始数据的设置，以及成本业务系统的参数设置来搭建业务系统与成本系统的数据通道。

在生产制造和供应链系统中，通过设置其各模块的参数，指定物料成本核算方法以及存货出入库科目等来搭建成本管理系统读取各产品的直接材料费用和间接材料费用的数据通道。在薪资管理系统中，通过引入部门档案和人员档案，设置薪资费用的分配方案等来建立成本管理系统读取各产品直接人工费用和间接人工费用的数据通道。在固定资产系统中，通过初始化设置，指定折旧方法以及与成本系统接口的固定资产科目和折旧科目，设置折旧分配方案等来建立成本管理系统读取各产品应承担折旧费用的数据通道。

（三）日常成本业务处理

在成本业务一体化模式下，日常业务处理主要是通过各业务系统的业务处理来推动成本数据的归集。

在物料需求规划系统中，依据预测订单、销售订单和库存情况预测并出具物料采购清单和生产计划清单。在生产制造系统中，通过处理生产订单等，向成本管理系统传递各成本中心生产产品的品种和数量。在供应链系统中，依据物料需求规划系统出具的采购清单进行采购，或自主进行采购，进行材料成本核算，通过材料出库单向成本管理系统传递各产品领用的直接材料和间接材料。

在薪资管理系统进行职工薪酬信息变化的处理、薪资分摊处理，向成本管理系统传递各成本中心产品所耗直接人工费和间接人工费。

在固定资产核算系统中进行固定资产增减变化的处理和计提折旧，向成本管理系统传递各成本中心产品应承担的折旧费用。

在总账系统中通过填制记账凭证，向成本管理系统传递各成本中心应承担的共耗费用。

（四）成本费用分配处理

在成本管理系统中，读取各业务系统归集的各项成本费用，再依据选择的成本计算方法和各成本中心的分配方案进行产品成本费用分配，计算各成本中心完工产品、在产品的总成本和各单位成本。

（五）编制成本报表

成本报表是反映企业生产费用与产品成本构成及其升降变动情况，以考核各项费用与生产成本计划执行结果的会计报告性文件。在电算化信息系统中，主要是通过编制成本报表取数公式来汇总各产品的总成本和单位成本等，向企业管理者提供生产管理决策信息。

二、成本会计电算化实务的目标

成本会计电算化实务的目标是通过搭建业务系统与成本系统数据通道，使企业业务成本一体化，从而实现从源头开始对成本进行管控。成本管控紧跟业务，规范了成本控制流程，提升了企业风险防控能力。

在成本业务的一体化体系当中，实现业务和成本子系统的高效结合，能大大提升企业业务成本处理的效率。在处理的整个环节中，建立统一的数据系统，能够对相关业务的资料进行有效共享和传输，达到高度集约化的处理效果。企业成本业务的一体化体系内部相关数据实现了高度集中，其相关业务的流程相对集成，对过程中涉及的各项冗余性活动进行消除，促使企业成本的处理流程达到最优化程度，从而在成本处理过程中减少人为干预和人为误差，更好地保障成本数据的真实性。

第三节　成本电算化核算的基本原则及要求

成本电算化核算是指以电算化信息系统为载体，对发生的生产费用和形成的产品成本进行的核算。即以一定的产品或劳务为对象，对生产费用进行归集和分配，以确定产品或劳务的实际总成本和单位成本的程序和方法。

一、成本电算化核算的基本原则

成本电算化核算原则是指企业在电算化信息系统进行成本核算的过程中应当遵循的准则。它是保证成本信息质量的基本核算要求。不同企业，虽然所处行业、生产性质、生产规模不同，产品成本或服务的核算各有特点，但在进行成本核算时，都应遵守一些基本原则。这些基本原则是分期核算原则、一贯性原则、重要性原则、历史成本原则、受益原则、适应性原则。

（一）分期核算原则

由于成本会计具有两重性，即它不仅要向企业管理当局提供管理需要的成本信息，还要向财务报告提供成本数据。成本在损益表中被列为销售成本，在资产负债表中被列为存货。因此，成本电算化核算期应当与会计报告期（月、季、年）相一致，以利于各项成本核算工作的开展，便于为编制财务报表提供成本数据。但是，它不一定与成本计算期相一致。

成本计算期是指计算完工产品成本的周期，即间隔多少时间计算一次完工产品成本。它可以是定期计算，如每个月、每个季度或每个年度，也可以是不定期计算。不同行业，成本计算期差异很大。例如，修建一条铁路或一座电站，可能要等几年或十几年才能计算完工产品成本，而一般性的工业产品，可能每隔一个月或一个季度就可以计算一次完工产品成本。

成本核算期主要是指生产费用归集和分配的周期。它与生产类型和生产周期没有直接关系，不管生产什么产品，一般在管理上都需要定期进行费用的归集、汇总和分配。它同会计报告期相一致。

（二）一贯性原则

成本电算化信息系统为了保证成本资料的可比性，系统设计规定企业在系统中设置了各项生产费用归集程序和步骤，选定了成本计算方法，定义了分配率、分配范围和分配标准后，只要一经使用后续数据产生，就不能再修改各项生产费用的归集和分配的程序与步骤。

每一个企业在进行成本核算时，都应当根据本企业的生产经营特点和成本管理要求，选择相应的成本计算方法和程序。成本计算方法和程序一经确定，如果没有特殊情况发生，一般不宜经常变动。在成本核算中采用一贯性原则，其目的是保证多个时期的成本数据和资料在内容和口径上一致，具有可比性，并在一定程度上避免人们利用成本计算方法的不断改变人为地调节各期成本水平，以达到操纵各期利润的目的。

当企业生产经营类型发生较大变动，生产的产品种类发生较大改变，如企业转产、新产品试制投产，以及内部管理要求改变或国家有关成本核算政策发生较大变化时，成本电算化信息系统可通过“选项→重新初始化”指令，参照现用账套创建新账套或创建新的年度账套方式来修改和调整各项生产费用核算程序和方法。但是，这种调整和改变对企业成本水平的影响数，以及对企业财务状况、经营损益的影响数都必须在会计报告中予以明确披露和说明。

（三）重要性原则

重要性原则是指进行成本核算时，应视其内容和对象的重要程度，采用不同的成本计算程序和方法。在成本电算化核算中采用重要性原则，能够使企业在全面、完整反映企业生产经营状况和成本水平的基础上，加强对经济活动和经营决策有重大影响的关键性成本内容和对象的核算，达到事半功倍的效果。同时，有助于简化某些内容的核算，节约人力、物力、财力，提高核算工作效率。

重要性原则要求：凡是企业的主要产品或劳务，应重点进行成本核算，计算出每一种主要产品或劳务的单位成本和总成本，以及多个成本项目的数字；凡是对成本影响比较大的费用，如产品在生产过程中直接消耗的原材料、燃料、动力、工资等费用，应作为主要费用，单独设置成本项目或费用项目进行核算和列示；凡是次要产品或非主要费用，在不影响成本真实性的前提下，可以适当简化核算程序和方法。

重要性原则的运用，涉及对重要性的判断问题。对于不同行业和不同企业来说，重要还是不重要是相对的。某一成本内容或事项的重要性在很大程度上取决于成本会计人员的职业判断。从质的方面讲，只要该成本内容或事项的发生对企业成本水平、成本结构有重大影响，就属于重要事项和内容；从量的方面讲，当某一成本内容或事项的发生达到一定数量界限时，就可以被视为重要事项或内容。如某一产品是企业经常生产的产品，在全部产品中所占比重比较大，达到 10%以上，则应将其视为企业的主要产品，重点进行成本核算；某一项费用占总成本的比重达到 10%以上，则应将其视为主要费用，设置单独的成本项目或费用项目进行核算。总之，成本会计人员在判断某一成本内容或事项的重要性时，应结合企业生产经营规模、产品或服务结构、管理上对成本信息的要求等因素进行综合判断。

（四）历史成本原则

历史成本原则又称实际成本原则，是指对生产经营中发生的资源耗费都应当按照它们取得时的历史成本计价核算。按照历史成本核算，一方面是由于历史成本是实际发生的消耗，具有客观性；另一方面是由于历史成本的数据比较容易取得。

在成本业务一体化的电算化信息系统中，存货数据来源于存货核算系统，由生产领料等出库单业务的处理自动产生直接材料费用；人工费用来源于薪资系统，由薪资管理系统的工资分摊业务处理自动产生各产品所耗费的人工费用；折旧费用来源于固定资产系统，各产品应承担的折旧费用直接提取固定资产系统按使用部门计提的折旧费用分配额；燃料、动力、修理费用等均需依据原始凭证在总账系统中填制记账凭证后传递到成本管理系统中，再分摊加入各产品成本中。在价格方面可以采用实际价格，也可以采用计划价格，但在计算产品成本时，必须对计划价格与实际价格的差异造成的成本差异数进行调整，产品成本中的原材料、燃料、动力费用最终必须是实际成本。对于固定资产折旧费，必须根据固定资产历史成本和预计使用年限等因素计算。

按照历史成本原则核算，能够客观地反映企业的生产经营消耗。但其也有局限性，在物价变动幅度比较大的情况下，它不能确切地反映资产的现值，会带来会计信息失真、盈亏计算不实等弊病。为了反映物价变动的影响，人们可以根据“物价变动会计”方法对企业资产价值和损益情况进行账外调整和披露。

（五）受益原则

受益原则是指在成本核算过程中，应当按照谁受益谁承担、谁多受益谁多承担的基本原则分配生产费用，计算产品成本，以真实地反映企业各种产品或劳务的成本水平。

在成本电算化信息系统中，当启用了“生产制造”数据来源，成本电算化管理系统在归集各项费用时，就自动依据各成本中心的生产订单、生产领料出库单（单据上必填项目：成本中心、产品名称）、计件工资等，按照谁受益谁承担的原则归集各产品的各项费用。

在成本电算化信息系统中，选择若干种产品共同受益的费用分配标准时，首先，要注意分配标准的共性，应以各受益对象共有的因素作为分配标准；其次，要注意分配标准的科学性与合理性，所选分配标准必须与费用的发生存在一定的因果关系或直接联系。只有这样分配结果才能做到公平、合理。其分配标准最好选择业务进程中已有的原始数据，分配标准的选择既要保证分配结果的正确性和合理性，又要使操作简便易行。

（六）适应性原则

适应性原则是指企业的成本计算必须与企业的生产经营特点和管理要求相适应。成本电算化信息系统中，可供企业选择的成本计算制度很多，如实际成本计算制度、标准成本计算制度、变动成本计算制度和作业成本计算制度。就实际成本计算制度而言，又有品种法、分步法、完全分批法、部分分批法和分类法。企业究竟选择哪一种或哪几种计算方法必须根据实际情况做出选择。即使是同一行业的企业，由于生产规模不同，内部管理体制不同，管理水平和要求不同，其实际成本计算方法也存在许多差异。会计人员不应完全照搬其他企业的成本计算方法，而应在分析本企业生产经营类型、工艺技术流程特点的前提下，选择适应本企业管理需要的成本计算程序和方法。

在实践中，不仅是基本财务报表的编制要求企业计算产品或劳务的实际成本，企业为了适应管理上的需要，也要计算固定成本、变动成本、可控成本、相关成本、机会成本、责任成本、质量成本等，以满足企业经营决策或规划与控制的要求。

以上是成本核算的一些基本原则，也是衡量成本核算信息质量高低的重要标准。从理论上讲，成本核算是会计核算的组成内容之一，凡是涉及评价会计核算信息质量的一般性原则和涉及资产确认、计量的一些原则，都应当遵守。分期核算原则、受益原则、适应性原则是针对成本核算内容的特殊性提出的特定原则。成本核算原则究竟列出几条最为恰当，见仁见智，目前在成本会计学界还有争议，没有形成统一的认识。

二、成本电算化核算的基本要求

成本电算化核算正确与否，不仅直接影响企业损益，对企业的生产经营决策也有重大影响。成本电算化核算过程既是对企业生产经营过程中发生的各种生产耗费进行如实反映的过程，也是为满足企业管理要求进行成本信息反馈的过程，是对企业成本计划的执行情况进行检查和控制的过程。为了充分发挥成本核算的作用，不断改进企业生产经营管理水平，成本核算应做到：

（一）搞好成本电算化核算的基础设置

按照成本管理信息系统的要求，企业进行成本核算之前，必须设置好成本电算化核算的材料费用数据来源、人工费用数据来源、折旧费用数据来源、制造费用数据来源以及其他费用的数据来源；选择成本计算方法，指定是否启用“生产制造”数据来源等；设置成本核算需用的会计科目、设置成本电算化的相关基础档案、对成本相关系统进行初始设置、对生产制造相关系统进行初始设置、下达生产订单等。

成本电算化核算是成本电算化会计的基础内容，涉及面广，内容多，工作量大，因此必须重视成本电算化核算的基础设置工作。

（二）严格执行规定的成本开支范围

成本开支范围是明确成本构成内容，划清成本支出界限，统一成本补偿标准的规定。从理论上讲，成本开支范围应以成本的经济内容为依据。但在实践中，成本经济内容包括的范围广泛，情况复杂，为了统一成本所包含的内容，规范企业成本补偿标准，保持成本指标的可比性，防止乱挤乱摊成本现象，保证企业损益计算的正确性，除金融保险业的企业外，制造业、农业、批发零售业、建筑业、房地产业、采矿业、交通运输业、信息传输业、软件及信息技术服务业、文化业以及其他行业的企业均应按照财政部发布的《企业产品成本核算制度（试行）》执行。

在制造业中，按照国家规定列入产品成本开支范围的应有以下内容：

（1）企业生产单位为生产产品所实际消耗的原材料、辅助材料、备品备件、外购半成品、燃料、动力、包装物、低值易耗品等费用；

（2）企业生产单位为生产产品所发生的固定资产折旧费、修理费和租赁费用；

（3）企业生产单位支付给职工的工资、津贴、奖金、补贴、福利费等；

（4）企业生产单位因生产原因引起的废品修复费用或报废损失，季节性停工、修理期间停工所支付的工资与福利费；

（5）企业生产单位为组织和管理生产所支付的办公费、差旅费、运输费、保险费、水电费、设计制图费、试验检验费、劳动保护费、邮电费用等。

在实践中，企业有的时候基于降低经营风险和保全资本的需要，从谨慎性原则出发，在确定本企业具体成本开支范围和标准时，可能与国家的统一规定有一些出入。比如，生产单位使用的某类机器设备，假设国家统一规定要求按直线法分 10 年计提折旧，而企业自行规定按加速折旧法分 5 年计提折旧。一旦出现本企业规定与国家统一规定不一致的情况，应在计算应纳所得税和编制纳税申报表时进行调整，并在会计报表附注中说明其对企业财务状况和损益计算的影响。一般情况下，企业成本开支范围和标准应当尽量与国家统一规定一致，以便使同类企业的成本具有可比性和企业不同时期的成本具有可比性。

（三）正确划分成本、费用的界限

成本核算涉及的内容广泛，技术性强。为了正确核算产品成本，保证成本真实、可靠，在确定成本开支范围的同时，还必须注意正确划分以下几个界限：

1. 分清计入产品成本和不计入产品成本的费用界限

企业在生产经营过程中发生的费用很多，并非全部能计入产品成本。企业在生产经营中发生的资本性支出，如购置或建造固定资产、无形资产支出，不应列入产品成本，而应先资本化，作为资产价值处理。企业在生产经营中发生的营业外支出是一种与生产活动无直接关系的支出，也不能计入产品成本。对于收益性支出，只有与产品生产活动有直接联系，要么构成产品实体，要么有助于产品实体的形成，才能计入产品成本；否则，应根据发生的地点和用途作为期间费用等处理。

2. 分清计入本报告期成本和计入若干报告期成本的费用界限

企业在生产过程中发生的一些费用，有时候虽然可以计入产品成本，但按照权责发生制原则，需要计入若干会计报告期产品成本。比如：企业生产车间使用的固定资产发生的大修理费用其受益期限应当是固定资产大修理周期，许多大型机械设备大修理周期有可能超过一个会计年度，企业需在几个会计年度分期摊销大修理费，将其分期计入产品成本，以便合理地反映生产车间修理资源消耗，避免各会计报告期产品成本较大的波动。

当然，如果企业使用的固定资产大修理周期均在一个会计年度内，可以在发生大修理费用时直接将其费用计入当期的成本和期间费用，以便简化大修理费用会计处理。

3. 分清计入各种产品成本的费用界限

企业通常生产若干种产品，对于计入本期产品成本的费用，在进行成本核算时还需要分清计入每一种产品成本的费用界限。因此，在成本电算化信息系统中，生产领用直接消耗的材料，填制领料出库单时必须明确填写是哪个成本中心哪种产品领用的，薪资管理系统进行人工费用分配时，必须按其职工所在岗位即具体生产加工哪种产品进行分配计入相应的产品成本中。对于生产中发生的间接性费用，如固定资产折旧费、大修理费、办公费、邮电费、机物料消耗等，在发生时一般不易分清是哪一种产品耗用的，为简化核算工作，应先归集在一起，然后在期末按照受益性原则，选择一定的分配标准，分配之后计入各种产品成本。

从实践来看，只有分清不同产品的成本界限，才能将它们的实际成本与计划成本、标准成本相互比较，发现生产中的超支或节约情况，以加强对生产耗费的控制。

4. 分清在产品成本和完工产品成本的界限

一定时期结束之后，各种产品所归集的费用还需要在完工产品和期末在产品之间进行分配。因此，在成本电算化信息系统中需填制完工产品表，由系统依据完工产品表中的完工产品数量自动推算出在产品的数量。然后，再依据系统中选定的成本核算程序和方法，将生产费用在完工产品和期末在产品之间进行分配，不得人为地任意压低或提高在产品成本，以保证成本计算的可靠性和真实性。

第四节　成本电算化核算的基本程序

成本电算化核算的基本程序是指在成本电算化信息系统中，生产费用计入产品成本的基本顺序和步骤是从生产费用发生开始，经过一定的归集和分配，最终计算出产品总成本和单位成本的过程。在成本业务一体电算化环境下，成本电算化核算的基本程序如下：

一、设置成本电算化账户

进行产品成本总分类核算，应设置“生产成本”总账。同时，为了分别核算基本生产成本和辅助生产成本，还应在该总账下分别设置“基本生产成本”和“辅助生产成本”两个二级账户。为了减少二级账户，简化会计分录，也可以将“基本生产成本”（简称“基本生产”）和“辅助生产成本”（简称“辅助生产”）两个二级账户直接设置为成本总账。

（一）“基本生产”账户

基本生产是指为实现企业主要生产目的而进行的商品生产。“基本生产”账户是归集进行基本生产活动所发生的各种生产费用和计算基本生产产品成本而设的。基本生产所发生的各项费用记入该账户的借方，完工入库的产品成本记入该账户的贷方，该账户的余额就是基本生产在产品成本，也就是基本生产在产品占用的资金。在该总账下，应按照产品品种、产品生产批别等成本计算对象设置基本生产明细账。基本生产明细账也叫产品成本计算单，该明细账中应按“直接材料”“直接人工”“制造费用”三个成本项目分设专栏或专行，登记各产品每个成本项目的月初在产品成本、本月发生的生产费用、本月完工产品成本和月末在产品成本。

基本生产明细账中虽然没有直接标明借方、贷方和余额，但其基本结构不外乎这三部分。其中，月初（上月末）在产品成本为月初借方余额，系上月末所记；本月发生的直接材料、直接人工、制造费用是根据本月各种生产费用分配表登记的，为本月借方发生额；本月完工产品成本为贷方发生额；月末在产品成本为月末借方余额。本月完工产品成本和月末在产品成本是生产费用累计数，按照一定的分配方法分配之后得出的。如果产品的计划成本或定额单位成本和单位成本差异也在明细账中进行登记，还可以为成本计划或定额的分析和考核提供依据。

产品种类较多的企业，按照成本项目（或者既按车间又按成本项目）汇总反映全部产品总成本，以便于核对账目，还可以在“基本生产”总账下设二级账。在设有基本生产二级账的情况下，对于基本生产总账、基本生产二级账和基本生产明细账，企业都要按照会计上的平行登记原则进行登记。这样基本生产二级账就可以作为基本生产总账和基本生产明细账之间核对账目的中介。在按车间和成本项目设置进行部门、项目辅助核算的基本生产二级账的情况下，该二级账还可以配合车间成本核算与管理，为分析和考核各车间成本状况提供资料。

（二）“辅助生产”账户

辅助生产是指为基本生产服务的产品生产和劳务提供，如工具、模具、修理用备件等产品的生产和修理，运输、供水、供电等劳务的提供。辅助生产提供的产品或劳务，有时也对外服务，但这不是它的主要目的。辅助生产发生的各种费用，应记入“辅助生产”总账借方；完工入库产品成本或分配转出的劳务费用，应记入该账户贷方；该账户余额一般在借方，即辅助生产在产品成本，亦即辅助生产占用的资金。“辅助生产”总账下，应按辅助生产车间和生产的产品、劳务分设部门和项目辅助明细账，明细账中再按辅助生产成本项目或费用项目分设专栏或专行进行登记。

（三）“制造费用”账户

“制造费用”总账用来核算企业各生产单位（车间、分厂）为组织和管理生产活动而发生的各项费用，包括生产单位发生的管理人员工资、福利费、折旧费、修理费、办公费、水电费、机物料消耗、劳动保护费、设计制图费、试验检验费、季度性和大修理期间的停工损失等。生产单位发生的各项制造费用，记入该账户借方；分配结转产品成本的制造费用，记入该账户贷方。除季节性生产企业外，该账户一般月末无余额。“制造费用”总账应按照各具体生产单位设置部门辅助明细账，明细账中再按制造费用项目设专栏进行明细核算。

（四）“废品损失”账户

凡是内部成本管理上要求单独反映和控制废品损失的企业，会计上可以设置专门的“废品损失”账户。该账户用于核算生产单位发生的各种废品带来的经济损失，包括可修复废品损失和不可修复废品的净损失。该账户的借方归集不可修复废品成本和可修复废品的修复费用，贷方反映废品残值、赔偿款以及计入合格品成本的净损失，期末一般无余额。

“废品损失”明细账户应按生产车间分产品设置部门和项目辅助核算，按废品损失构成进行反映。为了简化核算工作，通常辅助生产车间不单独核算废品损失。

如果企业的成品率较低，内部成本管理上不要求提供废品损失专门数据和资料，则会计上可以不单独设置“废品损失”账户。那么，发生废品所带来的经济损失即废品已消耗的材料费用、人工费用等与正品消耗的生产费用混在一起，最终计入合格品成本，但这会提高合格品的单位生产成本。

（五）“停工损失”账户

凡是需要单独核算“停工期失”的企业，可以设置“停工损失”账户。该账户用于核算企业生产车间由于计划减产或者停电、待料、机器设备发生故障等而停止生产所造成的损失。该账户借方记录停工期间人员的工资与福利费、维护保养设备消耗的材料费用、应负担的制造费用等，贷方反映分配结转的停工损失，期末一般无余额。如果跨月停工，则可能出现借方余额。

“停工损失”明细账户应按车间设置部门辅助核算，明细账中最好分别按计划内停工和计划外停工进行记录，以便明确责任，正确计算产品成本。

同废品损失一样，如果企业不单独核算生产车间停工期间发生的经济损失，则停工期间的各种消耗就会同正常生产期间的耗费混在一起，计入合格品成本。

在用友 ERP-U8V10.1 系统中，执行“基础设置→基础档案→财务→会计科目”指令，进入会计科目设置界面，增设上述会计科目。

二、成本电算化基础档案设置

在 ERP 成本业务一体化环境下，成本电算化需设置以下基础档案：部门人员档案，客商信息，存货分类、计量单位和存货档案信息，会计科目、凭证类别、外币设置、项目档案、成本中心及对照关系，结算方式、银行档案，仓库档案、收付类别、采购类型、销售类型、成套件、费用项目分类、费用项目、发运方式，仓库存货对照表、供应商存货对照表、客户存货对照表等。

在用友 ERP-U8V10.1 系统中，执行“基础设置→基础档案”指令，可分别增设上述基础档案。

三、成本相关系统初始设置

在 ERP 成本业务一体化环境下，成本相关系统均需进行初始化设置。初始设置分为业务参数设置和各子系统基础数据录入。在用友 ERP-U8V10.1 系统中，执行“基础设置→基础档案→业务参数”指令，可设置总账、固定资产、成本管理、销售管理、采购管理、库存管理、存货核算等子系统的参数。

成本核算需要的相关各总分类账、明细分类账和辅助核算明细账的期初余额进入总账系统录入，存货期初结存数量和金额在库存管理和存货核算中均需录入，为了后续存货核算会计记账凭证自动生成，还需在存货核算系统中设置存货科目、对方科目、税金科目、运费科目、结算科目、应付科目等。人工成本归集前需要在计件工资系统中指定是个人计件还是班组计件，或者两种都有，再设置计件要素、计件工价和计件项目；在薪资系统增设工资类别、工资项目，再进入各工资类别增加人员档案和工资核算项目，以及定义工资计算公式等。折旧费用计提前，需在固定资产系统中设置各部门对应折旧科目、资产类别、固定资产增减方式、使用状况和折旧方法，在固定资产卡中录入固定资产期初明细卡片。产品成本归集与分配前需在成本管理系统定义产品属性、费用明细与总账接口、分配率、分配范围、分配标准；录入期初在产品信息；设置成本核算需要的相关会计科目等。

四、生产制造初始设置

在 ERP 成本业务一体化环境下，产品成本核算需基于“生产制造”相关系统的应用，因此，成本核算前需对生产制造参数进行设定，录入各产品物料需求清单、客户物料清单、订单物料清单，推算物料低阶码，作为成本管理系统物料成本计算的依据；设置 MPS 计划参数、MRP 计划参数，录入生产订单类别、物料生产线关系和设置车间报工基础信息。

五、下达生产订单

在主生产计划系统中录入产品预测订单，通过 MPS 计划依据产品预测订单和销售订单生成主生产计划再下达生产订单，在需求规划系统中依据物料清单生成 MRP 计划并下达采购订单，在生产订单系统中对生产订单进行相关处理，在车间管理系统中进行订单报工、工序报工、转移报工等处理。

六、材料成本归集

在库存管理系统中依据已下达的生产订单，进行出库业务处理。按照受益原则在填制材料出库单时，需填写明确领料的成本中心、生产产品名称和具体数量，其单价由系统依据材料成本计算方法来定，如计算方法为先进先出法、移动加权平均法和个别计价法，材料出库单上的单价在出库时就由系统确定自动填入；如材料成本计算方法为全月加权平均法和后进先出法，材料出库单上的单价在出库时就由系统自动填入一个暂估价或者不填单价，到期末材料进行月末处理后由系统自动回填材料成本单价，计算材料出库总额。成本管理系统依据库存管理系统的出库单归集各成本中心各产品的直接材料费用和各成本中心的共同材料费用。

七、人工费用归集

在薪资管理系统生产人员工资类别中，依据生产人员的岗位薪资和计件工资系统的计件工资汇总归集生产产品的直接人工费用和共同人工费用，再按成本中心分生产产品品种计提应付职工工资、福利费，以及单位应承担的社保费。成本管理系统依据薪资管理系统的薪资费用分配方案归集各成本中心各产品的直接人工费用和各成本中心的共同人工费用。

八、共同费用归集

产品成本除材料和人工费外，还有各车间折旧费、水电费、燃料费等共同费用，其中，折旧费由成本管理系统依据固定资产系统按部门计提的折旧分配表来归集各成本中心的折旧费用，其他共同费用由成本管理系统依据总账系统各总分类和明细分类账的发生额来归集各成本中心的共同费用。

九、生产成本费用分配

在成本管理系统通过对成本数据源系统取数归集完所有成本费用后，具体进行产品成本分配前，首先应对生产过程中发生的各项费用进行严格的复核。复核时，可以企业制定的成本计划、费用消耗定额、费用预算等为依据，对各项费用产生的来源系统对原始凭证进行逐一复核，以防止生产过程中不必要的超支和浪费，对于损失和浪费严重的行为应当追究有关责任者的经济责任。在加强费用审核控制的同时，应分清计入产品成本的费用界限和不计入产品成本的费用界限。凡不能计入产品成本的费用，应根据费用性质、用途和地点计入相关账户。在分清本期、非本期成本及各种产品成本界限的基础上，由成本管理系统将费用计入各种产品成本中的成本项目。期末如果既有完工产品又有在产品，成本管理系统会自动将该产品各成本项目生产费用合计数在完工产品与在产品之间进行分配，计算出完工入库产品总成本和单位成本。

第二章 系统管理与总账系统初始设置

第一节 系统管理

用友 ERP-U8V10.1 系统是由多个子系统组成，各个子系统之间相互联系，数据共享，完整实现财务、业务一体化的管理。为了实现一体化的管理模式，要求各个子系统具备公用的基础信息，拥有相同的账套和年度账，操作员和操作权限集中管理并且进行角色的集中权限管理，业务数据共用一个数据库。因此，需要一个平台来进行集中管理，系统管理模块的功能就是提供这样一个操作平台。其优点是对企业的信息化管理人员可以进行方便管理、及时监控，随时可以掌握企业的信息系统状态。系统管理的使用者为企业的信息管理人员：系统管理员、安全管理员、管理员用户和账套主管。

系统管理模块主要能够实现如下功能：

（1）对账套的统一管理，包括建立、修改、引入和输出（恢复备份和备份）。

（2）对操作员及其功能权限实行统一管理，设立统一的安全机制，包括用户、角色和权限设置。

（3）允许设置自动备份计划，系统根据这些设置定期进行自动备份处理，实现账套的自动备份。

（4）对账套库的管理，包括建立、引入、输出、备份账套库，重新初始化，清空账套库数据。

（5）对系统任务的管理，包括查看当前运行任务、清除指定任务、清退站点等。

一、系统注册

在用友 ERP-U8V10.1 系统中，系统管理员、安全管理员、管理员用户和账套主管看到的登录界面是有差异的，系统管理员、安全管理员的登录界面只包括服务器、操作员、密码、语言区域，而管理员用户、账套主管的登录界面则包括服务器、操作员、密码、账套、操作日期、语言区域。

系统管理员、安全管理员、管理员用户和账套主管可操作的权限如表 2-1 所示。

表 2-1 各类管理员和账套主管的权限

主要功能	详细功能 1	详细功能 2	系统管理员	安全管理员	管理员用户	账套主管
账套操作	账套建立	建立新账套	Y	N	N	N
		建立账套库	N	N	N	Y
	账套修改		N	N	N	Y
	数据删除	账套数据删除	Y	N	N	N
		账套库数据删除	N	N	N	Y
	账套备份	账套数据输出	Y	N	N	N
		账套库数据输出	N	N	N	Y
	设置备份计划	设置账套数据备份计划	Y	N	N	N
		设置账套库数据备份计划	Y	N	Y	Y
		设置账套库增量备份计划	Y	N	Y	Y
	账套数据引入	账套数据引入	Y	N	N	N
		账套库数据引入	N	N	N	Y
	升级 SQL Server 数据		Y	N	Y	Y
	语言扩展		N	N	N	Y
	清空账套库数据		N	N	N	Y
	账套库初始化		N	N	N	Y
操作员、权限	角色	角色操作	Y	N	Y	N
	用户	用户操作	Y	N	Y	N
	权限	设置普通用户、角色权限	Y	N	Y	Y
		设置管理员用户权限	Y	N	N	N
其他操作	安全策略		N	Y	N	N
	数据清除及还原	日志数据清除及还原	N	Y	N	N
		工作数据清除及还原	Y	N	N	N
	清除异常任务		Y	N	Y	N
	清除所有任务		Y	N	Y	N
	清除选定任务		Y	N	Y	N
	清退站点		Y	N	Y	N
	清除单据锁定		Y	N	Y	N
	上机日志		Y	Y	Y	N
	视图	刷新	Y	Y	Y	Y

注：Y 表示具有权限，N 表示不具备权限；管理员用户可操作的功能，以其实际拥有的权限为准，本表中以最大权限为例。

运行用友 ERP-U8V10.1 系统管理模块，登录注册的操作步骤如下：

（1）启动系统管理：执行“开始→程序→用友 ERP-U8V10.1→系统服务→系统管理”指令，启动系统管理。

（2）执行“系统→注册”指令，打开登录系统管理对话框，选择登录到的服务器：在客户端登录，则选择服务端的服务器名称（标识）；在服务端或单机用户登录，则选择本地服务器名称（标识）。输入操作员名称和密码。如要修改密码，则单击“改密码”按钮。

（3）第一次登录运行系统，用系统管理员账户名，密码为空，选择系统默认账套，单击“登录”按钮可登录系统。

在实际工作中，为了保证系统的安全，必须为系统管理员设置密码。而在教学过程中，由于一台计算机供多个学员使用，为了方便则建议不为系统管理员设置密码。

二、建立账套

在使用系统之前，首先要新建本单位的账套。

［**实务案例**］

建立账套，账套信息如下：

账套号：107

账套名称：成本会计电算化实务

启用日期：2022 年 01 月 01 日

单位名称：飞跃摩托车制造公司

单位简称：飞跃摩托

企业类型：工业

行业性质：新会计制度

账套主管：张红

选择按行业预设科目。

存货、客户、供应商选择分类，有外币业务。

科目编码级次：4-2-2-2-2

客户分类编码级次：2-2

供应商分类编码级次 2-3-4

存货分类编码级次：2-2-2-2-3

部门编码级次：2-2

地区分类编码级次：2-3-4

结算方式编码级次：1-2

货位编码级次：2-3-4

收发类别编码级次：1-2

客户权限：2-3-4

供应商权限编码级次：2-2-2

存货权限组级次：2-2-2-2-3

其他参数均为系统默认值。

设置数据精度定义：均为两位小数位。

设置启用系统：总账、物料清单、主生产计划、需求规划、生产订单、车间管理、采购管理、销售管理、库存管理、存货核算、薪资管理、计件工资管理、固定资产和成本管理。

【操作步骤】

（1）以系统管理员（admin）身份注册登录后，执行“账套→建立”指令，进入“创建账套”对话框，选择“新建空白账套”选项，单击“下一步”按钮。

（2）输入账套信息：用于记录新建账套的基本信息。

（3）输入单位信息：用于记录本单位的基本信息，单位名称为必输入项，输入完成后，单击“下一步”按钮。

（4）核算类型设置：用于记录本单位的基本核算信息，输入完成后，单击“下一步”按钮。

（5）基础信息设置：输入完成后，单击“完成”按钮，系统提示“可以创建账套了吗?”，单击“是”按钮完成上述信息设置，然后可进行下一步设置；单击“否”按钮，则返回确认步骤界面。单击“上一步”按钮，返回第三步设置；单击“取消”按钮，取消此次建账操作。

（6）建账完成后，可以继续进行相关设置，也可以以后从企业应用平台中进行设置。如继续操作：系统进入“分类码设置”，然后进入“数据精度”定义。完成后系统提示“×××账套建立成功”，可以现在进行系统启用设置，或以后从“企业应用平台-基础设置-基本信息”进入进行系统启用设置，或修改已设置的信息。

三、操作员及权限设置

（一）角色

角色是指在企业管理中拥有某一类职能的组织，这个组织可以是实际的部门，也可以是由拥有同一类职能的人构成的虚拟组织。例如实际工作中最常见的会计和出纳两个角色（他们可以是一个部门的人员，也可以不是一个部门但工作职能是一样的角色统称）。在设置角色后，可以定义角色的权限，如果用户归属此角色，则其相应具有该角色的权限。此功能的好处是方便控制操作员权限，可以依据职能统一进行权限的划分。本功能可以进行账套中角色的增加、删除、修改等维护工作。

［实务案例］

飞跃摩托车制造公司的主要角色如表 2-2 所示。

表 2-2　飞跃摩托车制造公司的主要角色

角色编码	角色名称	备注
001	财务主管	
002	会计	
003	出纳	
004	销售主管	
005	采购主管	

【操作步骤】

（1）在系统管理主界面，执行“权限→角色”指令，单击进入角色管理功能界面。

（2）在角色管理界面，单击“增加”按钮，显示“增加角色”界面，输入角色编码和角色名称。在所属用户名称中可以选中归属该角色的用户。单击“增加”按钮，保存新增设置。

在角色主界面可修改角色、删除角色，单击“刷新”按钮，重新从数据库中提取当前用户记录及相应的信息。

（二）用户（操作员）

本功能主要完成本账套用户的增加、删除、修改等维护工作。设置用户后系统对于登录操作，要进行相关的合法性检查。其作用类似于 Windows 的用户账号，只有设置了具体的用户之后，才能进行相关的操作。

[实务案例]

飞跃摩托车制造公司的会计电算化系统操作人员及其权限如表 2-3 所示。

表 2-3 飞跃摩托车制造公司的会计电算化系统操作人员及其权限

编号	姓名	所属部门	所属权限
1	张红	财务部	账套主管
2	罗梁	财务部	总账、物料清单、主生产计划、需求规划、生产订单、车间管理
3	董小辉	财务部	采购管理、销售管理、库存管理、存货核算
4	李明	财务部	薪资管理、计件工资管理、固定资产、成本管理
5	倪雪	成车车间	物料清单、主生产计划、需求规划、生产订单、车间管理
6	李飞	辅助车间	物料清单、主生产计划、需求规划、生产订单、车间管理
7	雷磊	动力车间	物料清单、主生产计划、需求规划、生产订单、车间管理
8	何亮	原材料采购部	采购、库存
9	代方	原材料采购部	采购、库存
10	宋岚	配套件采购部	采购、库存
11	赵红兵	其他采购	采购、库存
12	肖遥	西南办事处	销售、库存
13	陈雪	西北办事处	销售、库存
14	石海	北方办事处	销售、库存

【操作步骤】

（1）在系统管理主界面，执行“权限→用户”指令，单击进入用户管理功能界面。

（2）在用户管理界面，单击“增加”按钮，显示“增加用户”界面。此时录入编号、姓名、用户类型、认证方式、口令、所属部门、手机号、默认语言等内容，并在所属角色中选中归属的内容。然后单击“增加”按钮，保存新增用户信息。

（三）划分权限

随着经济的发展，企业对管理要求不断变化、提高，越来越多的信息都表明权限管理必须向更细、更深的方向发展。用友 ERP-U8V10.1 提供集中权限管理，除了提供企业对各模块操作的权限之外，还相应地提供了金额的权限管理和对于数据的字段级和记录级的控制，不同的组合方式将为企业的控制提供有效的方法。用友 ERP-U8V10.1 可以实现三个层次的权限管理。

（1）功能级权限管理。该权限将提供划分更为细致的功能级权限管理功能，包括各功能模块相关业务的查看和分配权限。

（2）数据级权限管理。该权限可以通过两个方面进行权限控制，一个是字段级权限控制，另一个是记录级权限控制。

（3）金额级权限管理。该权限主要用于完善内部金额控制，实现对具体金额数量的划分级别，对不同岗位和职位的操作员进行金额级别控制，限制他们制单时可以使用的金额数量，不涉及内部系统控制的不在管理范围内。

功能权限的分配在系统管理中的权限分配设置，数据权限和金额权限在“企业应用平台→系统服务→权限”中进行分配。数据级权限和金额级的设置，必须是在系统管理的功能权限分配之后才能进行。

【操作步骤】

（1）以系统管理员的身份注册登录，执行“权限→操作员权限”指令进行功能权限分配。

（2）从操作员列表中选择操作员，单击“修改”按钮后，设置用户或者角色的权限。系统提供 52 个子系统功能权限的分配，此时可以单击“⊠”展开各个子系统的详细功能，在“□”内单击鼠标使其状态成为“☑”后，系统将权限分配给当前的用户。此时，如果选中根目录的上一级，则系统的相应下级全部为选中状态。

用户和角色设置不分先后顺序，企业可以根据本单位的需要进行设置。但对于自动传递权限来说，应该首先设定角色，其次分配权限，最后进行用户的设置。这样在设置用户的时候，如果选择其归属哪一个角色，则其自动具有该角色的权限。

一个角色可以拥有多个用户，一个用户也可以分属于多个不同的角色。若角色已经在用户设置中被选择过，系统则会将这些用户名称自动显示在角色设置中的所属用户名称的列表中。只有系统管理员有权限进行本功能的设置。

四、账套管理

（一）修改账套

当系统管理员建完账套后，在未使用相关信息的基础上，需要对某些信息进行调整，以便使信息更真实、准确地反映企业的相关内容时，可以进行适当的调整。只有账套主管可以修改其具有权限的账套库中的信息，系统管理员无权修改。

【操作步骤】

（1）以账套主管的身份注册登录，选择相应的账套，进入系统管理界面。

（2）执行“账套→修改”指令，进行修改账套，然后单击“完成”按钮，表示确认修改内容；如放弃修改，则单击“放弃”按钮。

在账套的使用中，可以对本年未启用的会计期间修改其开始日期和终止日期；没有业务数据的会计期间可以修改其开始日期和终止日期。使用该会计期间的模块时，均需要根据修改后的会计期间来确认业务所在的正确期间。

（二）引入账套

引入账套是指将系统外某账套数据引入本系统中。该功能有利于集团公司的操作，子公司的账套数据可以定期被引入母公司系统中，以便进行有关账套数据的分析和合并工作。

【操作步骤】

（1）系统管理员在系统管理界面执行“账套→引入”指令，进入引入账套的功能。

（2）系统管理员在界面上选择所要引入的账套数据备份文件和引入路径，单击“打开”按钮表示确认；如想放弃，则单击“放弃”按钮。

（三）输出账套

输出账套是指将所选的账套数据进行备份输出。对于企业系统管理员来讲，定时地将企业数据备份出来存储到不同的介质上（如常见的 U 盘、移动硬盘等），有利于数据的安全性。如果企业由于不可预知的原因（如地震、火灾、计算机病毒、人为的误操作等），需要对数据进行恢复，此时备份数据就可以将企业的损失降到最低。当然，对于异地管理的公司，此种方法还可以解决审计和数据汇总的问题。具体应用时，各个企业应根据自己的实际情况进行应用。

【操作步骤】

以系统管理员的身份注册登录，进入系统管理界面，执行“账套→输出”指令，进入账套输出界面，在账套输出界面中的“账套号”处选择需要输出的账套，在“输出文件位置”选择输出账套保存的路径，单击“确认”按钮进行输出。

只有系统管理员有权限进行账套输出。如果将“删除当前输出账套”同时选中，在输出完成后系统会确认是否将数据源从当前系统中删除；正在使用的账套系统不允许删除。

五、账套库管理

（一）建立新账套库

对于企业来讲其是持续经营的，因此企业的日常工作是一个连续性的工作，用友 ERP-U8V10.1 支持在一个账套库中保存连续多年的数据，理论上一个账套可以在一个账套库中一直使用下去。但是由于某些原因，比如需要调整重要基础档案、调整组织机构、调整部分业务等，或者一个账套库中数据过多影响业务处理性能时，需要使用新的账套库并重置一些数据，这样就需要新建账套库。

建立账套库是指在已有账套库的基础上，通过建立“新账套库”，自动将老账套库的基本档案信息结转到新的账套库中，对于以前业务产品余额等信息需要在账套库初始化操作完成后，由老账套库自动转入新账套库的下一年数据中。

【操作步骤】

（1）以账套主管的身份登录，选定需要进行建立新账套库的账套和上年的时间，进入系统管理界面。例如：需要建立 107 账套的 2023 年新账套库，此时就要登录 107 账套的包含 2022 年数据的账套库。

（2）在系统管理界面，执行“账套库→建立”指令，进行建立新账套库操作。系统弹出建立账套库的界面，显示当前账套、将要建立的新账套库的起始年度、本账套库内业务产品所在会计期间清单和建立新账套库的主要步骤及其进度。这些项目都是系统默认显示内容，不可修改，便于确认建立新账套库的信息。如果需要调整，请单击“放弃”按钮重新注册登录操作；如果确认可以建立新账套库，单击“确定”按钮；如果放弃账套库的建立，可单击“放弃”按钮。

在用友 ERP-U8V10.1 软件中，账套和账套库是有一定的区别的，具体体现在以下两方面：

（1）账套是账套库的上一级，账套是由一个或多个账套库组成，一个账套库含有一年或多年的使用数据。一个账套对应一个经营实体或核算单位，账套中的某个账套库对应这个经营实体的某年度区间内的业务数据。例如：建立账套“107 正式账套”后在 2022 年使用，然后在 2023 年的期初建 2023 账套库后使用，则“107 正式账套”具有两个账套库，即“107 正式账套 2022 年”和“107 正式账套 2023 年”；如果希望连续使用也可以不建立新账套库，直接录入 2023 年数据，则“107 正式账套”只有一个账套库即“107 正式账套 2022—2023 年”。

（2）拥有多个核算单位的客户，可以拥有多个账套（最多可以拥有 999 个账套）。

账套和账套库的两层结构的好处是：便于企业的管理，如进行账套的上报、跨年度区间的数据管理结构调整，等等；方便数据备份输出和引入；减少数据的负担，提高应用效率。

（二）账套库初始化

新建账套库后，为了支持新旧账套库之间业务衔接，可以通过账套库初始化功能将上一个账套库中相关模块的余额及其他信息结转到新账套库中。为了统计分析的规整性，每个账套库包含的数据都以年为单位，上一账套库的“结束年+1”就是新账套库的“开始年”。

【操作步骤】

以账套主管的身份注册登录，进入系统管理界面，执行“账套库→账套库初始化”指令，进行账套库初始化操作。

（三）清空账套库数据

有时，会发现某账套库中错误太多，或不希望将上一账套库的余额或其他信息全部转到下一年度，这时候，便可使用清空账套库数据的功能。“清空”并不是指将账套库的数据全部清空，而还是要保留一些信息的，主要有基础信息、系统预置的科目报表，等等。保留这些信息主要是为了方便用户使用清空后的账套库重新做账。

【操作步骤】

以账套主管的身份注册登录，并且选定账套和登录时间，进入系统管理界面，执行“账套库→清空账套库数据”指令，进行处理。

（四）数据卸出

当一个账套库中包含过多年份的数据导致数据庞大而影响业务处理性能时，可以通过数据卸出功能把一些年度的历史数据卸出，以减小本账套库的体积，提高运行效率。

数据卸出时，只能以会计年度为单位进行处理，从本账套库的最小年度开始，到指定年度结束，卸出这个年度区间中所有业务产品的不常用数据。

数据卸出后，系统将自动生成一个账套库保留这些卸出的数据，相对当前使用的账套库来说，这个包含卸出数据的账套库可以称之为“历史账套库”。

【操作步骤】

以账套主管的身份注册登录，进入系统管理界面，执行“账套库→数据卸出”指令，进行数据卸出操作。

【注意事项】

（1）只有账套中的最新账套库（所含年度最大）才能进行数据卸出。

（2）所有需要月结的产品都在12月末结账，才能进行数据卸出。

（3）可以卸出的年度，最小是本账套库的最小年度，最大是本账套库已启用所处会计期间“最小值所在年份-1”，即当前期间不可卸出。

（4）在一次卸出操作中，必须同时卸出指定年度范围内所有已启用产品的数据，不可分次卸出。

（5）数据卸出前请一定做好备份，以免数据卸出后无法恢复。

（五）账套库的引入与输出

账套库的引入与输出作用和账套的引入与输出作用相同，操作步骤相似，此处不再赘述。

第二节　基础设置

信息的及时沟通，资源的有效利用，与合作伙伴的在线和实时的链接，将提高企业员工的工作效率以及企业的处理能力。用友ERP-U8V10.1为企业提供了这样一个应用平台，它能够存储企业内部和外部的各种信息，并使企业员工、用户和合作伙伴能够从单一的渠道访问其所需的个性化信息。通过用友ERP-U8V10.1的企业应用平台，企业员工可以通过单一的访问入口访问企业的各种信息，定义自己的业务工作，并设计自己的工作流程。

一、基本信息

建立账套后，如未及时设置编码方案、数据精度、会计期间以及启用子系统，或需修改以前设置的编码方案、数据精度、会计期间以及启用的子系统，可执行“开始→程序→用友ERP-U8V10.1→企业应用平台”指令，打开“登录”对话框，输入操作员“1”或“张红”；选择账套：107成本会计电算化实务；单击“确认”按钮，进入UFIDA U8窗口。从“企业应用平台-基础设置-基本信息”进入进行系统启用设置，或修改已设置的信息。

（一）系统启用

“系统启用”功能用于系统的启用，记录启用日期和启用人。要对某个系统进行操作必须先启用此系统。在企业应用平台中，单击“基础设置-基本信息-系统启用”选项，打开“系统启用”对话框，选择要启用的系统，在方框内打钩，只有系统管理员和账套主管有系统启用权限；在启用会计期间内输入启用的年、月数据；按“确认”按钮后，保存此次的启用信息，并将当前操作员写入启用人。

（二）编码方案

为了便于进行分级核算、统计和管理，用友 ERP-U8V10.1 系统可以对基础数据的编码进行分级设置，可分级设置的内容有：科目编码、客户分类编码、部门编码、存货分类编码、地区分类编码、货位编码、供应商分类编码、收发类别编码和结算方式编码等。

编码级次和各级编码长度的设置将决定单位如何编制基础数据的编号，进而构成分级核算、统计和管理的基础。

在建立账套时设置存货（客户、供应商）不需分类，则在此不能进行存货分类（客户分类、供应商分类）的编码方案设置。

二、基础档案

本系统的主要内容是设置基础档案、业务内容及会计科目。设置基础档案就是把手工资料经过加工整理，根据本单位建立信息化管理的需要，建立软件系统应用平台，这是手工业务的延续和提高。

基础档案的设置顺序如图 2-1 所示，图 2-1 中上下没有逻辑关系，左右有先后逻辑关系。

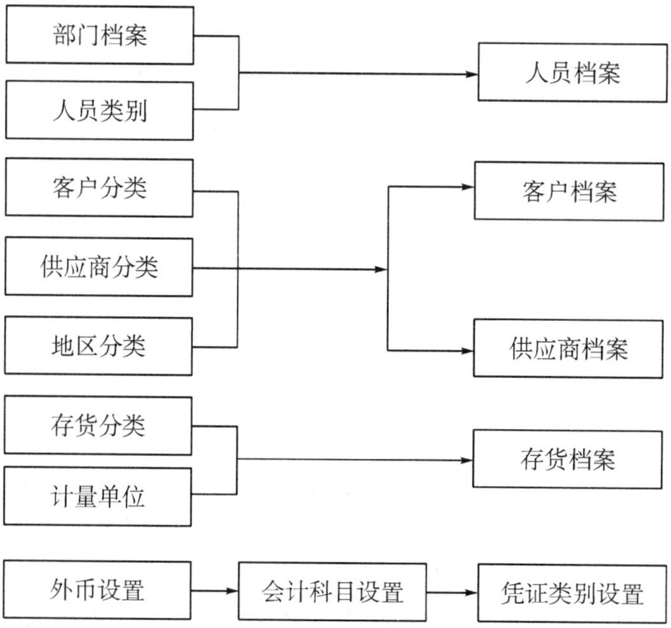

图 2-1　基础档案设置顺序

（一）机构人员（部门档案、人员档案）

1. 部门档案

部门档案主要用于设置企业各个职能部门的信息。部门指某使用单位下辖的具有分别进行财务核算或业务管理要求的单元体。部门档案按照已经定义好的部门编码级次原则输入部门编号及其信息。

［实务案例］

飞跃摩托车制造公司部门档案如表 2-4 所示。

表 2-4　飞跃摩托车制造公司部门档案

部门编码	部门名称
01	总经理办公室
02	行政部
03	财务部
04	技术部
05	生产部
0501	成车车间
0502	动力车间
0503	辅助车间
06	采购部
0601	原材料采购部
0602	配套件采购部
0603	其他采购
07	销售部
0701	西南办事处
0702	西北办事处
0703	北京办事处
0704	东北办事处
0705	东南办事处
08	仓管部
09	质检部

【操作步骤】

在企业应用平台中，执行“基础设置→基础档案→机构人员→部门档案”指令，进入部门档案设置主界面，单击“增加”按钮，在编辑区输入部门编码、部门名称、负责人、部门属性、电话、地址、备注、信用额度、信用等级等信息，单击“保存”按钮，保存此次增加的部门档案信息后，再次单击“增加”按钮，可继续增加其他部门信息。

2. 人员档案

人员档案主要用于记录本单位使用系统的人员列表，包括人员编号、姓名、所属部门及人员属性等。

［**实务案例**］

飞跃摩托车制造公司人员档案如表 2-5 所示。

表 2-5 飞跃摩托车制造公司人员档案

序号	人员编码	姓名	行政部门名称	雇佣状态	人员类别	性别	人员属性
1	01001	周兴华	总经理办公室	在职	正式工	男	总经理
2	01002	姚强	总经理办公室	在职	正式工	男	副总经理
3	02001	陈晓	行政部	在职	正式工	女	负责人
4	02002	任辉	行政部	在职	正式工	男	管理人员
5	03001	张红	财务部	在职	正式工	女	财务经理
6	03002	罗梁	财务部	在职	正式工	男	财务人员
7	03003	董小辉	财务部	在职	正式工	男	财务人员
8	04001	赵小强	技术部	在职	正式工	男	技术人员
9	04002	李明	技术部	在职	正式工	男	负责人
10	04003	张小风	技术部	在职	正式工	男	技术人员
11	0501001	赵兵	成车车间	在职	正式工	男	工人
12	0501002	李新	成车车间	在职	正式工	男	工人
13	0501003	王芳	成车车间	在职	正式工	女	负责人
14	0501004	陈江	成车车间	在职	正式工	男	工人
15	0501005	毛红	成车车间	在职	正式工	男	工人
16	0502001	刘波	动力车间	在职	正式工	男	工人
17	0502002	曾家强	动力车间	在职	正式工	男	负责人
18	0502003	丁红	动力车间	在职	正式工	女	工人
19	0502004	黄浩	动力车间	在职	正式工	男	工人
20	0502005	王兰	动力车间	在职	正式工	女	工人
21	0502006	王铃	动力车间	在职	正式工	女	工人
22	0502007	刘江	动力车间	在职	正式工	男	工人
23	0503001	李飞	辅助车间	在职	正式工	男	负责人
24	0503002	郑莹	辅助车间	在职	正式工	女	工人
25	0601001	吴纤	原材料采购部	在职	正式工	男	业务人员
26	0601002	何亮	原材料采购部	在职	正式工	男	业务人员
27	0601003	代方	原材料采购部	在职	正式工	男	业务人员

表2-5(续)

序号	人员编码	姓名	行政部门名称	雇佣状态	人员类别	性别	人员属性
28	0602001	黄强	配套件采购部	在职	正式工	男	业务人员
29	0603001	赵红兵	其他采购	在职	正式工	男	负责人
30	0701001	于庆	西南办事处	在职	正式工	男	业务人员
31	0701002	鲁志	西北办事处	在职	正式工	男	业务人员
32	0701003	何飞	东南办事处	在职	正式工	男	业务人员
33	0702001	张全	东北办事处	在职	正式工	男	业务人员
34	0703001	石海	北京办事处	在职	正式工	男	业务人员
35	08001	李遥	仓管部	在职	正式工	男	仓管人员
36	09001	张小全	质检部	在职	正式工	男	质检人员
37	09002	程双泉	质检部	在职	正式工	男	质检人员

【操作步骤】

在企业应用平台中，执行“基础设置→基础档案→机构人员→人员档案”指令，进入人员档案设置主界面，在左侧部门目录中选择要增加人员的末级部门，单击功能键中的“增加”按钮，显示“添加职员档案”空白页，可根据自己企业的实际情况，在相应栏目中输入适当内容。其中，蓝色名称为必输入项，单击“保存”按钮，保存此次增加的人员档案信息后，再次单击“增加”按钮，可继续增加其他人员信息。

（二）客商信息

1. 供应商分类

企业可以根据自身管理的需要对供应商进行分类管理，建立供应商分类体系。可将供应商按行业、地区等进行划分，设置供应商分类后，根据不同的分类建立供应商档案。没有对供应商进行分类管理需求的企业可以不使用本功能。

[**实务案例**]

飞跃摩托车制造公司的供应商分类如表 2-6 所示。

表 2-6　飞跃摩托车制造公司的供应商分类

分类编码	分类名称
01	原材料供应商
02	配套品供应商
03	包装物及其他

【操作步骤】

在企业应用平台中，执行“基础设置→基础档案→客商信息→供应商分类”指令，进入供应商分类设置主界面，单击“增加”按钮，在编辑区输入分类编码和名称等分类信息，单击“保存”按钮，保存此次增加的客户分类后，再次单击“增加”按钮，可继续增加其他分类信息。

2. 客户分类

企业可以根据自身管理的需要对客户进行分类管理，建立客户分类体系。可将客户按行业、地区等进行划分，设置客户分类后，根据不同的分类建立客户档案。没有对客户进行分类管理需求的企业可以不使用本功能。

［**实务案例**］

飞跃摩托车制造公司的客户分类如表 2-7 所示。

表 2-7　飞跃摩托车制造公司的客户分类

分类编码	分类名称
01	西南
02	西北
03	北方
04	代理商
05	零售
99	其他

【操作步骤】

客户分类的增加、修改和删除功能操作与供应商分类相同，在此不再赘述。

3. 供应商档案

建立供应商档案主要是为企业的采购管理、库存管理、应付账管理服务的。在填制采购入库单、采购发票和进行采购结算、应付款结算和有关供货单位统计时都会用到供货单位档案，因此必须应先设立供应商档案，以便减少工作差错。在输入单据时，如果单据上的供货单位不在供应商档案中，则必须在此建立该供应商的档案。供应商档案的栏目包括供应商档案基本页、供应商档案联系页、供应商档案其他页、供应商档案信用页等。

［**实务案例**］

飞跃摩托车制造公司的供应商档案如表 2-8 所示。

表 2-8　飞跃摩托车制造公司的供应商档案

供应商编码	供应商名称	供应商简称	所属分类	税号	开户银行	银行账号	分管部门	专管业务员
01001	重庆五工机电制造有限公司	五工机电	原材料供应商	23458438518	重庆市农业银行	3563456242145	原料采购部	何亮
01002	重庆振中制动器有限公司	振中制动	原材料供应商	58492849651	光大银行大坪营业厅	4563456345324	原料采购部	何亮
01003	重庆春华发动机制造有限公司	春华发动机	原材料供应商	65745673465	中国银行新桥分理处	3467345643568	原料采购部	何亮
01004	重庆化工有限责任公司	重庆化工	原材料供应商	56475674567	重庆招商银行江津营业厅	4567856734523	原料采购部	何亮

表2-8(续)

供应商编码	供应商名称	供应商简称	所属分类	税号	开户银行	银行账号	分管部门	专管业务员
02001	重庆卓越摩托车配件公司	卓越摩配	配套品供应商	27456234579	上海浦东发展银行壁山营业厅	6574563245234	配套件采购部	黄强
03001	重庆南华塑印装潢有限公司	南华塑印	包装物及其他	49856034756	农业银行长寿分行	8956734897568	其他采购	赵红兵

【操作步骤】

在企业应用平台中，执行“基础设置→基础档案→客商信息→供应商档案”指令，进入供应商档案设置主界面，在左边的树型列表中选择一个末级的供应商分类（如果在建立账套时设置供应商不分类，则不用进行选择），单击“增加”按钮，进入增加状态。选择“基本”“联系”“信用”“其他”页签，填写相关内容。如果设置了自定义项，还需要填写自定义项页签。然后，单击“保存”按钮，保存此次增加的供应商档案信息；或单击“保存并新增”按钮保存此次增加的供应商档案信息，并增加空白页供继续录入供应商信息。

4. 客户档案

客户档案主要用于设置往来客户的档案信息，以便于对客户资料管理和业务数据的录入、统计、分析。如果建立账套时选择了客户分类，则必须在设置完成客户分类档案的情况下才能编辑客户档案。客户档案的栏目包括客户档案基本页、客户档案联系页、客户档案信用页、客户档案其他页等。其各页面栏目的含义及录入要求与供应商档案相似，在此不再赘述。

[**实务案例**]

飞跃摩托车制造公司的客户档案如表 2-9 所示。

表 2-9　飞跃摩托车制造公司的客户档案

客户编码	客户名称	客户简称	税号	开户银行	银行账号	业务员	部门名称
01001	四川鑫鑫摩托车销售公司	四川鑫鑫	6345634675346	工商银行龙泉分理处	45673456236345	何飞	西南办事处
01002	重庆金泰贸易有限公司	重庆金泰	5346856782345	中国银行南岸支行	567845623453456	何飞	西南办事处
01003	成都志远贸易公司	成都志远	4352874356245	工商银行五桂桥分理处	764563456345635	鲁志	西南办事处
02001	江西新阳光车业有限公司	江西新阳光	253689723857	上海浦东发展银行江西分行	245869837459827	张全	西北办事处
03001	北京宏图贸易有限公司	北京宏图	458769857627	农业银行加兴分行	2548693475698	石海	北方办事处

【操作步骤】

客户档案的增加、修改和删除功能操作与供应商档案相同，在此不再赘述。

（三）存货（分类、计量单位和档案）

1. 存货分类

企业可以根据对存货的管理要求对存货进行分类管理，以便于对业务数据进行统计和分析。存货分类最多可分为 8 级，编码总长不能超过 30 位，企业可自由定义每级级长。存货分类用于设置存货分类编码、名称及所属经济分类。

［实务案例］

飞跃摩托车制造公司的存货分类信息如表 2-10 所示。

表 2-10　飞跃摩托车制造公司的存货分类信息

分类编码	分类名称
01	原材料
02	零用件
0201	外购件
0202	自制件
03	产成品
04	半成品
05	包装物
06	低值易耗品
07	工具
99	其他

【操作步骤】

在企业应用平台中，执行“基础设置→基础档案→存货→存货分类”指令，进入存货分类设置主界面，单击“增加”按钮，在编辑区输入分类编码和名称等分类信息，单击“保存”按钮，保存此次增加的客户分类后，可继续增加其他分类信息。

2. 计量单位

要设置计量单位档案，必须首先增加计量单位组，其次再在该组下增加具体的计量单位内容。计量单位组分无换算、浮动换算、固定换算三种类别，每个计量单位组中有一个主计量单位、多个辅助计量单位，可以设置主辅计量单位之间的换算率，也可以设置采购、销售、库存和成本系统所默认的计量单位。

（1）无换算计量单位组。在该组下的所有计量单位都以单独形式存在，各计量单位之间不需要输入换算率，系统默认为主计量单位。

（2）浮动换算计量单位组。设置为浮动换算率时，计量单位组中只能包含两个计量单位。此时，需要将该计量单位组中的主计量单位、辅计量单位显示在存货卡片界面上。

（3）固定换算计量单位组。设置为固定换算率时，计量单位组中可以包含两个以上的计量单位，且每一个辅计量单位对主计量单位的换算率不为空。此时，需要将该计量单位组中的主计量单位显示在存货卡片界面上。

[实务案例]

飞跃摩托车制造公司的计量单位信息如表 2-11 所示。

表 2-11　飞跃摩托车制造公司的计量单位信息

单位编码	单位名称	单位组编码	计量单位组名称	计量单位组类别	对应条形码	主计量单位标志	换算率
01001	件	01	基本计量	无换算		否	
01002	套	01	基本计量	无换算		否	
01003	辆	01	基本计量	无换算		否	
01004	台	01	基本计量	无换算		否	
01005	千克	01	基本计量	无换算		否	
01006	个	01	基本计量	无换算		否	
01007	副	01	基本计量	无换算		否	
01008	元	01	基本计量	无换算		否	
01009	桶	01	基本计量	无换算		否	
02001	米	02	包装带	浮动换算		是	1
02002	包	02	包装带	浮动换算		否	100
03001	米	03	封口胶	固定换算		是	1
03002	卷	03	封口胶	固定换算		否	150
03003	箱	03	封口胶	固定换算		否	1 800
04001	升	04	油漆	固定换算		是	1
04002	桶	04	油漆	固定换算		否	100

【操作步骤】

在企业应用平台中，执行“基础设置→基础档案→存货→计量单位”指令，进入计量单位设置主界面。

第一步，单击“分组”按钮进入设置计量单位组界面，单击“增加”按钮后，输入计量单位组编码和组名称，并根据三种计量单位组的特点选择计量单位组类别；单击“保存”按钮，保存添加的内容，然后单击“退出”按钮返回计量单位设置主界面。

第二步，设置计量单位，在计量单位设置主界面的左边选择要增加的计量单位所归属的组名，单击“单位”按钮，弹出计量单位设置窗口；单击“增加”按钮，录入主计量、辅计量单位；单击“保存”按钮，保存添加的内容。

3. 仓库档案

[实务案例]

飞跃摩托车制造公司的仓库档案如表 2-12 所示。

表 2-12　飞跃摩托车制造公司的仓库档案

仓库编码	仓库名称	计价方式	是否货位管理	是否参与 MRP 运算
001	原料仓库	全月平均法	否	是
002	成品仓库	全月平均法	否	是
003	自制件仓库	全月平均法	否	是
004	外购件仓库	全月平均法	否	是
005	不良品仓库	全月平均法	否	否
006	低值易耗品及其他仓库	全月平均法	否	否
007	废品仓库	全月平均法	否	否

【操作步骤】

在企业应用平台中，执行“基础设置→基础档案→业务→仓库档案”指令，进入仓库档案设置主界面，单击“增加”按钮，进入增加状态，根据需要填写相关内容；单击“保存”按钮，保存此次增加的仓库档案信息。

4. 存货档案

存货档案主要用于设置企业在生产经营中使用到的各种存货信息，以便于对这些存货进行资料管理、实物管理和业务数据的统计、分析。本功能完成对存货目录的设立和管理，随同发货单或发票一起开具的应税劳务等也应设置在存货档案中。同时，本功能也提供基础档案在输入中的方便性，完备基础档案中数据项，提供存货档案的多计量单位设置。用友 ERP-U8V10.1 系统中存货档案各页面主要栏目说明如下：

（1）存货档案基本页。

存货属性：系统为存货设置了多种属性。同一存货可以设置多个属性，但当一个存货同时被设置为自制、委外和（或）外购时，MPS/MRP 系统默认自制为其最高优先属性而自动建议计划生产订单；而当一个存货同时被设置为委外和（或）外购时，MPS/MRP 系统默认委外为其最高优先属性而自动建议计划委外订单。

内销：具有该属性的存货用于销往国内。国内销售的发货单、发票、销售出库单等与销售有关的单据参照存货时，参照的都是具有内销属性的存货。开在发货单或发票上的应税劳务，也应设置为内销属性，否则开发货单或发票时无法参照。升级的数据默认为内销属性，新增存货档案内销默认为不选择。

外销：具有该属性的存货用于销往国外。国外销售的发货单、发票、销售出库单等与销售有关的单据参照存货时，参照的都是具有外销属性的存货。开在发货单或发票上的应税劳务，也应设置为外销属性，否则开发货单或发票时无法参照。新增存货档案外销默认为不选择。

外购：具有该属性的存货可用于采购。到货单、采购发票、采购入库单等与采购有关的单据参照存货时，参照的都是具有外购属性的存货。开在采购专用发票、普通发票、运费发票等票据上的采购费用，也应设置为外购属性，否则开具采购发票时无法参照。

生产耗用：具有该属性的存货可用于生产耗用，如生产产品耗用的原材料、辅助材料等。具有该属性的存货可用于材料的领用，材料出库单参照存货时，参照的都是具有生产耗用属性的存货。

委外：具有该属性的存货主要用于委外管理。委外订单、委外到货单、委外发票、委外入库单等与委外有关的单据参照存货时，参照的都是具有委外属性的存货。

自制：具有该属性的存货可由企业生产自制。如工业企业生产的产成品、半成品等存货。具有该属性的存货可用于产成品或半成品的入库，产成品入库单参照存货时，参照的都是具有自制属性的存货。

计划品：具有该属性的存货主要用于生产制造中的业务单据，以及对存货的参照过滤。计划品代表一个产品系列的物料类型，其物料清单中包含子件物料和子件计划百分比。可以使用计划物料清单来帮助执行主生产计划和物料需求计划。计划品与“存货”所有属性互斥。

选项类：指在 ATO 模型或 PTO 模型物料清单上，对可选子件的一个分类。

备件：具有该属性的存货主要用于设备管理的业务单据和处理，以及对存货的参照过滤。它与“应税劳务”“计划品”“PTO”选项类属性互斥。

PTO：指按订单选配出库，使用 BOM，既可选择标准 BOM 版本，也可选择模拟 BOM 版本。

ATO：指面向订单装配，即接受客户订单后方可下达生产装配。ATO 在接受客户订单之前虽可预测，但目的在于提前准备其子件供应，ATO 件本身则需按客户订单下达生产。本系统中，ATO 一定同时为自制件属性。若 ATO 与模型属性共存，则是指在客户订购该物料时，其物料清单可列出可选用的子件物料，即在销售管理或出口贸易系统中可以按客户要求订购不同的产品配置。

模型：在物料清单中可列出其可选配的子件物料。本系统中，模型可以是 ATO 模型或者为 PTO 模型。

ATO 模型：具有该属性的存货可用于生产制造中的业务单据和模拟报价，以及对存货的参照过滤。ATO 模型是指在客户订购该物料时，其物料清单可列出可选用的子件物料，即在销售过滤系统中可以按客户要求订购不同的产品配置。ATO 模型需选配后下达生产订单组装完成再出货。

PTO 模型：指面向订单挑选出库。本系统中，PTO 模型一定同时为模型属性，是指在客户订购该物料时，其物料清单可列出可选用的子件物料，即在销售管理或出口贸易系统中可以按客户要求订购不同的产品配置。ATO 模型与 PTO 模型的区别在于，ATO 模型需选配后下达生产订单组装完成再出货，PTO 模型则按选配子件直接出货。

资产：“资产”与“受托代销”属性互斥。“资产”属性存货不参与计划，“计划方法”（MRP 页签）只能选择“N”。“资产”存货，默认仓库只能录入和参照仓库档案中的资产仓；非“资产”存货，默认仓库只能录入和参照仓库档案中的非资产仓。

工程物料：指企业在进行新品大批量生产之前，小批量试制需用到的新物料。这种物料在采购时需要进行单次采购数量的限制。

计件：选中该项，表示该产品或加工件需要核算计件工资，可批量修改。

应税劳务：指开具在采购发票上的运费费用、包装费用等采购费用或开具在销售发票或发货单上的应税劳务。应税劳务属性应与“自制”“在制”“生产耗用”属性互斥。

服务项目：默认为不选择，升级默认为“否”。

服务配件：默认为不选择，同“服务项目”属性互斥，与备件属性的控制规则相同。

服务产品：服务单选择故障产品时，只可参照该标志的存货。服务产品控制规则同服务配件控制规则。

是否折扣：即折让属性，若选择“是”，则在采购发票和销售发票中录入折扣额。该属性的存货在开发票时可以没有数量，只有金额；或者在蓝字发票中开成负数。它与“生成耗用”“自制”“在制”属性互斥，即不能与它们三个中任一个属性同时录入。

是否受托代销：在建立账套时，企业类型为商业和医药流通才可以启用受托代销业务。（要选此项需要先在“库存管理”选项设置中勾选“有无受托代销业务”选项）

是否成套件：选择“是”，则该存货可以进行成套业务。（要选此项需要先在“库存管理”选项设置中勾选“有无成套件管理”选项）

保税品：进口的免除关税的产品称为保税品。只要有业务发生，该存货就不能变为非保税存货。

（2）存货档案成本页。

该页签中各种属性主要用于在进行存货的成本核算过程中提供价格计算的基础依据。其具体属性说明如下：

①在存货核算系统选择存货核算时必须对每一个存货记录设置一个计价方式，缺省选择全月平均，若前面已经有新增记录，则计价方式与前面新增记录相同。

②当存货核算系统中已经使用该存货，就不能修改该计价方式。

费用率：录入，可为空，可以修改。用于存货核算系统，计提存货跌价准备。

计划单价/售价：该属性对于计划价法核算的账套必须设置，因为在单据记账等处理中必须使用该单价；计算差异和差异率也以该价格为基础，工业企业使用计划价对存货进行核算，商业企业使用售价对存货进行核算，根据核算方式的不同，分别通过按照仓库、部门、存货设置计划价/售价核算。核算体系为标准成本时，该价格特指材料计划价，采购属性的存货在此录入，半成品或产成品的材料计划价由系统自动计算，无须手工录入。

最高进价：指进货时企业参考的最高进价，为采购进行进价控制。如果企业在采购管理系统中选择要进行最高进价控制，则在填制采购单据时，如果此次进价高于最高进价，系统会要求输入口令，口令输入正确，方可高于最高进价采购，否则不行。

参考成本：指非计划价或售价核算的存货填制出入库成本时的参考成本。采购商品或材料暂估时，参考成本可作为暂估成本。存货出库时，参考成本可作为出库成本。该属性比较重要，建议都进行填写。在存货核算系统，该值可以和“零成本出库单价确认”“入库成本确认方式”“红字回冲单成本确认方式”“最大最小单价控制方式”等选项配合使用。如果各种选项设置为参考成本，则在各种成本确认的过程中都会自动取该值作为成本。

最新成本：指存货的最新入库成本，可修改。存货成本的参考值，不进行严格的控制。

产品材料成本、采购资金预算是以存货档案中的计划售价、参考成本和最新成本为依据，所以如果要使用这两项功能，在存货档案中必须输入计划售价、参考成本和最新成本，可随时修改。如果使用了采购管理产品，那么在做采购结算时提取结算单价作为存货的最新成本，自动更新存货档案中的最新成本。

最低售价：指存货销售时的最低销售单价，为销售进行售价控制。企业在录入最低售价时，根据报价是否含税录入无税售价或含税售价。

参考售价：可录入，大于零。根据报价是否含税录入无税售价或含税售价。

主要供货单位：指存货的主要供货单位，如商业企业商品的主要进货单位或工业企业材料的主要供应商等。

销售加成率：录入百分比。销售管理系统设置取价方式为最新成本加成，则销售报价=存货最新成本×（1+销售加成率）。报价根据“报价是否含税”带入无税单价或含税单价。

零售价格：用于零售系统录入单据时缺省带入的销售价格。

本阶标准人工费用、本阶标准变动制造费用、本阶标准固定制造费用、本阶标准委外加工费：用于存货在物料清单子件产出类型为“联产品或副产品”时，计算单位标准成本及标准成本时引用此数据作为计算本阶主、副、联产品的权重。

前阶标准人工费用、前阶标准变动制造费用、前阶标准固定制造费用、前阶标准委外加工费：用于存货在物料清单子件产出类型为“联产品或副产品”时，计算单位标准成本及标准成本时引用此数据作为计算前阶主、副、联产品的权重。

投产推算关键子件：成本管理在产品分配率选择“按约当产量”时，勾选此选项，可作为成本管理推算产品投产数量的依据。此字段属性会直接带到 BOM 子件中，成本管理“月末在产品处理表”取数选择“按关键子件最大套数”或“按关键子件最小套数”时，将根据此选择取出产品的投产数量。注意：在存货档案修改“投产推算关键子件”属性，仅影响新增 BOM 子件。

（3）存货档案控制页。

最高库存：指存货在仓库中所能储存的最大数量，超过此数量就有可能形成存货的积压。最高库存不能小于最低库存。在填制出入库单时，如果某存货的目前结存量高于最高库存，系统将予以报警。库存管理系统需要设置此选项，才能报警。

最低库存：指存货在仓库中应保存的最小数量，低于此数量就有可能形成短缺，影响正常生产。如果某存货当前可用量小于此值，在库存管理系统填制出入库单及登录产品时，系统将予以报警。库存管理系统需要设置此选项，才能报警。

安全库存：指为了预防需求或供应方面不可预料的波动而保存在库存中的货物项目数量。在库存管理中，根据库存量来进行安全预警。如果补货政策选择按“再订货点（ROP）”方法，库存管理再订货点运算、再订货点维护以及查询安全库存预警报表时以此处的设置为基准。

积压标准：指输入存货的周转率。呆滞积压存货分析根据积压标准进行统计，即周转率小于积压标准的存货，在库存管理中要进行统计分析。在库存管理系统进行呆滞积压存货分析时，以实际存货周转率与该值进行比较，以确定存货在库存中存放的状态（呆滞、积压或非呆滞积压状态）。

替换件：指可作为某存货的替换品的存货，来源于存货档案。录入库存单据时如果发现被替换品存量不足，可以用替换品代替原存货出库。

货位：主要用于仓储管理系统中对仓库实际存放空间的描述，指存货的默认存放货位。在库存系统填制单据时，系统会自动将此货位作为存货的默认货位，可修改。在企业仓库中的存放货位一般用数字描述。例如：3-2-12 表示第 3 排第 2 层第 12 个货架。货位可以分级表示，货位既可以是三维立体形式，也可以是二维平面形式。

请购超额上限：设置根据请购单生成采购订单时，可以超过来源请购单订货的上限范围。“采购管理”选项设置为“允许超请购订货”时，订货可超过请购量的上限值。

采购数量上限：用于采购时需要进行单次采购数量的限制。如果在基本页签中工程物料被选中，则可以录入；否则，不可以录入。

入库、出库超额上限：设置根据来源单据做出入库单时，可以超过来源单据出库或入库的上限范围。

订货超额上限：控制订货时不能超过所需量的上限数量。参照 MPR/MPS 建议订货量生成采购订单的时候，订购量可超过建议订货量的上限值。在采购管理选项中勾选“是否允许超计划订货”选项后，此参数才会有效。

发货允超上限：指发货允许超出订单的上限。

ABC 分类法：指由企业指定每一存货的 ABC 类别，只能输入 A、B、C 三个字母的其中之一。其基本原理是按成本比重高低将各成本项目分为 A、B、C 三类，对不同类别的成本采取不同的控制方法。这一方法符合抓住关键少数、突出重点的原则，是一种比较经济、合理的管理方法。该方法既适用于单一品种各项成本的控制，又可以用于多品种成本的控制，亦可用于某项成本的具体内容的分类控制。A 类成本项目其成本占 A、B、C 三类成本总和的比重最大，一般应为 70%以上，但实物数量则不超过 20%；B 类成本项目其成本占 A、B、C 三类成本总和的比重为 20%左右，其实物量一般不超过 30%；C 类成本项目其成本占 A、B、C 三类成本总和的比重不超过 10%，其实物量不低于 50%。按照 ABC 分类法的要求，A 类项目是重点控制对象，必须逐项严格控制；B 类项目是一般控制对象，可分不同情况采取不同措施；C 类项目不是控制的主要对象，只需采取简单控制的方法即可。显然，按 ABC 分类法分析成本控制对象，可以突出重点，区别对待，做到主次分明，抓住成本控制的主要矛盾。

合理损耗率：可以手工输入小数位数最大为 6 位的正数，可以为空，可以随时修改。其用途如下：①库存盘点时使用，库存管理进行存货盘点时可以根据实际损耗率与此值进行比较，确定盘亏存货的处理方式；②作为 BOM 中子件损耗率默认值。

领料批量：可空，可输入小数。如果存货设置成切除尾数，则不允许录入小数。如果设置了领料批量，在库存管理系统根据生产订单、委外订单进行领料及调拨时，系统将执行的领料量调整为领料批量的整数倍。

最小分割量：在进行配额分配时，对于有些采购数量较小的采购需求，企业并不希望将需求按照比例在多个供应商间进行分割，而是全部给实际完成率比较低的那个供应商。因此，这个参数针对存货设置。在进行配额前，系统可根据企业的设置和这个参数自动判断需不需要分给多个供应商。

ROHS 物料：标识当前存货是否为 ROHS 物料。某些企业在采购 ROHS 涉及的物料时需要从通过 ROHS 认证的供应商处采购。

是否保质期管理：指存货是否要进行保质期管理。如果某存货是保质期管理，可用鼠标单击选择框选择“是”，且录入入库单据时，系统将要求输入该批存货的失效日期。

保质期单位：设置保质期值对应的单位，可设为年、月、天，默认为天，可随时修改。只有保质期管理的存货才能选择保质期单位；保质期单位和保质期必须同时输入或同时不输入，不能一个为空另一个不为空；输入保质期之前必须先选择保质期单位。

是否条形码管理：在库存系统可以对条形码管理的存货分配条形码规则。可以随时修改该选项。只有设置为条形码管理的存货才可以在库存系统中分配条形码规则。

对应条形码：最多可输入 30 位数字或字符，可以随时修改，可以为空，但不允许有重复的条形码存在。

是否批次管理：指存货是否需要批次管理。只有在库存选项设置为“有批次管理”时，此项才可选择。如果存货是批次管理，录入出、入库单据时，系统将要求输入出、入库批号。

用料周期：指物料从上次出库到下次出库的时间间隔。此参数用于库存进行用料周期分析时使用。用料周期分析用于分析若干时间内没有做过出库业务的物料，以便统计物料的使用周期及呆滞积压情况。

领料切除尾数：指经过 MRP/MPS 运算后得到的领料数量是否要切除小数点后的尾数。如果选择“是”，当领料批量存在小数时，给出提示，可修改。

是否序列号管理：默认为“否”，随时可改。存货启用序列号管理作用于“服务管理”和“库存管理”两个子系统。服务管理指服务选项设置为“启用序列号管理”时，服务单执行完工操作时必须输入产品的序列号。库存管理指库存选项设置为“启用序列号管理”时，对于有序列号的存货，在出入库时可以维护其对应序列号信息。

是否呆滞积压：用于设置该存货是否为呆滞积压存货。只在设置成此项时才可以在库存管理的“呆滞积压备查簿”里查询。

是否单独存放：用于设置该存货是否需要单独存放，可以随时修改。

是否来料须依据检验结果入库：用于对入库物料的控制，如果设置为“来料须依据检验结果入库”，则根据来料检验单生成采购入库单时，系统控制累计入库量不得大于“检验合格量+让步接受量”。

是否出库跟踪入库：可以修改，但是若需要将该选项从不选择状态改成选择状态，则需要检查该存货有无期初数据或者出入库数据，有数据的情况下不允许修改。在录入出库单时需要指定对应的入库单，只有设置此项才可以跟踪供应商对应存货收发存情况。

产品须依据检验结果入库：库管部门做入库时，有些企业或同一企业的某些品种，能够严格按照质量部门确定的检验合格量入库，而对有些企业或者有些品种来说，入库量与检验合格量之间允许有一定的容差。可以通过勾选此项进行操作。

（4）存货档案 MPS/MRP 页。

如果是工业账套，则需要显示并输入存货档案 MPS/MRP 页的相关信息资料。

成本相关：表示该物料是否包含在物料清单中的母件的成本累计中。如果存货属性内销/外销不选、生产耗用不选，而允许 BOM 子件勾选，则成本相关默认不选。

是否切除尾数：一种计划修正手段，说明由 MRP/MPS 系统计算物料需求时，是否需要对计划订单数量进行取整。选择“是”时，系统会对数量进行向上进位取整。切除尾数的例子：计算出的数量为 3.4，选择切除尾数后，MPS/MRP 会把此数量修正为 4。

是否令单合并：当供需政策为 LP 时，可选择同一销售订单或同一销售订单行号或同一需求分类号（视需求跟踪方式设定）的净需求是否予以合并。

是否重复计划：表示此存货按重复计划方式还是按离散的任务方式进行计划与生产管理。选择“是”时，MPS/MRP 将重复的日产量方式编制计划和管理生产订单。若不选择此选项，系统则以传统的离散计划方式来管理。只有自制件才可以设置为重复计划。

MPS 件：本栏位用于区分此物料是 MPS 件还是 MRP 件，供主生产计划系统和物料需求计划之用，可选择或不选择。若选择，则表明此存货为主生产计划对象，称为 MPS 件。列入 MPS 件范围的，通常为销售品、关键零组件、供应提前期较长或占用产能负荷多或作为预测对象的存货等。MPS 件的选择可按各阶段需要而调整，以求适量。若不选择，则不列为主生产计划对象，即为 MRP 展开对象，也称为非 MPS 件。未启用主生产计划系统之前，可将全部存货定为非 MPS 件，即将全部存货列为 MRP 计算对象。在启用主生产计划或需求规划系统之前，本栏位可不选择。

预测展开：可选择是/否。选项类、PTO 模型属性的存货默认为“是”，不可改；ATO 模型、计划品属性的存货默认为“是”可改；其他属性的存货默认为“否”不可改。设置为“是”的存货，在产品预测订单按计划、模型或选项类物料清单执行预测展开时，将视为被展开对象。

允许 BOM 母件：如果存货属性为“计划品、ATO、PTO、选项类、自制、委外件”时，该属性默认为“是”，可改；如果该存货为“外购件”，则该属性默认为“否”，可改；其他存货属性一律为“否”，不可改。

允许 BOM 子件：“计划品、ATO、PTO、选项类、自制、委外件、外购件”默认为“是”，可改；其他存货属性一律为“否”，不可改。

允许生产订单：“自制”属性默认为“是”，可改；“委外、外购”属性默认为“否”，可改；其他存货属性一律为“否”，不可改。

关键物料：指在交期模拟计算时是否考虑该物料。

生产部门：该自制存货通常负责的生产部门，为建立该存货生产订单时的默认值。

计划员：说明该存货的计划资料由谁负责，须首先在职员档案中建档。

计划方法：可选择 R/N。R 表示此存货要列入 MPS/MRP 计算的对象，编制 MPS/MRP 计划；N 表示该存货及其以下子件都不计算需求，不列入 MPS/MRP 计划。如量少价低、可随时取得的物料，可采用再订购点或其他方式计划其供应。如果存货属性内销/外销不选、生产耗用不选，而允许 BOM 子件勾选，计划方法默认为 N。

需求时栅：在计算 MPS/MRP 时，在某一时段对某物料而言，其独立需求来源可能是按订单或按预测或两者都有，系统是按各物料所对应的时栅内容而运作的。系统读取时栅代号的顺序为：先以物料在存货主档中的时栅代号为准，若无则按 MPS/MRP 计划参数中设定的时栅代号。

计划时栅天数：可输入最多三位正整数，可不输入。

重叠天数：可输入最多三位正/负整数，可不输入。

供需政策：各存货的供应方式，可以选择 PE 或 LP。本栏位为主生产计划及需求规划，规划计划订单之用。对应存货在“现存量”表中有记录则不允许 LP、PE 转换。

PE（period）：表示期间供应法。在计算 MPS/MRP 时，按设定期间汇总净需求一次性供应，即合并生成一张计划订单。此方式可增加供应批量，减少供应次数，但需求来源（如销售订单）变化太大时，将造成库存太多、情况不明的现象。若供需政策采用 PE 且为非重复计划物料，则可在“供应期间类型”“供应期间”“时格代号”栏位输入相关值，并选择“可用日期”参数。

LP（lot pegging）：表示批量供应法，按各时间的净需求各自分别供应。所有净需求都不合并，按销售订单不同各自生成计划订单。此方式可使供需对应关系明朗化，如库存较低，则可能是供应批量偏低，表明未达经济规模。若供需政策选用 LP，则可选择“是否令单合并”栏位。

需求跟踪方式：如果供需政策为 LP，可选择“订单号/订单行号/需求分类代号”三种需求跟踪方式之一，分别表示是按销售订单号、销售订单行或需求分类号来对物料的供需资料分组。

替换日期：因某些原因（如技术、经济原因等），确定存货将在该日期被另一存货所替代，但在该存货被另一存货替代之前，该存货的现有库存将被使用完毕。将 MRP 展开时，一旦该存货库存在替换日期之后被使用完毕，系统自动将该存货的相关需求分配给另一存货（替换料）。该存货的替换料资料在物料清单中维护。

固定供应量：一种计划修正手段，在编制 MPS/MRP 时使用。此处输入存货的最低供应量，若该存货有结构性自由项，则新增存货时为各结构自由项默认的固定供应量，如果要按各结构自由项分别设置其不同的固定供应量，请按结构自由项个别修改。在计算 MPS/MRP 时，按各存货（或存货加结构自由项）的固定供应量，将净需求数量调整为固定的计划订单数量，即在净需求不能达到固定供应量时，系统将建议固定供应量；而在净需求超过固定供应量时，系统将建议多个计划数量等于固定供应量的计划订单。

最低供应量：一种计划修正手段，在编制 MPS/MRP 时使用。输入存货的最低供应量，若该存货有结构性自由项，则新增存货时为各结构自由项默认的最低供应量，如果要按各结构自由项分别设置其不同的最低供应量，请按结构自由项个别修改。在计算 MPS/MRP 时，如果净需求数量小于最低供应量，将净需求数量修改为最低固定量；否则，保持原净需求数量不变。

供应倍数：一种计划修正手段，在编制 MPS/MRP 时使用。输入存货的供应倍数，若该存货有结构性自由项，则新增存货时为各结构自由项默认的供应倍数，如果要按各结构自由项分别设置其不同的供应倍数，请按结构自由项个别修改。在计算 MPS/MRP 时，按各存货（或存货加结构自由项）的供应倍数，将净需求数量修正为供应倍数的整数倍，即各计划订单数量一定为供应倍数的整数倍。注意，此供应倍数可以为小数。

变动基数：如果有变动提前期考虑时，每日产量即为变动基数。

总提前期的计算公式：$总提前期=\frac{总需求量}{变动基数}\times 变动提前期+固定提前期$

固定提前期：指从发出需求讯息到接收存货为止所需的最少需求时间。以采购件为例，即不论需求量多少，从发出采购订单到可收到存货为止的最少需求时间，称为此采购件的固定提前期。

变动提前期：指生产、采购或委外时，因数量造成生产、采购或委外时间不一致的这段时间。

工程图号：输入工程图号，备注用。

供应类型：用以控制如何将子件物料供应给生产订单和委外订单、如何计划物料需求以及如何计算物料成本。此处定义的供应类型将带入物料清单，成为子件供应类型的默认值。

领用：可按需要直接领料而供应给相应的生产订单和委外订单。

入库倒冲：在用友 ERP-U8V10.1 倒冲在生产订单和委外订单母件完成入库时，系统自动产生领料单，将子件物料发放给相应的生产订单和委外订单。

工序倒冲：在生产订单母件工序完工时，系统自动产生领料单，将子件物料发放给相应的生产订单。

虚拟件：指一个无库存的装配件，它可以将其母件所需物料组合在一起，产生一个子装配件。MPS/MRP 系统可以通过虚拟件直接展开到该虚拟件的子件，就好似这些子件直接连在该虚拟件的母件上。成本管理系统中计算产品成本时，这些虚拟件的母件的装配成本将会包括虚拟件的物料成本，但不包含该其人工及制造费用等成本要素。

直接供应：在生产过程中，如果子件是直接为上阶订单生产，且子件实体不必进入库存，则这些子件称为直接供应子件。

低阶码：表示该存货在所有物料清单中所处的最低层次，由“物料清单”系统中“物料低阶码自动计算”功能计算得到。在计算 MPS/MRP 时，使用低阶码来确保在计算出此子件的所有的毛需求之前不会对此存货进行净需求。

计划品编码：可输入一个计划品的存货编码，目的在于建立存货与某一计划品的对应关系，与“转换因子”栏位值配合，用于存货的销售订单与该计划品的需求预测进行预测消抵。只有销售属性的存货才可输入；输入的计划品其“预测展开”设置为“否”；输入计划品的 MPS/MRP 属性与原存货相同。

转换因子：输入计划品编码时必须输入，默认为 1，可改，须大于零。

检查 ATP：系统默认为“不检查”，可改为“检查物料”。如果选择为“检查物料”，则在生产订单和委外管理系统中，可以检查该物料的可承诺数量，以进行缺料分析与处理。

ATP 规则：可参照输入自定义的 ATP 规则，资料来源于 ATP 规则档案，可不输入，支持批量修改。ATP 规则可以定义供应和需求来源、时间栏参数等。执行生产订单/委外订单子件 ATP 数量查询时，如果子件“检查 ATP”设置为“检查物料”，则读取此处输入的 ATP 规则；若未输入，则以生产制造参数设定中的 ATP 规则为准。

安全库存方法：选择 MPS/MRP/SRP 自动规划时安全库存的处理方式。默认为“静态”，可改为“静态/动态”之一。如果设置为“静态”，在计算 MPS/MRP/SRP 时，以物料档案中输入的安全库存量为准；若设置为“动态”，则系统自动计算物料基于需求的安全库存量。

期间类型：在计算 MPS/MRP/SRP 动态安全库存量时，首先必须确定某一期间内物料的需求量，本栏位供选择确定此期间的期间类型，系统依该栏位值与“期间数”输入值确定计算物料需求量的期间长度。如期间类型为天，期间数为 12，则期间长度为 12 天。系统默认为“天”，可改为“天/周/月”之一，安全库存方法选择为“动态”时必须输入。

期间数：安全库存方法选择为“动态”时必须输入。

动态安全库存方法：选择动态安全库存量是以覆盖日平均需求量的天数计算，或以动态安全库存期间内总需求量的百分比来计算。默认为“覆盖天数”，可改为“覆盖天数/百分比”之一，安全库存方法选择为“动态”时必须输入。

覆盖天数：动态安全库存方法选择为“覆盖天数”时必须输入。

百分比：动态安全库存方法选择为“百分比”时必须输入。

BOM 展开单位：指执行 BOM 展开时，是以子件的基本用量或是以辅助基本用量作为子件使用数量的计算基准。可选择“主计量单位/辅助计量单位”之一。

允许提前天数：输入天数。需求规划进行供需平衡时，如果需求之后存在供应且供应日期减需求日期小于等于允许提前天数，则该笔供应的重规划日提前至需求日期；若供应日期减需求日期大于允许提前天数，则不修改该供应的重规划日。

允许延后天数：输入天数。需求规划进行供需平衡时，如果供应之后存在需求且需求日期减供应日期大于或等于允许延后天数，则该笔供应的重规划日延后至需求日期；若需求日期减供应日期小于允许延后天数，则不修改该供应的重规划日。

销售跟单：如果供需政策为 PE，可选择销售跟单选项。销售跟单选项需要配合需求跟踪方式使用以确定计划订单带入的跟踪号是“订单号/订单行号/需求分类代号”之一。PE 物料的销售跟单只是将跟踪号带入计划订单中显示，其作用仅仅表示计划订单最初是根据哪一个需求跟踪号产生的，再次计划时并不按照需求跟踪号来进行供需平衡。

领料方式：可以选择“直接领料/申请领料”两者之一。直接领料表示生产时按照生产订单进行领料作业。申请领料表示生产时需要预先按照生产订单申请领料，再进行领料作业。

供应期间类型：对于非重复计划的 PE 件，选择其进行净需求合并的供应期间的期间类型。除了采用时格进行供应期间划分外，其他供应期间类型皆与“供应期间”栏位输入值一并确定供应期间长度。如供应期间类型为天，供应期间为 12，则供应期间长度为 12 天。系统默认为“天”，可改为“天/周/月/时格”之一。

供应期间：输入供应期间数。该栏位值与供应期间类型一起（选择时格时除外），用于计算净需求合并的供应期间长度。

时格代号：如果供应期间类型选择为“时格”，则参照时格档案输入。

可用日期：表示同一供应期间内的净需求合并之后，其需求日期如何确定。系统默认为“第一需求日”，可选择“第一需求日/期间开始日/期间结束日”之一。

（5）存货档案计划页。

在此页签输入存货档案计划页的相关信息资料。用于库存管理的再订货点法（re-order point，ROP），是一种传统的库存规划方法。该方法考虑了安全库存和采购提前期，当库存量降到再订货点时，按照批量规则进行订购。如果该存货补货政策为依据再订货点法，则需要在此页签进行相关信息的设置。

ROP 件：设置为外购属性+ROP 的存货，在库存系统中可以参与 ROP 运算，生成 ROP 采购计划。

再订货点方法：设置为 ROP 件时，必选其一（手工：由手工输入再订货点。自动：由系统自动计算再订货点，不可手工修改，可录入日均耗量）。再订货点=日均耗量×固定提前期+安全库存。

ROP 批量规则：此处选定的批量规则决定库存系统 ROP 运算时计划订货量的计算规则。

保证供应天数：录入不小于零的数字，默认为 1。ROP 批量规则选择历史消耗量时，根据此值计算计划订货量。计划订货量=日均耗量×保证供应天数。

日均耗量：在库存系统进行日均耗量与再订货点维护时，系统自动填写该项。日均耗量=历史耗量/计算日均耗量的历史天数，可修改。

固定供应量：即经济批量，可录入，不能小于零。考虑批量可以使企业在采购或生产时按照经济、方便的批量订货或组织生产，避免出现拆箱或量小不经济的情况，多余库存可作为意外消耗的补充、瓶颈工序的缓解、需求变动的调节等。ROP 批量规则选择固定批量时，根据此值计算计划订货量。

固定提前期：指从订货到货物入库的周期。再订货点方法选择自动时，系统根据此值计算再订货点。

累计提前期：指从取得原物料开始到完成制造该存货所需的时间，可逐层比较而取得其物料清单下各层子件的最长固定提前期，再将本存货与其各层子件中最长的提前期累加而得。该值由 MPS/MRP 系统中“累计提前期天数推算”作业自动计算而得。

注意：在录存货档案前，要先把仓库档案录完。

[实务案例]

飞跃摩托车制造公司的存货档案如表 2-13、表 2-14 所示。

表 2-13 飞跃摩托车制造公司存货档案（一）

序号	存货编码	存货代码	存货名称	存货大类名称	主计量单位	主要供货单位名称	默认仓库名称
1	0101001	XT	箱体-168	原料	个	重庆五工机电制造有限公司	原料仓库
2	0102001	DLG	动力盖-170F	原料	个	重庆五工机电制造有限公司	原料仓库
3	0102002	FLWG	飞轮外盖-172S	原料	个	重庆五工机电制造有限公司	原料仓库
4	0102003	JSG	减速盖-173FR	原料	个	重庆五工机电制造有限公司	原料仓库
5	0102004	LHG	离合盖-173FRS	原料	个	重庆五工机电制造有限公司	原料仓库
6	0103001	GT100	缸体-泰 100	原料	个	重庆振中制动器有限公司	原料仓库
7	0104001	ZC	轴承-D2208	原料	个	重庆春华发动机制造有限公司	原料仓库
8	0105001	YQ	黑酯胶调和漆	原料	升	重庆化工有限责任公司	原料仓库
9	0199001	LHF	磷化粉	原料	千克	重庆化工有限责任公司	原料仓库
10	0199002	NJLS	内六角螺丝-14×60	原料	个	重庆振中制动器有限公司	原料仓库
11	0199003	NJLS	内六角螺丝-12×80	原料	个	重庆振中制动器有限公司	原料仓库
12	020102001	XSQ	排气消声器-单孔	外购件	个	重庆春华发动机制造有限公司	外购件仓库
13	020104001	HYQ100	化油器-100 带支架	外购件	套	重庆春华发动机制造有限公司	外购件仓库
14	020105001	YLQ100	油冷器-100	外购件	套	重庆春华发动机制造有限公司	外购件仓库
15	020106001	YB	仪表-100 仪表总成	外购件	套	重庆卓越摩托车配件公司	外购件仓库
16	020107001	YX	油箱-普通	外购件	个	重庆春华发动机制造有限公司	外购件仓库
17	020107002	YX	油箱-加大	外购件	个	重庆春华发动机制造有限公司	外购件仓库
18	020110001	D	灯-大灯	外购件	个	重庆卓越摩托车配件公司	外购件仓库
19	020110002	D	灯-转向灯	外购件	个	重庆卓越摩托车配件公司	外购件仓库
20	020110003	D	灯-尾灯	外购件	个	重庆卓越摩托车配件公司	外购件仓库
21	020111001	ZJ	摩托车支架-100	外购件	个	重庆卓越摩托车配件公司	外购件仓库
22	020199001	ZD	座垫-减振	外购件	套	重庆卓越摩托车配件公司	外购件仓库
23	020199002	DLZC	电缆总成	外购件	套	重庆卓越摩托车配件公司	外购件仓库
24	020199003	ZD	座垫-连座	外购件	套	重庆卓越摩托车配件公司	外购件仓库
25	02010801	QLT	前轮胎-普通	外购件	个	重庆卓越摩托车配件公司	外购件仓库
26	02010802	QLT	前轮胎-加宽	外购件	个	重庆卓越摩托车配件公司	外购件仓库
27	02010901	HLT	后轮胎-普通	外购件	个	重庆卓越摩托车配件公司	外购件仓库
28	02010902	HLT	后轮胎-加宽	外购件	个	重庆卓越摩托车配件公司	外购件仓库
29	02010301	QLZC	前轮轴承-100	外购件	件	重庆卓越摩托车配件公司	外购件仓库
30	02010302	HLZC	后轮轴承-100	外购件	件	重庆卓越摩托车配件公司	外购件仓库
31	02020101	LTZJ	轮胎组件-100 普通	自制件	套		自制件仓库
32	02020102	LTZJ	轮胎组件-100 加宽	自制件	套		自制件仓库

表2-13(续)

序号	存货编码	存货代码	存货名称	存货大类名称	主计量单位	主要供货单位名称	默认仓库名称
33	02020103	D	灯-125 灯总成	自制件	套		自制件仓库
34	02020104	FDJ100	100 型发动机-J 脚启动	自制件	台		自制件仓库
35	0301001	MTC100	100 型摩托车-普通型	产成品	台		成品仓库
36	0301002	MTC100	100 型摩托车-加强型	产成品	台		成品仓库
37	0501001	NBZ	泡沫垫	内包装	个	重庆南华塑印装潢有限公司	低值易耗品及其他仓库
38	0502001	WBZ	100 型包装箱	外包装	个	重庆南华塑印装潢有限公司	低值易耗品及其他仓库
39	0502002	BZD	包装带	外包装	米	重庆南华塑印装潢有限公司	低值易耗品及其他仓库
40	0502003	FKJ	封口胶	外包装	米	重庆南华塑印装潢有限公司	低值易耗品及其他仓库

表 2-14　飞跃摩托车制造公司存货档案（二）

序号	存货编码	存货名称	是否销售	是否外购	是否自制	是否生产耗用	是否在制	是否允许BOM母件	是否允许生成订单	是否允许BOM子件	是否关键物料	是否MPS件
1	0101001	箱体-168	否	是	否	是	否	否	否	是	是	否
2	0102001	动力盖-170F	否	是	否	是	否	否	否	是	是	否
3	0102002	飞轮外盖-172S	否	是	否	是	否	否	否	是	是	否
4	0102003	减速盖-173FR	否	是	否	是	否	否	否	是	是	否
5	0102004	离合盖-173FRS	否	是	否	是	否	否	否	是	是	否
6	0103001	缸体-泰 100	否	是	否	是	否	否	否	是	是	否
7	0104001	轴承-D2208	否	是	否	是	否	否	否	是	是	否
8	0105001	黑酯胶调和漆	否	是	否	是	否	否	否	是	是	否
9	0199001	磷化粉	否	是	否	是	否	否	否	是	是	否
10	0199002	内六角螺丝-14×60	否	是	否	是	否	否	否	是	是	否
11	0199003	内六角螺丝-12×80	否	是	否	是	否	否	否	是	是	否
12	020102001	排气消声器-单孔	是	是	否	是	否	否	否	是	是	否
13	020104001	化油器-100 带支架	是	是	否	是	否	否	否	是	是	否
14	020105001	油冷器-100	否	是	否	是	否	否	否	是	是	否
15	020106001	仪表-100 仪表总成	否	是	否	是	否	否	否	是	是	否
16	020107001	油箱-普通	是	是	否	是	否	否	否	是	是	否
17	020107002	油箱-加大	是	是	否	是	否	否	否	是	是	否
18	020110001	灯-大灯	是	是	否	是	否	否	否	是	是	否
19	020110002	灯-转向灯	是	是	否	是	否	否	否	是	是	否
20	020110003	灯-尾灯	是	是	否	是	否	否	否	是	是	否
21	020111001	摩托车支架-100	否	是	否	是	否	否	否	是	是	否

表2-14(续)

序号	存货编码	存货名称	是否销售	是否外购	是否自制	是否生产耗用	是否在制	是否允许BOM母件	是否允许生成订单	是否允许BOM子件	是否关键物料	是否MPS件
22	020199001	座垫-减振	否	是	否	是	否	否	否	是	是	否
23	020199002	电缆总成	否	是	否	是	否	否	否	是	是	否
24	020199003	座垫-连座	否	是	否	是	否	否	否	是	是	否
25	02010801	前轮胎-普通	是	是	否	是	否	否	否	是	是	否
26	02010802	前轮胎-加宽	是	是	否	是	否	否	否	是	是	否
27	02010901	后轮胎-普通	是	是	否	是	否	否	否	是	是	否
28	02010902	后轮胎-加宽	是	是	否	是	否	否	否	是	是	否
29	02010301	前轮轴承-100	是	是	否	是	否	否	否	是	是	否
30	02010302	后轮轴承-100	是	是	否	是	否	否	否	是	是	否
31	02020101	轮胎组件-100 普通	是	是	是	是	是	是	是	是	是	是
32	02020102	轮胎组件-100 加宽	是	是	是	是	是	是	是	是	是	是
33	02020103	灯-125 灯总成	是	是	是	是	是	是	是	是	是	是
34	02020104	100 型发动机-J 脚启动	是	否	是	是	是	是	是	是	是	是
35	0301001	100 型摩托车-普通型	是	否	是	否	否	是	是	是	是	是
36	0301002	100 型摩托车-加强型	是	否	是	否	否	是	是	是	是	是
37	0501001	泡沫垫	是	是	否	是	否	否	否	是	是	否
38	0502001	100 型包装箱	是	是	否	是	否	否	否	是	是	否
39	0502002	包装带	否	是	否	是	否	否	否	是	是	否
40	0502003	封口胶	否	是	否	是	否	否	否	是	是	否

【操作步骤】

在企业应用平台中，执行“基础设置→基础档案→存货→存货档案”指令，进入存货档案设置主界面，在左边的树型列表中选择一个末级的存货分类（如果在建立账套时设置存货不分类，则不用进行选择），单击“增加”按钮，进入增加状态。选择“基本”“成本”“控制”“其他”“计划”“MPS/MRP”“图片”“附件”页签，填写相关内容。然后，单击“保存”按钮，保存此次增加的存货档案信息；或单击“保存并新增”按钮，保存此次增加的存货档案信息，并增加空白页供继续录入存货信息。

（四）业务

1. 收发类别（见表 2-15）

表 2-15　收发类别一览表

收发类别编码	收发类别名称	收发标志
1	入库	收
101	材料采购入库	收
102	配件采购入库	收

表2-15(续)

收发类别编码	收发类别名称	收发标志
103	产成品入库	收
104	盘盈入库	收
105	调拨入库	收
199	其他入库	收
2	出库	发
201	生产领料出库	发
202	销售出库	发
203	维修部门领料	发
204	调拨出库	发
205	盘亏出库	发
299	其他出库	发

2. 采购类型（见表 2-16）

表 2-16　采购类型一览表

采购类型编码	采购类型名称	入库类别	是否默认值
01	原材料采购	材料采购入库	是
02	配件采购	配件采购入库	否
03	其他采购	其他入库	否

3. 销售类型（见表 2-17）

表 2-17　销售类型一览表

销售类型编码	销售类型名称	出库类别	是否默认值
01	普通销售	销售出库	是
02	零售	销售出库	否
03	其他销售	销售出库	否

4. 成套件

【操作步骤】

在企业应用平台中，执行“基础设置→业务参数→供应链→库存管理”指令，在“库存管理”参数中选择“成套件管理”。在“轮胎组件-100 普通”“轮胎组件-100 加宽”和“灯-125 灯总成”的存货档案中，勾选“成套件”。

（1）轮胎组件-100普通（见表2-18）。

表2-18 成套件“轮胎组件-100普通”信息表

成套件编码	成套件名称	序号	单件编码	单件名称	主计量单位	单件数量	单价成本
02020101	轮胎组件-100普通	1	02010301	前轮轴承-100	件	1	
		2	02010302	后轮轴承-100	件	1	
		3	02010801	前轮胎-普通	个	2	
		4	02010901	后轮胎-普通	个	2	

（2）轮胎组件-100加宽（见表2-19）。

表2-19 成套件“轮胎组件-100加宽”信息表

成套件编码	成套件名称	序号	单件编码	单件名称	主计量单位	单件数量	单价成本
02020102	轮胎组件-100加宽	1	02010301	前轮轴承-100	件	1	
		2	02010302	后轮轴承-100	件	1	
		3	02010802	前轮胎-加宽	个	2	
		4	02010902	后轮胎-加宽	个	2	

（3）灯-125灯总成（见表2-20）。

表2-20 成套件“灯-125灯总成”信息表

成套件编码	成套件名称	序号	单件编码	单件名称	主计量单位	单件数量	单价成本
02020103	灯-125灯总成	1	020110001	灯-大灯	个	4	
		2	020110002	灯-转向灯	个	4	
		3	020110003	灯-尾灯	个	2	

5. 费用项目及其所属分类（见表2-21）

表2-21 费用项目及其所属分类一览表

费用项目编码	费用项目名称	所属分类编码	所属分类名称
01	运费	1	代垫费用
02	招待费	2	销售支出费用

注：先设分类再设项目。

6. 发运方式（见表2-22）

表2-22 发运方式一览表

发运方式编码	发运方式名称
01	公路运输
02	铁路运输
03	空运
04	水运

（五）对照表

1．仓库存货对照表

【操作步骤】

在仓库存货对照表增加主界面，单击工具栏“选择”按钮进入“批量增加”界面，单击“显示”按钮，指定“仓库编码”，再选择指定仓库对应的存货后单击“保存”按钮。

（1）原材料库（见表2-23）。

表2-23　原材料库一览表

存货编码	存货名称	主计量单位名称	最高库存	最低库存	安全库存	合理损耗率	盘点周期	盘点周期单位	盘点日	上次盘点日期
0101001	箱体-168	个								2022-01-01
0102001	动力盖-170F	个								2022-01-01
0102002	飞轮外盖-172S	个								2022-01-01
0102003	减速盖-173FR	个								2022-01-01
0102004	离合盖-173FRS	个								2022-01-01
0103001	缸体-泰 100	个								2022-01-01
0104001	轴承-D2208	个								2022-01-01
0105001	黑酯胶调和漆	升								2022-01-01
0199001	磷化粉	千克								2022-01-01
0199002	内六角螺丝-14×60	个								2022-01-01
0199003	内六角螺丝-12×80	个								2022-01-01

（2）外购件仓库（见表2-24）。

表2-24　外购件仓库一览表

存货编码	存货名称	主计量单位名称	最高库存	最低库存	安全库存	合理损耗率	盘点周期	盘点周期单位	盘点日	上次盘点日期
020102001	排气消声器-单孔	个								2022-01-01
02010301	前轮轴承-100	件								2022-01-01
02010302	后轮轴承-100	件								2022-01-01
020104001	化油器-100 带支架	套								2022-01-01
020105001	油冷器-100	套								2022-01-01
020106001	仪表-100 仪表总成	套								2022-01-01
020107001	油箱-普通	个								2022-01-01
020107002	油箱-加大	个								2022-01-01
02010801	前轮胎-普通	个								2022-01-01
02010802	前轮胎-加宽	个								2022-01-01
02010901	后轮胎-普通	个								2022-01-01
02010902	后轮胎-加宽	个								2022-01-01

表2-24（续）

存货编码	存货名称	主计量单位名称	最高库存	最低库存	安全库存	合理损耗率	盘点周期	盘点周期单位	盘点日	上次盘点日期
020110001	灯-大灯	个								2022-01-01
020110002	灯-转向灯	个								2022-01-01
020110003	灯-尾灯	个								2022-01-01
020111001	摩托车支架-100	个								2022-01-01
020199001	座垫-减振	套								2022-01-01
020199002	电缆总成	套								2022-01-01
020199003	座垫-连座	套								2022-01-01

（3）自制件仓库（见表2-25）。

表 2-25　自制件仓库一览表

存货编码	存货名称	主计量单位名称	最高库存	最低库存	安全库存	合理损耗率	盘点周期	盘点周期单位	盘点日	上次盘点日期
02020101	轮胎组件-100 普通	套								2022-01-01
02020102	轮胎组件-100 加宽	套								2022-01-01
02020103	灯-125 灯总成	套								2022-01-01
02020104	100 型发动机-J 脚启动	台								2022-01-01

（4）成品仓库（见表2-26）。

表 2-26　成品仓库一览表

存货编码	存货名称	主计量单位名称	最高库存	最低库存	安全库存	合理损耗率	盘点周期	盘点周期单位	盘点日	上次盘点日期
0301001	100 型摩托车-普通型	台								2022-01-01
0301002	100 型摩托车-加强型	台								2022-01-01

（5）低值易耗品及其他仓库（见表2-27）。

表 2-27　低值易耗品及其他仓库一览表

存货编码	存货名称	主计量单位名称	最高库存	最低库存	安全库存	合理损耗率	盘点周期	盘点周期单位	盘点日	上次盘点日期
0501001	泡沫垫	个								2022-01-01
0502001	100 型包装箱	个								2022-01-01
0502002	包装带	米								2022-01-01
0502003	封口胶	米								2022-01-01

2. 供应商存货对照表

【操作步骤】

在供应商存货对照表增加主界面，单击工具栏“选择”按钮进入“批量增加”界面，单击“显示”按钮，指定“供应商编码”，再选择指定供应商对应的存货后单击

"保存"按钮。最后返回供应商存货对照表增加主界面，逐一补填每一存货的最高进价。

（1）重庆春华发动机制造有限公司存货（见表2-28）。

表2-28　重庆春华发动机制造有限公司存货一览表

供应商名称	序号	存货编码	存货名称	主计量单位名称	配额/%	最高进价/元
重庆春华发动机制造有限公司	1	0104001	轴承-D2208	个	100	93.50
	2	020102001	排气消声器-单孔	个	100	41.00
	3	020105001	油冷器-100	套	100	32.00
	4	020104001	化油器-100带支架	套	100	23.00
	5	020107001	油箱-普通	个	100	63.00
	6	020107002	油箱-加大	个	100	64.00

（2）重庆化工有限责任公司存货（见表2-29）。

表2-29　重庆化工有限责任公司存货一览表

供应商名称	序号	存货编码	存货名称	主计量单位名称	配额/%	最高进价/元
重庆化工有限责任公司	1	0105001	黑酯胶调和漆	升	100	36.50
	2	0199001	磷化粉	千克	100	36.50

（3）重庆五工机电制造有限公司存货（见表2-30）。

表2-30　重庆五工机电制造有限公司存货一览表

供应商名称	序号	存货编码	存货名称	主计量单位名称	配额/%	最高进价/元
重庆五工机电制造有限公司	1	0101001	箱体-168	个	70	86.00
	2	0102001	动力盖-170F	个	100	48.00
	3	0102002	飞轮外盖-172S	个	100	31.00
	4	0102003	减速盖-173FR	个	100	24.50
	5	0102004	离合盖-173FRS	个	100	23.00

（4）重庆振中制动器有限公司存货（见表2-31）。

表2-31　重庆振中制动器有限公司存货一览表

供应商名称	序号	存货编码	存货名称	主计量单位名称	配额/%	最高进价/元
重庆振中制动器有限公司	1	0103001	缸体-泰100	个	100	91.00
	2	0199002	内六角螺丝-14×60	个	100	0.05
	3	0199003	内六角螺丝-12×80	个	100	0.05

（5）重庆卓越摩托车配件技术开发公司存货（见表 2-32）。

表 2-32　重庆卓越摩托车配件技术开发公司存货一览表

供应商名称	序号	存货编码	存货名称	主计量单位名称	最高进价/元
重庆卓越摩托车配件技术开发公司	1	020110001	灯-大灯	个	35.00
	2	020110002	灯-转向灯	个	15.00
	3	020110003	灯-尾灯	个	6.00
	4	020111001	摩托车支架-100	个	98.00
	5	020199001	座垫-减振	套	35.00
	6	020199002	电缆总成	套	37.80
	7	020199003	座垫-连座	套	35.00
	8	02010801	前轮胎-普通	个	80.00
	9	02010802	前轮胎-加宽	个	85.00
	10	02010901	后轮胎-普通	个	80.00
	11	02010902	后轮胎-加宽	个	85.00
	12	02010301	前轮轴承-100	件	43.00
	13	02010302	后轮轴承-100	件	43.00

第三节　总账系统初始设置

一、设置总账参数

在建立新账后，由于后续具体情况或业务变化，发生一些与账套信息不相符的核算内容时，就可以通过“总账参数”设置进行修改，以便让财务参数要求满足实际经济业务核算的需要。登录用友 ERP-U8V10.1 系统，执行“业务工作→总账→设置→选项”指令，可设置和调整总账参数。

二、设置外汇及汇率

汇率管理是专为外币核算服务的。在此可以对本账套所使用的外币进行定义，在“填制凭证”中所用的汇率应先在此进行定义，以便制单时调用，减少录入汇率的次数和差错。

当汇率变化时，应预先在此进行修改；否则，制单时不能正确录入汇率。

对于使用固定汇率（即使用月初或年初汇率）作为记账汇率的企业，在填制每月的凭证前，应预先在此录入该月的记账汇率；否则，在填制该月外币凭证时，将会出现汇率为零的错误。

对于使用变动汇率（即使用当日汇率）作为记账汇率的企业，在填制当天的凭证前，应预先在此录入该天的记账汇率。

［实务案例］

飞跃摩托车制造公司的外汇及汇率："美元"采用固定汇率 6.15 进行核算。

三、设置会计科目

会计科目是对会计对象的具体内容分门别类地进行核算所规定的项目，也是填制会计凭证、登记会计账簿、编制会计报表的基础。会计科目设置的完整性影响着会计过程的顺利实施，会计科目设置的层次深度直接影响会计核算的详细、准确程度。除此之外，电算化系统会计科目的设置是应用系统的基础，它是实施各个会计手段的前提。因此，科目设置的完整性、详细程度对于整个财务电算化系统尤其重要，应在创建科目、科目属性描述、账户分类上为后续使用提供尽可能的方便和校验保障。

本功能完成对会计科目的设立和管理，企业可以根据业务的需要方便地增加、插入、修改、查询、打印会计科目。

（一）建立会计科目的原则

整理手工账使用的会计科目，可以直接采用现有的科目，也可以根据电算化的特点对科目进行调整。一般来说，为了充分体现计算机管理的优势，在企业原有的会计科目基础上，应对以往的一些科目结构进行调整，以便充分发挥计算机的辅助核算功能。如果企业原来有许多往来单位、个人、部门、项目是通过设置明细科目来进行核算管理的，那么，在使用总账系统后，最好改用辅助核算进行管理，即将这些明细科目的上级科目设为辅助核算科目，并将这些明细科目设为相应的辅助核算目录。总账系统中一共可设置 11 种辅助核算，包括部门、个人、客户、供应商、项目 5 种辅助核算以及部门客户、部门供应商、客户项目、供应商项目、部门项目及个人项目 6 种组合辅助核算。一个科目设置了辅助核算后，它所发生的每一笔业务将会登记在辅助总账和辅助明细账上。

（二）建立会计科目时设置的主要项目

只把科目设置了辅助核算还不够，还应将从科目中去掉的明细科目设置为辅助核算的目录。若有部门核算，应设置相应的部门目录；若有个人核算，应设置相应的个人目录；若有项目核算，应设置相应的项目目录；若有客户往来核算，应设置相应的客户目录；若有供应商往来核算，应设置相应的供应商目录。

（三）增加、修改和删除会计科目的要求与限制

在会计科目界面，单击"增加"按钮，进入会计科目页编辑界面，根据栏目说明输入科目信息，单击"确定"按钮后保存。

在会计科目界面，选择要修改的科目，单击"修改"按钮或双击该科目，即可进入会计科目修改界面，可以在此对需要修改的会计科目进行调整。单击"第一页""前页""后页""最后页"找到下一个需要修改的科目，重复上述步骤即可。

没有会计科目设置权的用户只能在此浏览科目的具体定义，而不能进行修改。已使用的科目可以增加下级科目，新增第一个下级科目为原上级科目的全部属性。

在会计科目界面，删除选中的科目，但已使用的科目不能删除。已有授权系统、

已录入科目期初余额、已在多栏定义中使用、已在支票登记簿中使用、已录入辅助账期初余额、已在凭证类别设置中使用、已在转账凭证定义中使用、已在常用摘要定义中使用、已制单、记账或录入待核银行账期初的科目均为已使用科目。

[实务案例]

飞跃摩托车制造公司会计科目表如表 2-33 所示。

表 2-33 飞跃摩托车制造公司会计科目表

类型	级次	科目编码	科目名称	辅助账类型	账页格式	余额方向
资产	1	1001	库存现金		金额式	借
资产	1	1002	银行存款		金额式	借
资产	2	100201	工行存款		金额式	借
资产	2	100202	农行存款		金额式	借
资产	2	100203	招行存款		金额式	借
资产	2	100204	建行存款		金额式	借
资产	2	100205	中行存款	币种：美元	外币金额式	借
资产	1	1012	其他货币资金		金额式	借
资产	2	101201	外埠存款		金额式	借
资产	2	101202	银行本票		金额式	借
资产	2	101203	银行汇票		金额式	借
资产	2	101204	信用卡		金额式	借
资产	2	101205	信用证保证金		金额式	借
资产	2	101206	存出投资款		金额式	借
资产	1	1101	交易性金融资产		金额式	借
资产	2	110101	股票		金额式	借
资产	2	110102	债券		金额式	借
资产	2	110103	基金		金额式	借
资产	2	110110	其他		金额式	借
资产	1	1121	应收票据	客户往来	金额式	借
资产	1	1122	应收账款	客户往来	金额式	借
资产	1	1131	应收股利		金额式	借
资产	1	1132	应收利息		金额式	借
资产	1	1221	其他应收款		金额式	借
资产	2	122101	个人	个人往来	金额式	借
资产	2	122102	单位	客户往来	金额式	借
资产	2	122103	应收出口退税款		金额式	借
资产	2	122199	其他		金额式	借
资产	1	1231	坏账准备		金额式	贷
资产	1	1151	预付账款	供应商往来	金额式	借

表2-33(续)

类型	级次	科目编码	科目名称	辅助账类型	账页格式	余额方向
资产	1	1161	应收补贴款		金额式	借
资产	1	1401	材料采购		金额式	借
资产	2	140101	原材料采购		金额式	借
资产	3	14010101	买价		金额式	借
资产	3	14010102	采购费用		金额式	借
资产	2	140102	配件采购		金额式	借
资产	3	14010201	买价		金额式	借
资产	3	14010202	采购费用		金额式	借
资产	2	140199	其他采购		金额式	借
资产	1	1403	原材料		金额式	借
资产	2	140301	生产用材料		金额式	借
资产	2	140302	外购件		金额式	借
资产	2	140303	自制件		金额式	借
资产	2	140399	其他		金额式	借
资产	1	1411	周转材料		金额式	借
资产	2	141101	包装物		金额式	借
资产	1	1404	材料成本差异		金额式	借
资产	1	1242	半成品		金额式	借
资产	1	1405	库存商品		金额式	借
资产	2	140501	100 型摩托车-普通型		数量金额式	借
资产	2	140502	100 型摩托车-加强型		数量金额式	借
资产	1	1244	商品进销差价		金额式	借
资产	1	1251	委托加工物资		金额式	借
资产	1	1261	委托代销商品		金额式	借
资产	1	1271	受托代销商品		金额式	借
资产	1	1281	存货跌价准备		金额式	贷
资产	1	1291	分期收款发出商品		金额式	借
资产	1	1501	债权投资		金额式	借
资产	2	150101	成本		金额式	借
资产	2	150102	利息调整		金额式	借
资产	2	150103	应计利息		金额式	借
资产	1	1502	债权投资减值准备		金额式	贷
资产	1	1503	其他债权投资		金额式	借
资产	1	1511	长期股权投资		金额式	借
资产	2	151101	股票投资		金额式	借

表2-33(续)

类型	级次	科目编码	科目名称	辅助账类型	账页格式	余额方向
资产	2	151102	其他股权投资		金额式	借
资产	1	1512	长期股权投资减值准备		金额式	借
资产	1	1521	投资性房地产		金额式	借
资产	1	1531	长期应收款		金额式	借
资产	1	1532	未实现融资收益		金额式	借
资产	1	1541	存出资本保证金		金额式	借
资产	1	1601	固定资产		金额式	借
资产	1	1602	累计折旧		金额式	贷
资产	1	1603	固定资产减值准备		金额式	贷
资产	1	1604	在建工程	项目核算	金额式	借
资产	1	1605	工程物资		金额式	贷
资产	1	1606	固定资产清理		金额式	借
资产	1	1701	无形资产		金额式	借
资产	1	1702	累计摊销		金额式	贷
资产	1	1703	无形资产减值准备		金额式	贷
资产	1	1801	长期待摊费用		金额式	借
资产	1	1901	待处理财产损溢		金额式	借
资产	2	190101	待处理流动资产损溢		金额式	借
资产	2	190102	待处理固定资产损溢		金额式	借
负债	1	2001	短期借款		金额式	贷
负债	1	2201	应付票据	供应商往来	金额式	贷
负债	1	2202	应付账款	供应商往来	金额式	贷
负债	1	2203	预收账款	客户往来	金额式	贷
负债	1	2211	应付职工薪酬		金额式	贷
负债	2	221101	工资		金额式	贷
负债	2	221102	职工福利		金额式	贷
负债	2	221103	工会经费		金额式	贷
负债	2	221104	职工教育经费		金额式	贷
负债	2	221105	养老保险费		金额式	贷
负债	2	221106	医疗保险费		金额式	贷
负债	2	221107	失业保险费		金额式	贷
负债	2	221108	工伤保险费		金额式	贷
负债	2	221109	生育保险费		金额式	贷
负债	2	221110	保健支出		金额式	贷
负债	2	221111	住房公积金		金额式	贷

表2-33（续）

类型	级次	科目编码	科目名称	辅助账类型	账页格式	余额方向
负债	2	221199	其他		金额式	贷
负债	1	2231	应付利息		金额式	贷
负债	1	2232	应付股利		金额式	贷
负债	1	2221	应交税费		金额式	贷
负债	2	222101	应交增值税		金额式	贷
负债	3	22210101	进项税额		金额式	贷
负债	3	22210102	已交税金		金额式	贷
负债	3	22210103	转出未交增值税		金额式	贷
负债	3	22210104	减免税款		金额式	贷
负债	3	22210105	销项税额		金额式	贷
负债	3	22210106	出口退税		金额式	贷
负债	3	22210107	进项税额转出		金额式	贷
负债	3	22210108	出口抵减内销产品应纳税额		金额式	贷
负债	3	22210109	转出多交增值税		金额式	贷
负债	2	222102	未交增值税		金额式	贷
负债	2	222104	应交消费税		金额式	贷
负债	2	222105	应交资源税		金额式	贷
负债	2	222106	应交所得税		金额式	贷
负债	2	222107	应交土地增值税		金额式	贷
负债	2	222108	应交城市维护建设税		金额式	贷
负债	2	222109	应交房产税		金额式	贷
负债	2	222110	应交土地使用税		金额式	贷
负债	2	222111	应交车船使用税		金额式	贷
负债	2	222112	应交个人所得税		金额式	贷
负债	1	2241	其他应付款		金额式	贷
负债	2	224101	社保费（个人承担医疗、养老和失业）		金额式	贷
负债	2	224102	住房公积（个人承担）		金额式	贷
负债	1	2501	长期借款		金额式	贷
负债	1	2502	应付债券		金额式	贷
负债	2	250201	面值		金额式	贷
负债	2	250202	应计利息		金额式	贷
负债	2	250203	利息调整		金额式	贷
负债	1	2701	长期应付款		金额式	贷
权益	1	4001	实收资本（或股本）		金额式	贷
权益	1	4002	资本公积		金额式	贷

表2-33(续)

类型	级次	科目编码	科目名称	辅助账类型	账页格式	余额方向
权益	2	400201	资本（或股本）溢价		金额式	贷
权益	2	400202	接受捐赠非现金资产准备		金额式	贷
权益	2	400203	接受现金捐赠		金额式	贷
权益	2	400204	股权投资准备		金额式	贷
权益	2	400205	拨款转入		金额式	贷
权益	2	400206	外币资本折算差额		金额式	贷
权益	2	400207	其他资本公积		金额式	贷
权益	1	4101	盈余公积		金额式	贷
权益	2	410101	法定盈余公积		金额式	贷
权益	2	410102	任意盈余公积		金额式	贷
权益	2	410103	法定公益金		金额式	贷
权益	2	410104	储备基金		金额式	贷
权益	2	410105	企业发展基金		金额式	贷
权益	2	410106	利润归还投资		金额式	贷
权益	1	4103	本年利润		金额式	贷
权益	1	4104	利润分配		金额式	贷
权益	2	410401	其他转入		金额式	贷
权益	2	410402	提取法定盈余公积		金额式	贷
权益	2	410403	提取法定公益金		金额式	贷
权益	2	410404	提取储备基金		金额式	贷
权益	2	410405	提取企业发展基金		金额式	贷
权益	2	410406	提取职工奖励及福利基金		金额式	贷
权益	2	410407	利润归还投资		金额式	贷
权益	2	410408	应付优先股股利		金额式	贷
权益	2	410409	提取任意盈余公积		金额式	贷
权益	2	410410	应付普通股股利		金额式	贷
权益	2	410411	转作资本(或股本)的普通股股利		金额式	贷
权益	2	410415	未分配利润		金额式	贷
成本	1	5001	生产成本		金额式	借
成本	2	500101	基本生产	部门项目	金额式	借
成本	3	50010101	直接材料	部门项目	金额式	借
成本	3	50010102	直接人工	部门项目	金额式	借
成本	3	50010103	制造费用	部门项目	金额式	借
成本	2	500102	薪资费用分配	部门核算	金额式	借
成本	2	500103	生产成本结转	部门项目	金额式	借

表2-33(续)

类型	级次	科目编码	科目名称	辅助账类型	账页格式	余额方向
成本	2	500104	辅助生产成本	部门核算	金额式	借
成本	1	5101	制造费用	部门核算	金额式	借
成本	2	510101	折旧费	部门核算	金额式	借
成本	2	510102	薪资费	部门核算	金额式	借
成本	2	510103	社保费	部门核算	金额式	借
成本	2	510199	其他	部门核算	金额式	借
成本	1	5102	废品损失	部门项目	金额式	借
成本	1	5101	停工损失	部门核算	金额式	借
成本	1	5201	劳务成本		金额式	借
损益	1	6001	主营业务收入	项目核算	金额式	贷
损益	1	6051	其他业务收入		金额式	贷
损益	1	6111	投资收益		金额式	贷
损益	1	6301	营业外收入		金额式	贷
损益	1	6401	主营业务成本	项目核算	金额式	借
损益	1	6403	税金及附加		金额式	借
损益	1	6402	其他业务成本		金额式	借
损益	1	6601	销售费用	部门核算	金额式	借
损益	2	660101	薪资及社保费	部门核算	金额式	借
损益	2	660102	广告费	部门核算	金额式	借
损益	2	660103	会务费	部门核算	金额式	借
损益	2	660104	培训费	部门核算	金额式	借
损益	2	660105	业务招待费	部门核算	金额式	借
损益	2	660106	通信费	部门核算	金额式	借
损益	2	660107	办公费	部门核算	金额式	借
损益	2	660108	折旧费	部门核算	金额式	借
损益	2	660199	其他	部门核算	金额式	借
损益	1	6602	管理费用		金额式	借
损益	2	660201	办公费	部门核算	金额式	借
损益	2	660202	会务费	部门核算	金额式	借
损益	2	660203	差旅费	个人往来	金额式	借
损益	2	660204	折旧费	部门核算	金额式	借
损益	2	660205	薪酬福利费	部门核算	金额式	借
损益	2	660206	社保费	部门核算	金额式	借
损益	2	660207	业务招待费	部门核算	金额式	借
损益	2	660208	汽车费	部门核算	金额式	借

表2-33（续）

类型	级次	科目编码	科目名称	辅助账类型	账页格式	余额方向
损益	2	660209	坏账		金额式	借
损益	2	660210	税费		金额式	借
损益	2	660299	其他		金额式	借
损益	1	6603	财务费用		金额式	借
损益	1	6711	营业外支出		金额式	借
损益	1	6801	所得税费用		金额式	借
损益	1	6901	以前年度损益调整		金额式	借

【操作步骤】

在企业应用平台中，执行“基础设置→基础档案→财务→会计科目”指令，进入会计科目设置主界面，单击“增加”按钮，进入会计科目页编辑界面，根据栏目说明输入科目信息，单击“确定”按钮后保存。

指定科目：现金科目为库存现金；银行存款科目为银行存款；现金流量科目为库存现金以及银行存款、其他货币资金下的所有明细科目。

四、设置凭证类型

许多单位为了便于管理或登账方便，一般对记账凭证进行分类编制，但各单位的分类方法不尽相同，可以按照本单位的需要对凭证进行分类。

[**实务案例**]

飞跃摩托车制造公司的会计凭证类别如表2-34所示。

表2-34　飞跃摩托车制造公司会计凭证类别一览表

类别字	类别名称	限制类型	限制科目
收	收款凭证	借方必有	1001，1002
付	付款凭证	贷方必有	1001，1002
转	转账凭证	凭证必无	1001，1002

【操作步骤】

在企业应用平台中，执行“基础设置→基础档案→财务→凭证类别”指令，进入凭证类别设置主界面，单击“增加”按钮，在表格中新增的空白行中填写凭证类别字，凭证类别名称参照选择限制类型及限制科目等栏目即可。

五、设置结算方式

[**实务案例**]

飞跃摩托车制造公司的结算方式如表2-35所示。

表 2-35　飞跃摩托车制造公司结算方式一览表

结算方式编码	结算方式名称	是否票据管理
1	现金	否
2	现金支票	是
3	转账支票	是
4	电汇	是
5	网上银行	是
6	银行承兑汇票	是
7	银行本票	是
8	微信收付	否
9	其他	否

【操作步骤】

在企业应用平台中，执行“基础设置→基础档案→收付结算→结算方式”指令，进入结算方式设置主界面，单击“增加”按钮，输入结算方式编码、结算方式名称和是否票据管理。单击“保存”按钮，便可将本次增加的内容保存，并在左边部分的树形结构中添加和显示。

六、设置项目档案

［实务案例］

1. 项目成本核算管理

项目大类：项目管理

项目级次：一级：1；二级：2

核算科目：在建工程

项目分类：1，自建“生产二线”；2，其他

项目目录：项目成本核算管理目录见表 2-36。

表 2-36　项目成本核算管理目录一览表

项目编码	项目名称	是否结算	所属分类码
01	生产二线	否	1
02	职工停车棚	否	1

注：不新增，直接选择项目大类“项目管理”。

2. 产品成本核算管理

项目大类：成本对象

项目级次：一级：1；二级：2

核算科目：生产成本及其明细科目

项目分类：1，自制；2，委外；3，其他

项目目录：产品成本核算管理目录见表 2-37。

表 2-37　产品成本核算管理目录一览表

项目编码	项目名称	是否结算	所属分类码	存货编码	存货名称
01	100 型摩托车-普通型	否	1	0301001	100 型摩托车-普通型
02	100 型摩托车-加强型	否	1	0301002	100 型摩托车-加强型
03	轮胎组件-100 普通	否	1	02020101	轮胎组件-100 普通
04	轮胎组件-100 加宽	否	1	02020102	轮胎组件-100 加宽
05	灯-125 灯总成	否	1	02020103	灯-125 灯总成
06	100 型发动机-J 脚启动	否	1	02020104	100 型发动机-J 脚启动

注：单击“增加”按钮后，选择“成本对象”。

设置产品成本核算管理，需先在企业应用平台中执行“业务工作→生产制造→物料清单（演示版）→物料清单维护”指令，将“100 型摩托车-普通型”和“100 型摩托车-加强型”等五种产品的物料清单增加完毕。

七、期初余额录入

[**实务案例**]

飞跃摩托车制造公司 2022 年 1 月的期初余额信息如下：

1. 科目期初余额（见表 2-38）

表 2-38　科目期初余额一览表

科目名称	方向	币别/计量	期初余额/元
库存现金（1001）	借		3 392. 00
银行存款（1002）	借		14 907 741. 37
工行存款（100201）	借		14 150 312. 00
农行存款（100202）	借		360 000. 00
建行存款（100204）	借		397 429. 37
交易性金融资产（1101）	借		662 040. 00
股票（110101）	借		662 040. 00
应收账款（1122）	借		312 000. 00
其他应收款（1221）	借		10 320. 00
个人（122101）	借		2 000. 00
单位（122102）	借		8 320. 00
原材料（1403）	借		562 165. 48
生产用材料（140301）	借		131 030. 48
外购件（140302）	借		431 135. 00

表2-38(续)

科目名称	方向	币别/计量	期初余额/元
库存商品（1405）	借		47 960.00
周转材料（1411）	借		3 210.03
包装物（141101）	借		3 210.03
固定资产（1601）	借		18 003 200.00
累计折旧（1602）	贷		597 586.00
在建工程（1604）	借		567 123.00
无形资产（1701）	借		3 000 000.00
短期借款（2001）	贷		6 000 000.00
应付账款（2202）	贷		538 713.00
应付职工薪酬（2211）	贷		2 927 396.88
工资（221101）	贷		2 927 396.88
应交税费（2221）	贷		1 044 315.00
应交增值税（222101）	贷		679 302.00
进项税（22210101）	贷		-4 998 787.00
销项税（22210102）	贷		5 678 089.00
未交增值税（222102）	贷		44 581.00
应交所得税（222106）	贷		320 432.00
长期借款（2501）	贷		15 000 000.00
实收资本（或股本）（4001）	贷		10 000 000.00
资本公积（4002）	贷		547 895.00
资本（或股本）溢价（400201）	贷		547 895.00
盈余公积（4101）	贷		420 000.00
法定盈余公积（410101）	贷		200 000.00
任意盈余公积金（410102）	贷		100 000.00
企业发展基金（410105）	贷		120 000.00
利润分配（4104）	贷		1 003 246.00
未分配利润（410412）	贷		1 003 246.00

2. 其他应收款-单位期初余额（见表2-39）

表2-39 其他应收款-单位期初余额一览表

客户编码	客户名称	摘要	方向	本币期初余额/元
01003	成都志远	出租包装物	借	5 000.00
03001	北京宏图	出租包装物	借	3 320.00

3. 其他应收款-个人期初余额（见表 2-40）

表 2-40　其他应收款-个人期初余额一览表

部门名称	个人名称	摘要	方向	本币期初余额/元
西南办事处	何飞	借差旅费	借	2 000.00

4. 应收账款期初余额（见表 2-41）

表 2-41　应收账款期初余额一览表

客户编码	客户名称	摘要	方向	本币期初余额/元
01001	四川鑫鑫	销货款	借	32 000.00
02001	江西新阳光	销货款	借	280 000.00

5. 应付账款期初余额（见表 2-42）

表 2-42　应付账款期初余额一览表

供应商编码	供应商名称	摘要	方向	本币期初余额/元
01003	振中制动	材料款	贷	321 981.00
01004	春华发动机	材料款	贷	216 732.00

6. 在建工程期初余额（见表 2-43）

表 2-43　在建工程期初余额一览表

项目编码	项目名称	方向	本币期初余额/元
01	生产二线	借	565 123.00
02	职工停车棚	借	2 000.00

7. 库存商品期初余额（见表 2-44）

表 2-44　库存商品期初余额一览表

科目名称	方向	币别/计量	期初余额（余数）
库存商品（1405）	借	元	47 960
100 型摩托车-普通型（140501）	借	元	25 160
	借	辆	5
100 型摩托车-加强型（140502）	借	元	22 800
	借	辆	4

【操作步骤】

在总账系统中，执行“设置→期初余额”指令，进入期初余额录入界面，无辅助核算的科目，将光标移到需要输入期初余额科目的末级科目的余额栏，直接输入数据即可；有辅助核算的科目需要双击科目进入辅助核算期初余额录入界面录入期初余额。

录完所有余额后，单击“试算”按钮进行试算平衡，单击“对账”按钮核对总账上下级、核对总账与部门账、核对总账与客户往来账、核对总账与供应商往来账、核对总账与个人往来账、核对总账与项目账。如果对账后发现有错误，可单击“显示对账错误”按钮，系统将把对账中发现的问题列出来。试算平衡结果为 37 481 565. 88 元。

往来核算科目的辅助账余额与总账不平，则不能保存；组合往来核算科目的所有辅助账余额与总账不平，则不能保存。

第三章 成本相关系统概述及参数设置

第一节 成本相关系统概述

一、材料成本相关系统

在用友 ERP-U8V10.1 系统中，物料成本即存货核算系统与相关系统的主要关系如图 3-1 所示。

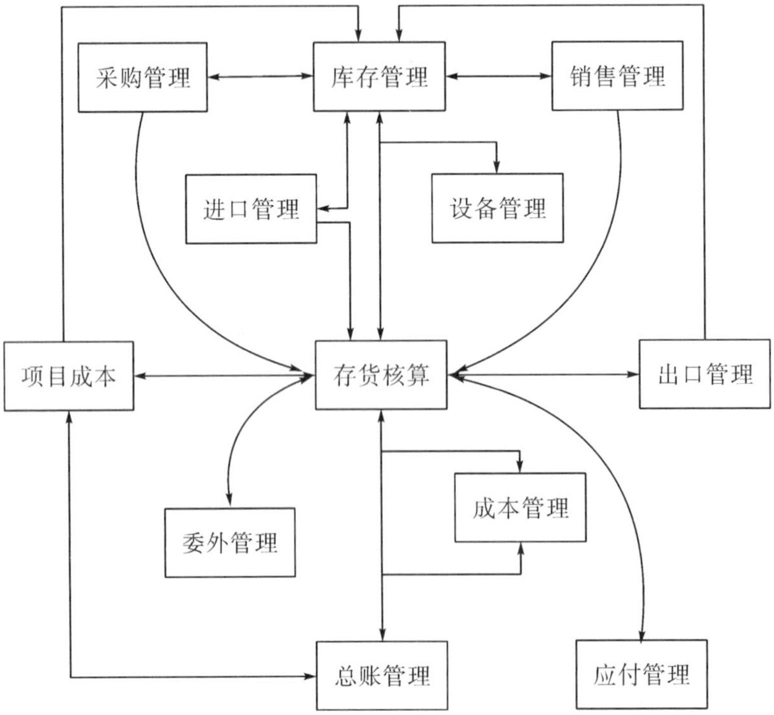

图 3-1 存货核算系统与相关系统的主要关系

（一）存货核算系统

存货是指企业在生产经营过程中为销售或耗用而储存的各种资产，包括商品、产成品、半成品、在产品以及各种材料、燃料、包装物、低值易耗品等。

存货是保证企业生产经营过程顺利进行的必要条件。为了保障生产经营过程连续不断地进行，企业要不断地购入、耗用或销售存货。存货是企业的一项重要的流动资产，其价值在企业流动资产中占有很大的比重。

存货的核算是企业会计核算的一项重要内容，进行存货核算，应正确计算存货购入成本，促使企业努力降低存货成本；反映和监督存货的收发、领退和保管情况；反映和监督存货资金的占用情况，促进企业提高资金的使用效果。

在企业中，存货成本直接影响利润水平，尤其在市场经济条件下，存货品种日益更新，存货价格变化较快，企业领导层更为关心存货的资金占用及周转情况，因而使得存货会计人员的核算工作量越来越大。存货核算系统能减轻财务人员繁重的手工劳动，加强了对存货的核算和管理，不仅能提高核算的精度，而且更重要的是能提高及时性、可靠性和准确性。

存货核算系统主要针对企业存货的收发存业务进行核算，掌握存货的耗用情况，及时准确地把各类存货成本归集到各成本项目和成本对象上，为企业的成本核算提供基础数据。它可动态反映存货资金的增减变动情况，提供存货资金周转和占用的分析，在保证生产经营的前提下，降低库存量，减少资金积压，加速资金周转，具有及时性、可靠性和准确性。

（二）采购管理系统

采购管理系统是 ERP 供应链的重要系统，能对采购业务的全部流程进行管理，提供请购、订货、到货、入库、开票、采购结算的完整采购流程。本系统适用于各类工业企业和商业批发、零售企业、医药、物资供销、对外贸易、图书发行等商品流通企业的采购部门和采购核算财务部门。

采购管理系统既可以单独使用，又可以与合同管理系统、主生产计划系统、需求规划系统、库存管理系统、销售管理系统、存货核算系统、应付款管理系统、质量管理系统、GSP 质量管理系统、售前分析系统、商业智能系统、出口管理系统、资金管理系统、预算管理系统等模块集成使用，提供完整全面的业务和财务流程处理。

（三）销售管理系统

销售是企业生产经营成果的实现过程，是企业经营活动的中心。销售管理系统是 ERP 供应链的重要组成部分，提供了报价、订货、发货、开票的完整销售流程，支持普通销售、委托代销、分期收款、直运、零售、销售调拨等多种类型的销售业务，并可对销售价格和信用进行实时监控。

销售管理系统可单独使用，也可以与其他系统集成使用。销售管理系统与库存管理系统、采购管理系统、质量管理系统、存货核算系统等集成使用，可以实现物流的管理；与应收款管理系统集成使用，可以实现物流与资金流的管理；与生产制造的主生产计划系统、需求规则系统、生产订单系统集成使用，可以实现从订单到计划、从计划到生产的管理；与售前分析系统集成使用，为 ATP 模拟运算提供预计发货量，为模拟报价提供已选配的 ATO 模型、PTO 模型的客户 BOM，并能够根据模拟报价生成实际的报价单；与合同管理系统集成使用，可以实现从签订销售合同到执行销售合同的管理；与商业智能系统集成使用，可以实现对销售数据的综合统计功能。

（四）库存管理系统

库存管理系统能够满足采购入库、销售出库、产成品入库、材料出库、其他出入库、盘点管理等业务需要，提供仓库货位管理、批次管理、保质期管理、出库跟踪入库管理、可用量管理、序列号管理等全面的业务应用。

库存管理系统可以单独使用，也可以与采购管理系统、进口管理系统、委外管理系统、销售管理系统、出口管理系统、质量管理系统、GSP 质量管理系统、存货核算系统、售前分析系统、成本管理系统、预算管理系统、项目成本系统、商业智能系统、主生产计划系统、需求规划系统、车间管理系统、生产订单系统、物料清单系统、设备管理系统、售后服务系统、零售管理系统等集成使用，发挥更加强大的应用功能。

二、人工费用相关系统

在用友 ERP-U8V10.1 系统中，人工成本归集系统即薪资管理系统与相关系统的主要关系如图 3-2 所示。

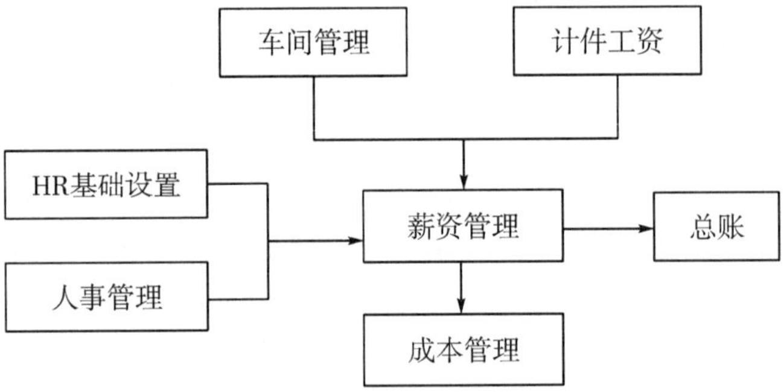

图 3-2　薪资管理系统与相关系统的主要关系

薪资管理系统能对各类企业、行政事业单位进行工资核算、工资发放、工资费用分摊、工资统计分析和个人所得税核算等。它可以与总账系统集成使用，将工资凭证传递到总账中；可以与成本管理系统集成使用，为成本管理系统提供人员的费用信息。

在用友 ERP-U8V10.1 系统中，如果启用了人力资源子系统的 HR 基础设置和人事管理两个模块，则系统中会显示“薪资标准”和“薪资调整”两组功能，薪资标准功能可以模拟企业的薪酬体系，根据薪资标准调整员工的档案工资，并记录生效时间。调整后的档案工资不会自动进入当月的工资表，需要手工设置工资项目从薪资档案（工资基本情况表）获取数据的取数公式，并在工资变动模块执行取数功能。

在用友 ERP-U8V10.1 系统中，如果启用了计件工资、生产订单和车间管理子系统，计件工资从薪资管理系统获取工资类别及计件相关参数（工资类别是否核算计件工资、是否按生产订单核算）和工资人员档案（是否计件），并将计件工资汇总的结果从计件工资子系统传递到薪资管理系统。

三、共耗费用相关系统

在用友 ERP-U8V10.1 系统中，共耗费用成本归集相关系统主要有总账系统和固定资产系统。产品成本需承担的水电费、办公费等共耗费用由总账系统填制凭证后传递到成本管理系统进行分摊，产品成本需承担的折旧费由固定资产系统传递到成本管理系统进行分摊。固定资产系统主要核算资产增加（录入新卡片）、资产减少、卡片修改（涉及原值或累计折旧时）、资产评估（涉及原值或累计折旧变化时）、原值变动、累计折旧调整、计提减值准备调整、转回减值准备调整、折旧分配、增值税调整等，都要将有关数据通过记账凭证的形式传输到总账系统，同时通过对账保持固定资产账目的平衡。

第二节　成本相关系统参数设置

系统选项也称为系统参数、业务处理控制参数，是指在企业业务处理过程中所使用的各种控制参数。系统参数的设置将决定企业使用系统的业务流程、业务模式、数据流向。

在进行选项设置之前，一定要详细了解选项开关对业务处理流程的影响，并结合企业的实际业务需要进行设置。由于有些选项在日常业务开始后不能随意更改，最好在业务开始前进行全盘考虑，尤其一些对其他系统有影响的选项设置更要考虑清楚。

一、材料成本相关系统参数设置

（一）采购参数设置

1. 业务及权限控制

在用友 ERP-U8V10.1 采购系统中，业务及权限控制参数选项如图 3-3 所示。

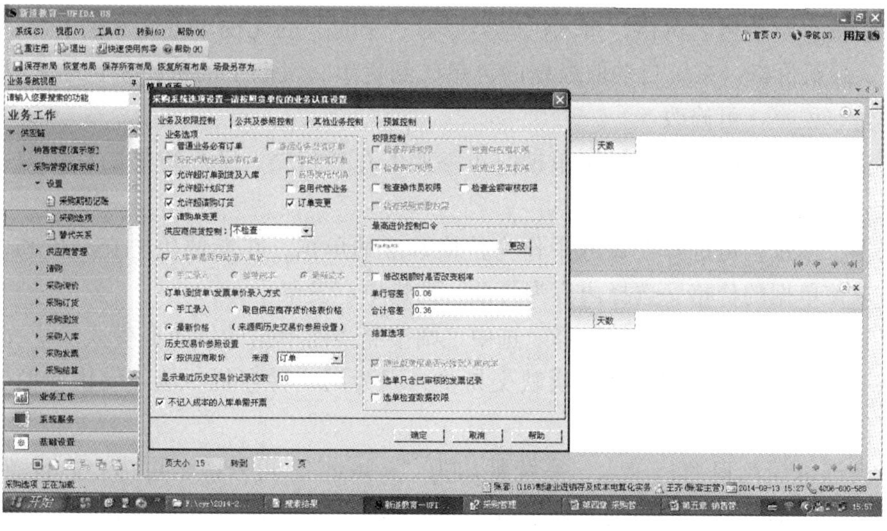

图 3-3　采购业务及权限控制参数选项设置界面

选项说明：

（1）业务选项。

普通业务是否必有订单：打钩选择，可随时修改。

直运业务必有订单：显示销售管理系统选项，不可修改。其设置在销售管理系统的销售选项设置中勾选“是否有直运销售业务”和“直运销售必有订单”。

受托代销业务必有订单：打钩选择，可随时修改。只有在建立账套时选择企业类型为“商业”或“医药流通”的账套，才能选择此项。

退货必有订单：只有在启用“普通业务必有订单”时才可用。在必有订单时，如果启用“退货必有订单”，则在做采购退货单时，只能参照来源单据生成；否则，可手工新增。

允许超订单到货及入库：打钩选择，可随时修改。如不允许，则参照订单生成到货单、入库单时，不可超过订单数量。

允许超计划订货：打钩选择，可随时修改。如不允许，则参照采购计划（MPS/MRP、ROP）生成采购订单时，累计订货量不可超过采购计划的核定订货量。

允许超请购订货：打钩选择，可随时修改。如不允许，则参照请购单生成采购订单时，累计订货量不可超过请购单量。

是否启用代管业务：不启用，则不能进行代管业务的处理，代管业务菜单将看不见；如启用，可以进行代管业务处理。

订单变更：打钩选择，可随时修改。如选中，则系统记录变更历史供查询。

供应商供货控制：不检查，不控制供应商存货的对应关系；检查提示，只给出提示，是否控制由企业选择；严格控制，严格按照供应商存货价格表进行控制。

（2）价格管理。

入库单是否自动带入单价：单选，可随时更改。只有在采购管理系统不与库存管理系统集成使用时，即采购入库单在采购管理系统填制时可设置。

订单\到货单\发票单价录入方式：单选，可随时修改。手工录入，直接录入；取自供应商存货价格表价格，带入供应类型为“采购”的无税单价、含税单价、税率，可修改；最新价格，系统自动取最新的订单、到货单、发票上的价格，包括无税单价、含税单价、税率，可修改。

历史交易价参照设置：填制单据时可参照的存货价格，最新价格的取价规则也在此设置，可随时更改。

来源：单选，可选择在业务中作为价格基准的单据，在参照历史交易价和取最新价格时取该单据的价格。选择内容为订单、到货单、发票。

是否按供应商取价：打钩选择。选中，则按照当前单据的供应商带入历史交易价。按照供应商取价能够更加精确地反映交易价，因为同一种存货，从不同供应商取得的进价可能有所差异。

最高进价控制口令：录入，系统默认为“system”，可修改，可为空。设置口令，则在填制采购单据时，如超过最高进价，系统提示，并要求输入控制口令，口令不正确不能保存采购单据。

修改税额时是否改变税率：打钩选择，默认为不选中。税额一般不用修改，在特定情况下，如系统和手工计算的税额相差几分钱，可以调整税额尾差。若选择“是”，则税额变动反算税率，不进行容差控制。若选择“否”，则税额变动不反算税率，在调整税额尾差（单行）、保存单据（合计）时，系统检查是否超过容差。

单行容差：录入，默认为0.06。修改税额超过容差时，系统提示，取消修改，恢复原税额。

合计容差：录入，默认为0.36。保存单据超过合计容差时，系统提示，返回单据。

（3）结算选项。

商业版费用是否分摊到入库成本：打钩选择，商业版由企业来决定采购费用是否要分摊到存货成本中。如选中，则不记入成本仓库对应入库单就可以生成采购发票，但不参与采购结算。其适用于如办公用品采购，采购发票直接转费用，不进行存货核算。如未选中，则不记入成本仓库对应入库单就不能生成采购发票，对应入库单也不参与采购结算。其适用于如赠品业务的处理，不需要生成采购发票，也不需要进行存货核算。

选单只含已审核的发票记录：打钩选择，可随时修改。如果选中，则自动结算和手工结算时只包含已审核的发票记录。

选单检查数据权限：打钩选择，可随时修改。如果选中，手工结算及费用折扣结算过滤入库单及发票时，根据采购选项/权限控制选中的需要检查的权限进行数据权限控制，控制存货、部门、供应商、业务员、采购类型的查询权限（不要求必须有录入权限）。

（4）权限控制。

检查存货权限：打钩选择。如检查，查询时只能显示有查询权限的存货及其记录；填制单据时，只能参照录入有录入权限的存货。

检查部门权限：打钩选择。如检查，查询时只能显示有查询权限的部门及其记录；填制单据时，只能参照录入有录入权限的部门。

检查操作员权限：打钩选择。如控制，则查询、修改、删除、审核、弃审、关闭、打开单据时，只能对单据制单人有权限的单据进行操作；对单据审核人有权限的单据进行操作；对单据关闭人有权限的单据进行操作；变更不控制操作员数据权限，仅判断当前操作员是否有变更功能权限和其他几项数据的录入权限。

检查供应商权限：打钩选择。如检查，查询时只能显示有查询权限的供应商及其记录；填制单据时，只能参照录入有录入权限的供应商。

检查业务员权限：打钩选择。如检查，查询时只能显示有查询权限的业务员及其记录；填制单据时，只能参照录入有录入权限的业务员。

检查采购类型权限：打钩选择。如检查，查询时只能显示有查询权限的采购类型及其记录；填制单据时，只能参照录入有录入权限的采购类型。

提示：以上数据权限如果没有在企业应用平台“系统服务-权限-数据权限控制设置”中进行设置，则相应的选项置灰，不可选择。

检查金额审核权限：打钩选择。如检查，则订单审核时检查当前订单总金额与当前操作员采购限额，在企业应用平台“系统服务-权限-金额分配权限-采购订单级别”设置当前操作员的采购限额。当“订单金额≤采购限额”时保存成功，将当前操作员信息写入订单，订单状态变为已审核。当“订单金额>采购限额”时，提示“对不起，订单审核上限为××××元，不能审核×××号单据。”

2. 其他业务控制

在用友 ERP-U8V10.1 采购系统中，其他业务控制参数选项如图 3-4 所示。

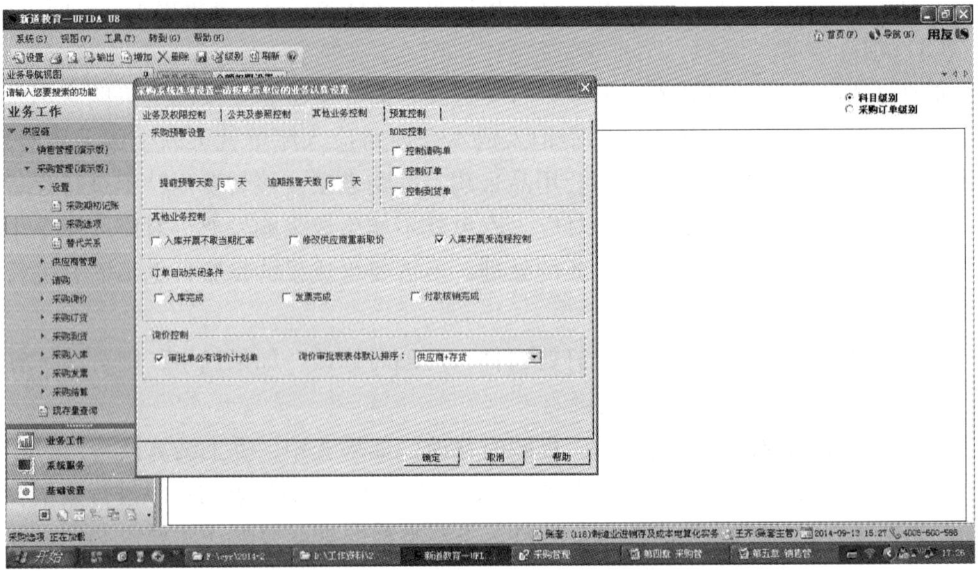

图 3-4　采购系统中其他业务控制参数选项设置界面

选项说明：

（1）采购预警设置。

提前预警天数：录入天数，默认值为 0；为空时，表示不对临近记录进行预警。

逾期报警天数：录入天数，默认值为空。为空时，表示不对过期记录进行报警。

设置完成后，系统可以根据设置的预警和报警天数进行预警和报警，预警/报警的方式由用户在预警平台中设置，有三种方式：邮件、短信、门户通知。当选择门户通知时，对于有采购订单预警/报警表查询权限的操作员在录入企业门户时，可以在任务中心看到预警/报警的信息。

ROHS 控制：选择哪些单据需要对 ROHS 存货进行控制，可多选，可随时修改。

请购单：如选中，请购单在保存时对 ROHS 存货进行校验，否则不校验。

采购订单：如选中，采购订单在保存时对 ROHS 存货进行校验，否则不校验。

到货单：如选中，到货单在保存时对 ROHS 存货进行校验，否则不校验。

（2）其他业务控制。

入库开票不取当期汇率：如选中，发票拷贝入库单生成时，汇率取入库单汇率；如未选中，发票拷贝入库单生成时，汇率取当月汇率。入库单批量生成发票不受此选项控制，取入库单汇率。

修改供应商重新取价：如选中，当取价方式为供应存货价格表或最新价格（勾选按供应商取价），修改供应商时会自动取价；如未选中，当取价方式为供应存货价格表或最新价格（勾选按供应商取价），修改供应商表体价格保持不变。

入库开票受流程控制：如选中，发票拷贝入库单，只有相同流程分支的入库单允许生成同一张发票；如未选中，发票拷贝入库单不考虑入库单的流程模式，允许不同流程的入库单生成同一张发票。入库单批量生成发票不受此选项控制。

（3）订单自动关闭条件。

打钩选择，可多选，可随时修改。如果多选，订单必须同时满足条件才可自动关闭，自动关闭调用定时任务，关闭人为定时任务中指定的执行人，执行人需要具有订单关闭的功能权限和相应的数据权限。

（4）询价控制。

审批单必有询价计划单：如选中，采购询价审批单只能通过参照采购询价计划单生成；如未选中，可以通过参照采购询价计划单生成，也可以手工录入单据。

询价审批表表体默认排序：下拉选择“供应商+存货”“存货+供应商”；设置控制采购询价审批单表体的排序规则。

（二）销售参数设置

1. 业务控制

在用友 ERP-U8V10.1 销售管理系统中，业务控制参数选项如图 3-5 所示。

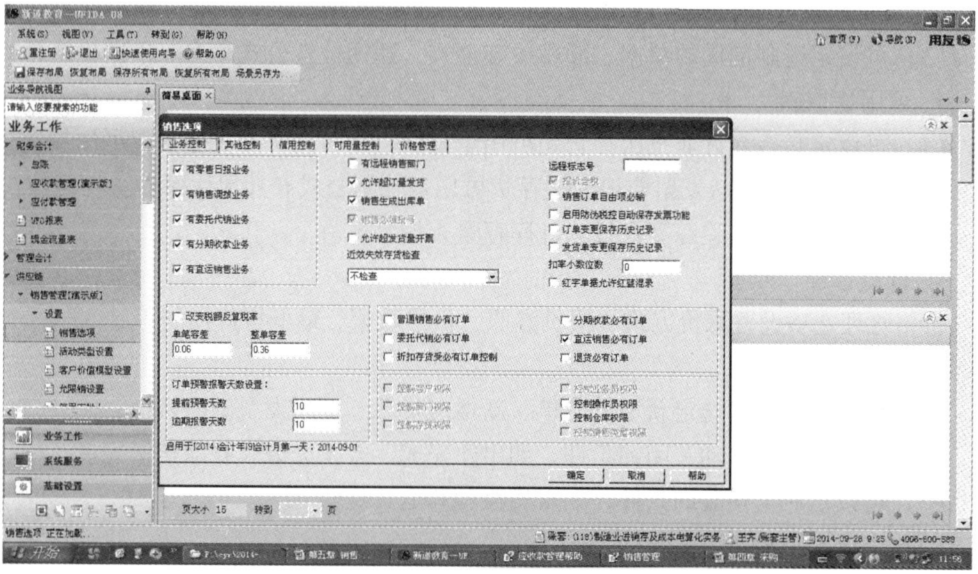

图 3-5　销售管理系统中业务控制参数选项设置界面

选项说明：

（1）业务选项：可选定是否有零售日报业务、销售调拨业务、委托代销业务、分期收款业务、直运销售业务。

（2）业务控制选项：可选定是否允许超订量发货、超发货量开票、销售生成出库单等。

（3）业务流程选项：可选定普通销售、委托代销、分期收款销售和直运销售是否必有订单。

（4）数据权限控制选项：可选定是否控制客户权限、部门权限、存货权限、业务员权限、操作员权限和仓库权限。

对销售管理系统是否进行以上档案的数据权限控制进行设置，以上权限如果没有在企业应用平台“系统服务-权限-数据权限控制设置”中进行设置，则相应的选项置灰，不可选择。

（5）销售订单预警天数设置：设定提前预警天数和逾期报警天数后，可以在“任务中心”查看“销售订单预警和报警”报表；可以通过预警平台将符合条件的报警信息通过短信或邮件发送给指定人员；也可直接查询“销售订单预警和报警”，包括符合条件的未关闭的销售订单记录。

2. 信用控制

信用控制是指对客户、部门、业务员的信用控制范围的设置。进行信用控制时，根据信用检查点，在保存、审核销售单据时（控制信用的单据），若当前客户（或按照部门、业务员控制）的应收账款余额（应收账款期间）超过了该客户（或部门、业务员）档案中设定的信用额度（信用期限），系统提示当前客户（或部门、业务员）已超信用，并根据需要对信用审批进行控制。

（1）可设定信用控制对象，如客户信用、部门信用和业务员信用。

（2）可设定信用检查点，如单据保存时或单据审核时。

（3）可设定控制信用的单据、额度检查公式、期间检查公式和立账单据检查公式。

3. 可用量控制

（1）可设定是否允许非批次存货超可用量发货，是否允许批次存货超可用量发货。

（2）可设定发货单\发票非追踪型存货可用量控制公式和其预计库存量查询公式。

（3）可设定订单非追踪型存货预计库存量查询公式。

4. 价格管理

价格管理选项设置取价方式、报价参照、价格政策、最低售价控制等。

5. 其他控制

（1）生单选项：可选定新增发货单、新增退货单、新增发票的默认值。

（2）可设定订单自动关闭的条件，如出库完成、开票完成和收款核销完成。

（3）可设定质量检验的条件，如发货检验和退货检验。

（4）可设定自动指定批号的条件。

（5）可设定自动匹配入库单的条件。

（三）库存参数设置

1. 通用设置

在用友 ERP-U8V10.1 库存管理系统中，通用设置参数选项如图 3-6 所示。

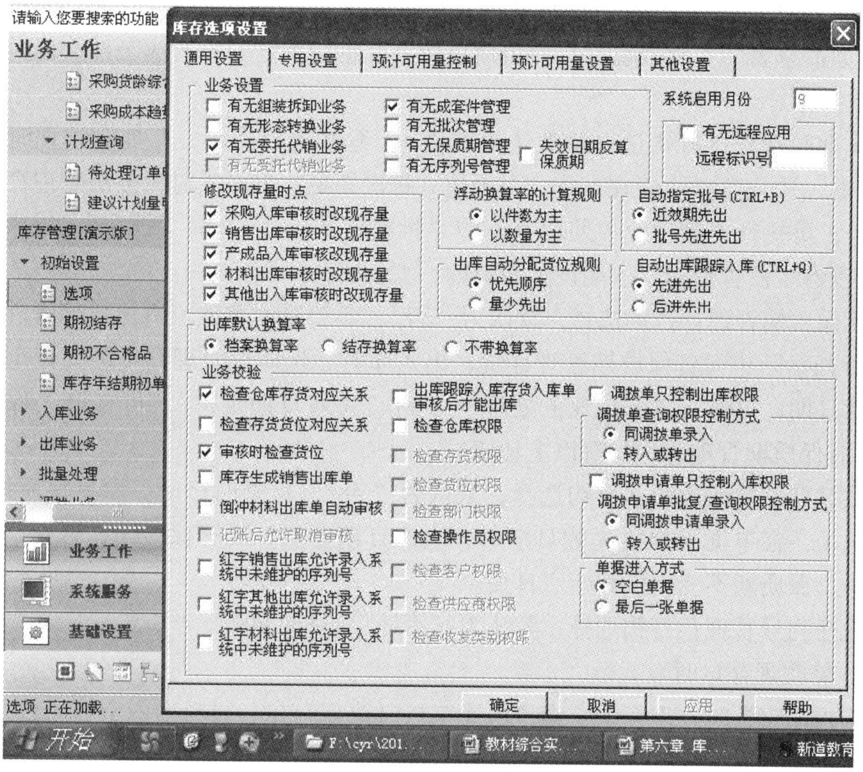

图 3-6　库存管理系统通用设置界面

选项说明：

（1）业务设置。

有无组装拆卸业务：打钩选择，不可随时修改。有组装拆卸业务时，系统增加组装拆卸菜单，可以使用组装单、拆卸单；可查询“组装拆卸汇总表”。无组装拆卸业务时，不显示组装拆卸菜单。

有无形态转换业务：打钩选择，不可随时修改。有形态转换业务时，系统增加形态转换菜单，可以使用形态转换单；可查询“形态转换汇总表”。无形态转换业务时，不显示形态转换菜单。

有无委托代销业务：打钩选择，不可随时修改。有委托代销业务时，销售出库单的业务类型增加“委托代销”；可查询“委托代销备查簿”。没有委托代销业务时，不能进行以上操作。既可以在库存管理系统设置，也可以在销售管理系统设置，只要在其中一个系统进行设置，即可同时改变另一个系统的选项。

有无受托代销业务：打钩选择，不可随时修改。只有商业版才能选择有受托代销业务，工业版不能选择有受托代销业务。有受托代销业务时，可在“存货档案”中设置受托代销存货；采购入库单的业务类型增加受托代销；可查询“受托代销备查簿”。没有受托代销业务时，不能进行以上操作。既可以在库存管理系统设置，也可以在采购管理系统设置，只要在其中一个系统进行设置，即可同时改变另一个系统的选项。

有无成套件管理：打钩选择，默认为“否”，不可随时修改。有成套件管理时，可在“存货档案”中设置某存货为成套件；可设置“成套件”档案；“收发存汇总表”“业务类型汇总表”可将成套件按照组成单件展开进行统计。没有成套件管理时，不能进行以上操作。

有无批次管理：打钩选择，默认为“否”，不可随时修改。有批次管理时，可在“存货档案”中设置批次管理存货、是否建立批次档案；出入库时，批次管理存货需要指定批号；可执行“其他业务处理”下的“批次冻结”；可查询“批次台账”“批次汇总表”。没有批次管理时，不能设置和查询。

有无保质期管理：打钩选择，默认为“否”，不可随时修改。有保质期管理时，可在“存货档案”中设置保质期管理存货；出入库时，保质期管理存货需要指定生产日期、失效日期；可执行“其他业务处理”下的“失效日期维护”；可查询“保质期预警”。没有保质期管理时，没有以上功能。

失效日期反算保质期：打钩选择，默认为“否”，可随时修改。参见保质期管理，选择此选项，在单据上修改失效日期时，生产日期不变，反算保质期；否则，修改失效日期时，保质期不变，反算生产日期。

有无序列号管理：打钩选择，默认为“否”，可随时更改。

（2）修改现存量时点。

采购入库审核时改现存量、销售出库审核时改现存量、材料出库审核时改现存量、产成品入库审核时改现存量和其他出入库审核时改现存量选项：打钩选择，默认为“否”，可随时修改。

提示：企业根据实际业务的需要，有些单据在保存时进行实物出入库，而有些单据在单据审核时才进行实物出入库。为了解决单据和实物出入库的时间差问题，可以根据不同的单据制定不同的现存量更新时点。该选项会影响现存量、可用量、预计入库量、预计出库量。

（3）浮动换算率的计算规则。

浮动换算率的计算规则属于供应链公共选项，任一模块（包括采购、委外、销售、库存、质量管理）修改，其他模块都会自动关联更新。单选，选择内容为以数量为主、以件数为主。公式：数量=件数×换算率。

以数量为主：浮动换算率存货，数量、件数、换算率三项都有值时，修改件数，数量不变，反算换算率；修改换算率，数量不变，反算件数；修改数量，换算率不变，反算件数。

以件数为主：浮动换算率存货，数量、件数、换算率三项都有值时，修改件数，换算率不变，反算数量；修改换算率，件数不变，反算数量；修改数量，件数不变，反算换算率。

（4）出库自动分配货位规则。

出库自动分配货位规则：单选，可随时修改，设置出库时系统自动分配货位的先后顺序。

优先顺序：根据货位存货对照表中设置的优先顺序分配货位。

量少先出：根据结存量的大小，先从结存量小的货位出库。

（5）业务校验。

检查仓库存货对应关系：打钩选择，默认为“否”，可随时修改。不检查，填制出入库单据时参照存货档案中的存货。如检查，填制出入库单据时可以参照仓库存货对照表中该仓库的存货。手工录入其他存货时，系统提示“存货××在仓库存货对照表中不存在，是否继续?”如果继续，则保存录入的存货；否则，返回重新录入。

检查存货货位对应关系：打钩选择，默认为“否”，可随时修改。不检查，填制出入库单据时参照表头仓库的所有货位。如检查，填制出入库单据时参照存货货位对照表中表头仓库的当前存货的所有货位。手工录入存货货位对照表以外的货位时，系统提示“货位××在存货货位对照表中不存在，是否继续?”如果继续，则保存录入的货位；否则，返回重新录入。

调拨单只控制出库权限：设置调拨单录入时仓库、部门权限控制方式。打钩选择，默认为“否”，可随时修改。若选择“是”，则只控制出库仓库、部门的权限，不控制入库仓库、部门的权限。若选择“否”，出库、入库的仓库、部门权限都要控制。该选项在检查仓库权限、检查部门权限设置时有效；如不检查仓库、部门权限，则该选项不起作用。

调拨单查询权限控制方式：设置调拨单查询时仓库、部门权限控制方式。若选择“同调拨单录入”，则按照“调拨单只控制出库权限”的设置作相应控制；若选择“转入或转出”，则只要有出库仓库、部门或入库仓库、部门中任一方权限就可以查询。

调拨申请单只控制入库权限和调拨单批复/查询权限控制方式，设置及其规则与调拨单查询权限控制方式相似。

审核时检查货位：打钩选择，默认为“是”，可随时修改。若选择“是”，则单据审核时，如果单据表头仓库是货位管理，则该单据所有记录的货位信息必须填写完整才可审核，否则不能审核。若选择“否”，则审核单据时不进行货位检查，货位可以在单据审核后再指定。进行货位管理时，最好设置该选项，可以避免漏填货位。

库存生成销售出库单：打钩选择，默认为“否”，可随时修改，该选项主要影响库存管理系统与销售管理系统集成使用的情况。销售管理系统的发货单、销售发票、零售日报、销售调拨单在审核/复核时，自动生成销售出库单；库存管理系统不可修改出库存货、出库数量，即一次发货一次全部出库。由销售管理系统生成的销售出库单，允许修改部分数据项，包括单价、金额、货位等。销售出库单由库存管理系统参照上述单据生成，不可手工填制；在参照时，可以修改本次出库数量，即可以一次发货多次出库；生成销售出库单后不可修改出库存货、出库数量。

记账后允许取消审核：打钩选择，默认选中。当存货核算系统选项“单据审核后才允许记账”为否时，可随时修改。当存货核算系统选项“单据审核后才允许记账”为是时，该选项不允许选中。如果“记账后允许取消审核”为否时，则弃审（包括批弃）出入库单据时，任意一行记录已经记账的单据不允许取消审核。

出库跟踪入库存货入库单审核后才能出库：打钩选择，默认为“否”，可随时修改。若选择此项，则出库跟踪入库时只能参照已审核的入库单。此选项库存管理系统、销售管理系统共用。

倒冲材料出库单自动审核：打钩选择，默认为“否”，可随时修改。若选择此项，则倒冲生成的材料出库单及盘点补差生成的材料出库单自动审核。

红字销售出库允许录入系统中未维护的序列号、红字其他出库允许录入系统中未维护的序列号和红字材料出库允许录入系统中未维护的序列号选项：打钩选择，默认为“否”。

（6）权限控制。

以下权限如果没有在企业应用平台“基础设置-数据权限-数据权限控制设置”中进行设置，则相应的选项置灰，不可选择。

检查仓库权限、检查存货权限、检查货位权限、检查部门权限、检查操作员权限、检查供应商权限、检查客户权限以及检查收发类别权限选项：打钩选择。如检查，查询时，只能显示有查询权限的记录单据；填制单据时只能参照录入有录入权限的相应单据。

（7）远程应用。

远程应用指库存管理系统、采购管理系统、销售管理系统、应付款管理系统、应收款管理系统共用，即在一个系统中改变设置，在其他四个系统中也同时更改。

有无远程应用：默认为“否”，可随时修改。有远程应用时，可设置远程标识号，可执行远程应用功能。标识号可设定为两位，最大为99，可随时修改。其是总部与各分支机构之间分配的唯一标识号，此编号必须唯一，以保证数据传递接收时不重号。

（8）其他选项设置。

自动指定批号：单选，可随时修改，自动指定批号时的分配规则。填制出库单据时，可使用快捷键“Ctrl+B”，系统根据分配规则自动指定批号。库存管理系统、销售管理系统分别设置。批号先进先出：按批号顺序从小到大进行分配。近效期先出：当批次管理存货同时为保质期管理存货时，按失效日期顺序从小到大进行分配，适用于对保质期管理较严格的存货，如食品、医药等；非保质期管理的存货，按批号先进先出进行分配。

自动出库跟踪入库：单选，可随时修改，自动指定入库单号时，系统分配入库单号的规则。填制出库单据时，可使用快捷键“Ctrl+Q”，系统根据分配规则自动指定出库单号。库存管理系统、销售管理系统分别设置。先进先出：先入库的先出库，按入库日期从小到大进行分配。该规则适用于医药、食品等对存货的时效性要求较严格的企业。后进先出：按入库日期从大到小进行分配。该规则适用于存货体积重量比较大的存货，搬运不是很方便，先入库的放在里面，后入库的放在外面，这样出库时只能先出库放在外面的存货。

出库默认换算率：单选，默认值为档案换算率，可随时更改。填制出库单据时，浮动换算率存货自动带入的换算率，可再进行修改。档案换算率取计量单位档案里的换算率，可修改。结存换算率为该存货最新的现存数量和现存件数之间的换算率，可修改。结存换算率=结存数量/结存件数。批次管理的存货取该批次的结存换算率。出库跟踪入库的存货取出库对应入库单记录的结存换算率。如果存货不带换算率，可手工直接输入。

系统启用月份：根据库存管理系统的启用会计月带入，不可修改。

单据进入方式：单选，默认值为空白单据，可随时修改。进入库存单据时，单据进入方式的设置。空白单据：进入单据卡片时，不显示任何信息。最后一张单据：进入单据卡片时，显示最后一次操作的单据。

2. 专用设置

在用友 ERP-U8V10.1 库存管理系统中，专用设置参数选项如图 3-7 所示。

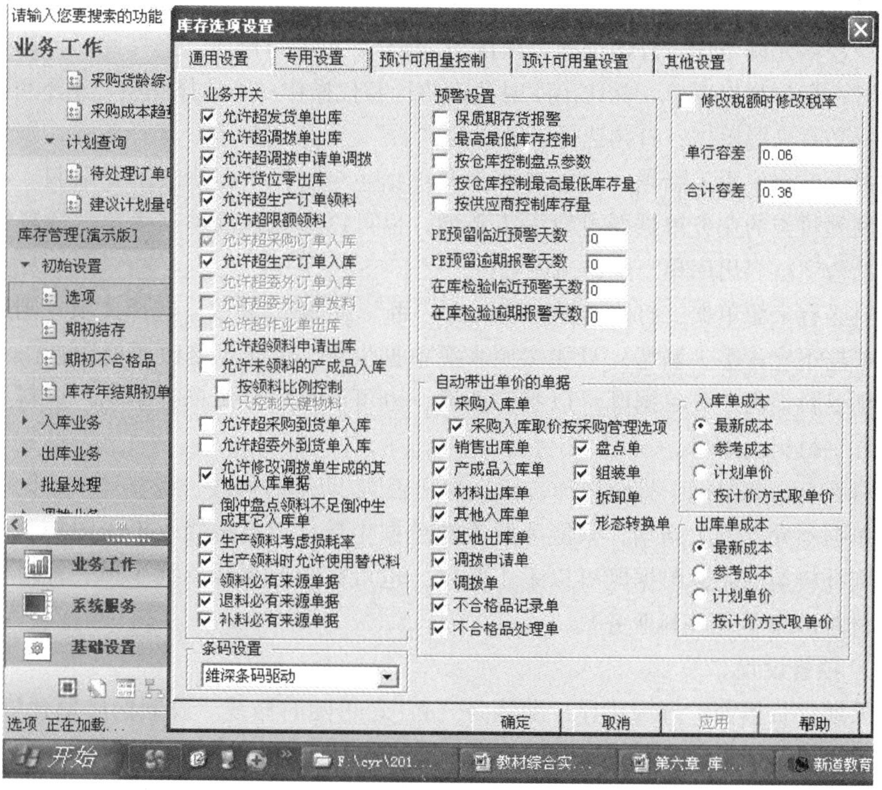

图 3-7　库存管理系统专用设置界面

选项说明：

（1）业务开关。

允许超发货单出库、允许超调拨单出库、允许超调拨申请单调拨、允许货位零出库、允许超生产订单领料、允许超限额领料、允许未领料的产成品入库、允许超生产订单入库和允许超领料申请出库等选项：打钩选择，默认为“否”，可随时修改。允许超，在填制相应的出入库单的数量超过对应可发入货数量时，可以保存；否则，不予保存。

允许超采购订单入库、允许超委外订单入库、允许超委外订单发料和允许超作业单出库选项：打钩选择，默认为“否”，在库存管理系统中只能查询，不能修改；与采购管理系统、委外管理系统用同一个选项，在采购管理系统、委外管理系统中修改。

允许修改调拨单生成的其他出入库单据：打钩选择，默认为“否”，可随时修改。选中时，调拨生成的其他出入库单可以修改；否则，不可以修改。

倒冲材料领料不足倒冲生成其他入库单：打钩选择，默认为“否”，可随时修改。

选择此项，倒冲仓库盘点单中盘盈记录审核生成单据（补差），如果盘点会计期间有材料耗用，但补差之后导致生产订单或委外订单已领料量<0 时，则补差只补到已领料量等于 0 为止，差额部分生成其他入库单。不选中此项，出现补差之后导致生产订单或委外订单已领料量<0 的情况时，盘点单审核不通过。

生产领料考虑损耗率：打钩选择，默认为“是”，可随时修改。选择此项，按生产订单领料及调拨时，应领料量为生产订单子件的应领料量。不选择此项，按生产订单领料及调拨时，应领料量为生产订单子件的应领料量/（1+子件损耗率）。

生产领料允许替代：打钩选择，默认为“否”，可随时修改。选择此项，按生产订单领料时，在材料出库单、配比出库时允许执行替代操作。不选择此项，则不可执行。

领料必有来源单据：打钩选择，默认为“否”，可随时修改。选择此项，则领料类的业务单据不允许手工新增，只能参照来源单据生单，但单据修改不受限制。不选择此项，则领料类的业务单据既可以手工新增，也可以参照来源单据生单。领料类业务单据包括蓝字材料出库单、配比出库等。

退料必有来源单据：打钩选择，默认为“否”，可随时修改。选择此项，则退料类的业务单据不允许手工新增，只能参照来源单据生单，但单据修改不受限制。不选择此项，则退料类的业务单据既可以手工新增，也可以参照来源单据生单。退料类业务单据为红字材料出库单。

补料必有来源单据：打钩选择，默认为“否”，可随时修改。选择此项，则补料类的业务单据不允许手工新增，只能参照来源单据生单，但单据修改不受限制。不选择此项，则补料类的业务单据既可以手工新增，也可以参照来源单据生单。补料类业务单据为材料出库单（补料业务）。

（2）预警设置。

保质期存货报警：打钩选择，默认为“否”，可随时修改。设置保质期存货报警，在填制单据时如果失效日期或有效期至小于当前日期则系统给出提示。

PE 预留临近预警天数：默认为 0，可以录入 0 或任意正整数。未过失效日期的，用临近预警天数与距离天数进行比较，对距离天数≤临近预警天数的记录进行预警。

PE 预留逾期报警天数：默认为 0，可以录入 0 或任意正整数。已过失效日期的，用逾期报警天数与距离天数进行比较，对距离天数≥逾期报警天数的记录进行报警。

在库检验临近预警天数：默认为 0，可以录入 0 或任意正整数。未过检验周期的，用临近预警天数与距离天数进行比较，对距离天数≤临近预警天数的记录进行预警。

在库检验逾期报警天数：默认为 0，可以录入 0 或任意正整数。已过检验周期的，用逾期报警天数与距离天数进行比较，对距离天数≥逾期报警天数的记录进行报警。

最高最低库存控制：打钩选择，默认为“否”，可随时修改。保存单据时，若存货的预计可用量低于最低库存量或高于最高库存量，则系统提示报警的存货，可选择是否继续。如果选择“是”，则系统保存单据；如果选择“否”，则需重新输入数量。提示：预计可用量包括当前单据存货未保存前的数量。

按仓库控制最高最低库存量：打钩选择，默认为“否”，可随时修改。选择按仓库控制，则最高最低库存量根据仓库存货对照表带入，预警和控制时考虑仓库因素；若当前存货在仓库存货对照表中没有设置，取存货档案的最高最低库存量。若不选择按仓库控制，则最高最低库存量根据存货档案带入，预警和控制时不考虑仓库因素。

安全库存预警：若选择按仓库控制最高最低库存量，则安全库存量根据仓库存货对照表带入；否则，安全库存量根据存货档案带入，预警时不考虑仓库因素。

按供应商控制最高最低库存量：打钩选择，默认为“否”，可随时修改。选择按供应商控制，则最高、最低及安全库存量根据仓库存货对照表中针对代管商录入的最高、最低、安全库存量带入，预警和控制时考虑代管商因素。不选择按供应商控制，则不考虑代管商。

按仓库控制盘点参数：打钩选择，默认为“否”，可随时修改。选择此项，则每个仓库可以设置不同的盘点参数，系统从仓库存货对照表中取盘点参数；否则，盘点参数适用于所有仓库，系统从存货档案中取盘点参数。

（3）自动带出单价的单据。

自动带出单价的单据：复选，默认为“否”，可随时修改。选择内容为采购入库单、销售出库单、产成品入库单、材料出库单、其他入库单、其他出库单、调拨单、调拨申请单、盘点单、组装单、拆卸单、形态转换单、不合格品记录单、不合格品处理单。

3. 预计可用量控制

在用友 ERP-U8V10.1 库存管理系统中，预计可用量控制设置参数选项如图 3-8 所示。

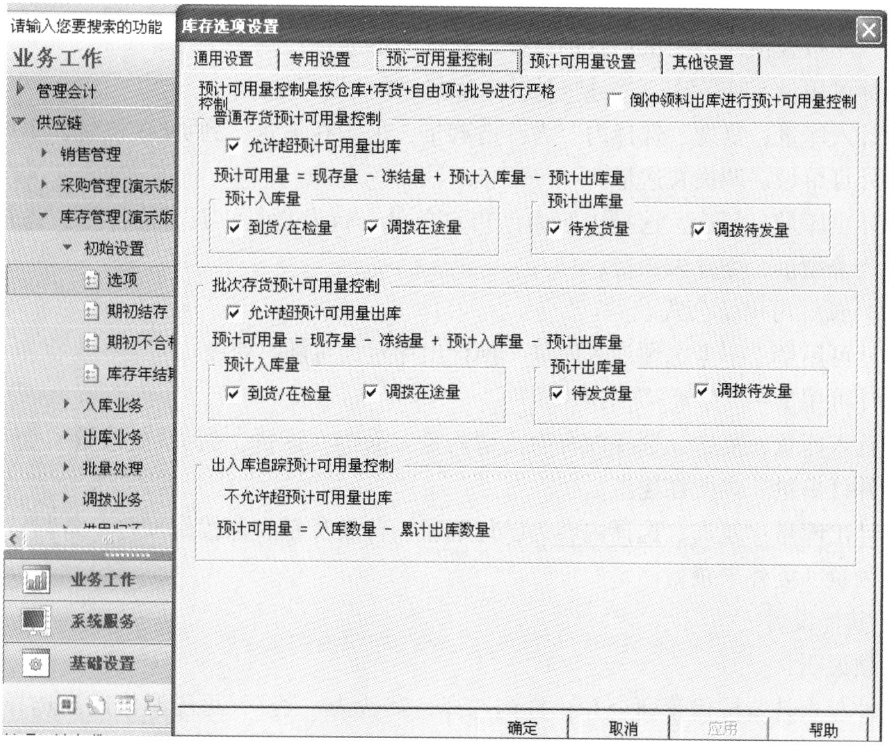

图 3-8　库存管理系统预计可用量控制设置界面

选项说明：

预计可用量控制：严格控制，非 LP 件按照“仓库+存货+自由项+批号+代管商”进行控制；LP 件按照“仓库+存货+自由项+批号+代管商销售订单类别+销售订单号+销售订单行号”进行控制。可用量控制在库存管理系统、销售管理系统、出口管理系统分别设置。

普通存货预计可用量控制：可用量=现存量-冻结量+预计入库量-预计出库量。

允许超预计可用量出库：打钩选择。选择“否”，则不能超可用量出库；选择“是”，则可以超可用量出库。

批次存货预计可用量控制：选择“否”，则不能批次零出库；选择“是”，则可以批次零出库。

倒冲领料出库预计可用量控制：默认不进行可用量控制，可随时修改。非批次管理存货预计入库量和预计出库量组成按照普通存货可用量控制中的设置；批次管理存货预计入库量和预计出库量组成按照批次存货可用量控制中的设置。选择不进行可用量控制，在自动倒冲生成材料出库单时，不进行可用量控制，允许超可用量出库；否则，进行可用量控制，自动倒冲生成材料出库单时，如果预计可用量<0，则不允许保存单据（包括材料出库单、工序倒冲时的工序转移单、产成品入库倒冲时的产成品入库单、委外倒冲时的采购入库单）。

4. 预计可用量设置

选项说明：

（1）预计可用量检查公式。

出入库检查预计可用量：打钩选择，默认为不选。

预计可用量=现存量-冻结量+预计入库量-预计出库量

预计入库量：复选，选择内容为已请购量、采购在途量、到货/在检量、生产订单量、委外订单量、调拨在途量。

预计出库量：复选，选择内容为销售订单量、待发货量、调拨待发量、备料计划量、生产未领量、委外未领量。

（2）预计可用量公式。

预计可用量：不考虑预计入库量、预计出库量，可随时修改。

预计可用量=现存量-冻结量

预计入库量：复选，选择内容为已请购量、采购在途量、到货/在检量、生产订单量、委外订单量、调拨在途量。

预计出库量：复选，选择内容为已订购量、待发货量、调拨待发量、备料计划量、生产未领量、委外未领量。

5. 其他设置

选项说明：

倒冲盘点补差按代管商合并：打钩选择，默认为“否”，可随时修改。选择此项，如果盘点仓库是代管仓（同时是现场仓或委外仓），倒冲仓库盘点单中盈/亏记录审核生成单据，系统查找盘点会计期间的倒冲材料出库单时，忽略当前盘点单上的代管商，按所有代管商的材料耗用分摊盈亏量。不选择此项，查询盘点会计期间的倒冲材料出库单时，按盈/亏记录中的代管商查找盘点会计期间的倒冲材料出库单，按对应代管商的材料耗用分摊盈亏量。

生产补料必有补料申请单：打钩选择，默认为“否”，可随时修改。选中时，蓝字补料材料出库单不允许手工录入，也不允许参照生产订单录入，只能参照子件补料申请单录入。

领料批量处理业务：可以选择材料出库单、调拨单、倒冲材料出库单。材料出库单和调拨单默认选中。选中时，相应业务根据存货档案中设置的领料批量进行处理。

切除尾数处理业务：可以选择材料出库单、调拨单、倒冲材料出库单。材料出库单和调拨单默认选中。选中时，如果存货档案设置为领料切除尾数，则相应业务进行切除尾数的处理。

自动指定代管商：代管仓出库时，系统可根据此选项的设置自动指定代管商。系统包括以下几种自动指定代管商的规则：存货档案默认的供应商、代管商库存孰低先出、代管商库存孰高先出和供应商配额。

指定货位换行时自动保存：如果选择此选项，在单据上指定货位时，换行时自动保存上一行的货位数据，不用再单击“保存”按钮。

生单时汇率取值方式：根据采购订单或到货单生成采购入库单时，对于外币业务，汇率可按上游单据的汇率确定，也可取最新的汇率。生单时汇率取值方式为当月汇率和来源单据汇率两种方式，此选项可以随时修改。如果选择当月汇率，则采购入库单的汇率直接从币种档案中设置的当月汇率取值；如果选择来源单据汇率，则直接带入上游的采购订单或到货单的汇率。

收发存汇总表查询方式：为提高报表查询效率，在每月月结时系统会将当月的数据汇总记入相应的数据表中，数据表的汇总方式可在库存选项“其他设置”页签下的收发存汇总表中的查询方式中设置。系统默认是按明细数据记录的，因此数据量可能会比较大，如果收发存汇总表不需要按单据自定义项或项目进行查询时，建议在库存选项中修改一下此选项，以减少存储的数据量。修改规则：一旦确定了收发存汇总表的查询方式后最好不要频繁修改，尤其不要从粗的维度改为细的维度。

卸载数据时计算库龄是否包括红单：数据卸载时，系统会按库存选项中设置的卸载参数重新计算库龄，以卸载日期作为计算结存的日期，然后按库龄分析的算法计算库龄，并将有结存的单据保留下来不允许卸载。如果选择包括红单，则计算库龄时红字出库单统计在内，否则不包括红字出库单。注意：此选项与结存统计无关，只与库龄算法相关。修改规则：此选项一定要在数据卸载前确定。

（四）存货核算参数设置

1. 核算方式设置

用友 ERP-U8V10.1 存货核算系统的核算方式选项如图 3-9 所示。

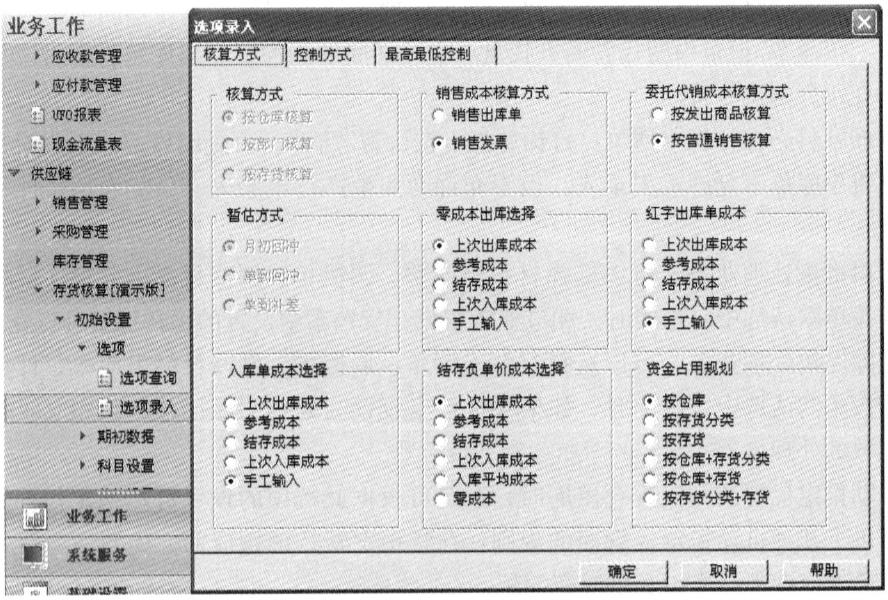

图 3-9　存货核算系统的核算方式设置界面

选项说明：

核算方式：初建账套时，可以选择按仓库核算、按部门核算、按存货核算。如果是按仓库核算，则在仓库档案中按仓库设置计价方式，并且每个仓库单独核算出库成本；如果是按部门核算，则在仓库档案中按部门设置计价方式，并且相同所属部门的各仓库统一核算出库成本；如果按存货核算，则在存货档案中按存货设置的计价方式进行核算。只有在期初记账前，核算方式才能改变。系统默认按仓库核算。

销售成本核算方式：即销售出库成本确认标准。普通销售与出口销售共同使用该选项，单选项。当普通销售系统启动而出口管理系统没有启动时，可选择用销售发票或销售出库单记账，默认为销售出库单。当出口管理系统启动而不论普通销售系统是否启动时，选项为按销售出库单核算。修改销售出库成本核算方式选项的条件是：在本月没有对销售单据记账前，当销售单据（发货单、发票）的业务全部处理完毕后（即发货单已全部生成出库单和发票、发票全部生成出库单和发货单）方可修改。

委托代销成本核算方式：即委托代销记账单据。如果选择按发出商品核算，则按发货单+发票记账；如果按普通销售核算，则按销售发票或销售出库单进行记账。

暂估方式：如果与采购系统或委外系统集成使用时，可以进行暂估业务，并且在此选择暂估入库存货成本的回冲方式，包括月初回冲、单到回冲、单到补差三种。月初回冲是指月初时系统自动生成红字回冲单，报销处理时系统自动根据报销金额生成采购报销入库单；单到回冲是指报销处理时系统自动生成红字回冲单，并生成采购报销入库单；单到补差是指报销处理时，系统自动生成一笔调整单，调整金额为实际金额与暂估金额的差额。与采购系统或委外系统集成使用时，如果明细账中有暂估业务未报销或本期未进行期末处理，此时，暂估方式将不允许修改。

零成本出库选择：用于指定核算出库成本时，如果出现账中为零成本或负成本，造成出库成本不可计算时，出库成本的取值方式，如上次出库成本、参考成本、结存成本、上次入库成本或手工输入。

红字出库单成本选择：用于指定对先进先出或后进先出方式核算的红字出库单据记明细账时，出库成本的取值方式，如上次出库成本、参考成本等。

入库单成本选择：用于指定对入库单据记明细账时，如果没有填写入库成本的入库单价即入库成本为空时入库成本的取值方式，如上次出库成本、参考成本、结存成本、上次入库成本、手工输入。

结存负单价成本选择：用于指定期末存货结存单价小于等于零时，系统按以下方式自动调整期末结存单价，并生成出库调整单。使用时需要在期末处理中时选择“账面结存为负单价时自动生成出库调整单”选项。结存单价取值方式如上次出库成本、参考成本、结存成本、上次入库成本、入库平均成本、零成本；如果取不到成本，按零成本处理。

资金占用规划：用于确定本企业按某种方式输入资金占用规划，并按此种方式进行资金占用的分析，如按仓库、按存货分类、按存货、按仓库+存货分类、按仓库+存货、按存货分类+存货。

2. 控制方式设置

用友 ERP-U8V10.1 存货核算系统的控制方式选项如图 3-10 所示。

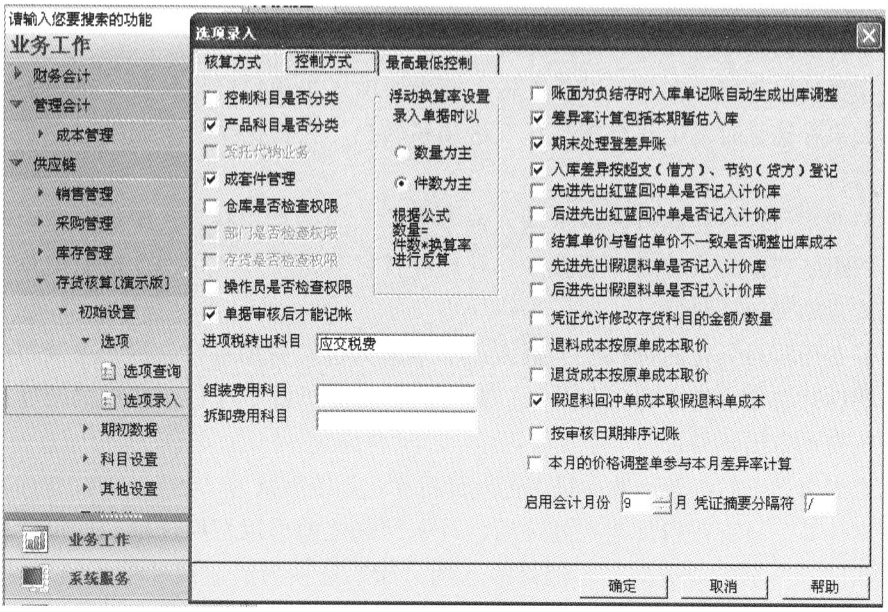

图 3-10　存货核算系统的控制方式设置界面

选项说明：

有无受托代销业务：只有商业版系统才有受托代销业务，工业版系统不能选择受托代销业务。可在采购管理或库存管理系统设置该项，其中一个系统设置，同时改变另一个系统选项。

有无成套件管理：成套件是指一种存货由其他几种存货组合而成。有成套件管理时，既可以统计单件的数量金额，也可以统计成套件的数量金额；无成套件管理时，只统计组合件的数量金额。可以随时对有无成套件管理进行重新设置。

单据审核后才能记账：如果选择单据审核后才能记账，则正常单据记账的过滤条件中“包含未审核单据”选项就只能选择不包含，在显示要记账的单据列表时，未审核的单据不显示。如果选择单据审核后才能记账，系统应自动将库存的选项记账后允许取消审核，改为不选择。此选项只针对采购入库单、产成品入库单、其他入库单、销售出库单、材料出库单、其他出库单六种库存单据有效，入库调整单、出库调整单和假退料单不受此选项的约束。库存未启用时，此选项置灰不可选择。此选项可随时修改。

账面为负结存时入库单记账是否自动生成出库调整：如果选择账面为负结存时入库单记账自动生成出库调整，当入库单记账时，如果账面为负结存，按入库的数量比例调整结存成本，并自动生成出库调整单。移动平均、全月平均、先进先出、后进先出、个别计价等方法可使用此选项，计划价/售价不支持此选项。此选项可随时修改。

差异率计算包括是否本期暂估入库：选择此选项，即本期暂估入库的存货也参与计算差异率。此选项可随时修改。

期末处理是否登记差异账：期末生成差异结转单时，选取此项则登记差异账；不选则不登记差异账，期末无差异结转。此选项可随时修改。

入库差异是否按超支（借方）、节约（贷方）登记：如果选择，则按超支入库差异记借方，节约入库差异记贷方；否则，所有入库差异全部记借方。

进项税转出科目：在此可以手工输入或参照输入进项税转出科目。在采购结算制单时，如果在结算时发生非合理损耗及进项税转出，在根据结算单制单时，系统自动带出该科目。

组装费用科目：在此可以手工输入或参照输入组装费用科目。组装单制单时，将组装单的组装费作为贷方的一条分录，其对应科目为组装费科目。在根据结算单制单时，系统自动带出该科目。

拆卸费用科目：在此可以手工输入或参照输入拆卸费用科目。拆卸单制单时，将拆卸单的拆卸费作为贷方的一条分录，其对应科目为拆卸费科目。在根据结算单制单时，系统自动带出该科目。

先进先出计价时红蓝回冲单是否记入计价库：系统默认为“否”，即红蓝回冲单不参与成本计算。只有在当月期末处理后，月末结账之前可以切换选项。如果计价库中有红蓝回冲单不全的业务时，不能修改选项；如果选项为红蓝回冲单不记入计价库，当月明细账中有红字回冲单，而计价库中有红字回冲单，则不允许恢复期末处理。当选项为红蓝回冲单记入计价库时，则红蓝回冲单记入计价库，参与成本计算。选项为红蓝回冲单记入计价库，如果当月明细账中有红字回冲单，而计价库中没有红字回冲单，则不允许恢复期末处理。

后进先出计价时红蓝回冲单是否参与成本计算、先进先出假退料单是否记入计价库、后进先出假退料单是否记入计价库设置与“先进先出计价时红蓝回冲单是否记入计价库”相似。

结算单价与暂估单价不一致暂估处理时是否调整出库成本：暂估价与结算价不一致暂估处理时是否调整出库成本：系统默认为“否”，可随时修改。若选择调整时，在结算成本处理时系统将自动生成出库调整单来调整差异。此方法只针对先进先出、后进先出和个别计价三种方法，因为只有这三种计价方式可通过出库单跟踪到入库单。此选项与红蓝回冲单记入计价库互斥，必须在红蓝回冲单不记入计价库的情况下才能选择此选项。

控制科目是否分类：指结算单制单所用的应付科目对应的供应商是否按分类设置科目，如果不选，则按明细供应商设置应付科目。应付系统启用后，此选项在应付系统设置，此处不可见。

产品科目是否分类：指结算单制单所用的运费科目和税金科目对应的存货是否按分类设置科目，如果不选，则按明细存货设置运费科目和税金科目。应付系统启用后，此选项在应付系统设置，此处不可见。

仓库是否检查权限：若选择检查仓库权限，则在录入单据或查询账表时，系统将判断是否有该单据、该账表的仓库的录入、查询权限，若操作员没有该仓库数据权限，则不允许录入或查询该仓库数据。仓库与操作员的对应关系在企业应用平台“系统服务-权限-数据权限控制”中设置。

部门是否检查权限、存货是否检查权限、操作员是否检查权限同“仓库是否检查权限”相似。

退料成本按原单成本取价：系统默认为“否”，此选项可随时修改。按生产订单或委外订单领料后的退料时，该选项起作用。如果选项为退料成本按原单成本取价，当参照生产订单或委外订单退料时，能够溯源对应的材料出库单，取原材料出库成本作为本次退料成本。如果对应多张材料出库单，取已领料出库的平均成本作为本次退料成本。该选项对先进先出或移动平均计价方式核算适用。

退货成本按原单成本取价：系统默认为“否”，此选项可随时修改。当销售成本核算方式选择按销售出库单核算时，该选项起作用。如果选项为退货成本按原单成本取价，当参照原发货单进行退货，能够溯源对应的销售出库单，取原销售出库成本作为本次退货成本。如果退货单对应多张销售出库单，取已销售出库的平均成本作为本次退货成本。

假退料回冲单成本取假退料回冲单成本：系统默认为“否”，此选项可随时修改。选择取原单成本：月末结账时，生成假退料回冲单，成本取对应的假退料单的成本，按手填成本处理。不选择取原单成本：月末结账时，生成假退料回冲单，成本按当月发出成本计算。

按审核日期排序记账：系统默认为“否”，此选项可随时修改。如果选项为按审核日期记账：采购入库单、产成品入库单、其他入库单、销售出库单、材料出库单、其他出库单六种库存单据和采购挂账确认单、出口发票、出口退货发票按审核日期排序和记账；销售专用发票、销售普通发票、销售调拨单、零售日报按复核日期排序和记账；出入库调整单、假退料单无审核日期，按单据日期排序和记账。

本月的价格调整单参与本月的差异率计算：系统默认为“否”，此选项可随时修改。如果选项为本月的价格调整单参与本月差异率计算。即在差异率公式中，本月入库差异含因价格调整产生的差异，本月入库金额含因价格调整产生的金额。

3. 最高最低控制

用友 ERP-U8V10.1 存货核算系统的最高最低控制选项如图 3-11 所示。

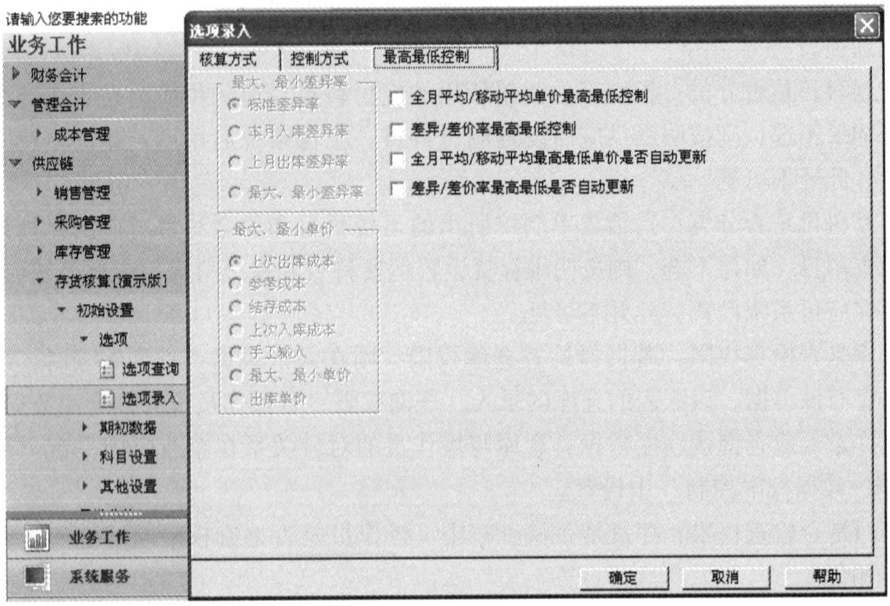

图 3-11　存货核算系统的最高最低控制设置界面

选项说明：

全月平均/移动平均单价最高最低控制：如果设置了全月平均/移动平均核算方式进行最高最低控制，则计算出的全月平均单价或移动平均单价如果不在最高最低单价的范围内，系统自动取最高或最低单价进行成本计算。

移动平均计价仓库（部门/存货）：如果企业选择“全月平均/移动平均单价最高最低控制”出库单记账时，若系统自动计算的出库单价高于该仓库（部门/存货）该存货最高单价或低于该仓库（部门/存货）该存货最低单价，则系统按企业在选项中选择的“出库单价超过最高最低单价时的取值”方法进行处理。最高最低单价由系统根据入库单的单价进行维护，也可手工输入最高最低单价。

全月平均计价仓库（部门/存货）：如果企业选择“全月平均/移动平均单价最高最低控制”期末处理时，若系统自动计算的当月出库单价高于该仓库（部门/存货）该存货最高单价或低于该仓库（部门/存货）该存货最低单价，则系统按企业在选项中选择的“出库单价超过最高最低单价时的取值”方法进行处理。

全月平均/移动平均最高最低单价是否自动更新：在选项中选择“全月平均、移动平均最高最低单价是否自动更新”为是，则全月平均、移动平均记账时系统在最大最小单价/差异率设置中进行更新最高最低单价。

差异率（差价率）最高最低控制：针对计划价（售价）核算，可自由选择，没有限制，系统默认为不选择。如果选择差异率/差价率最高最低控制，则设置一个标准的差异率及差异率允许的上下幅度，若系统计算出的差异率超过此范围，企业可选择按标准差异率、当月入库差异率、上月出库差异率、最大最小单价等方法进行成本计算。最高最低差异率/差价率由系统根据入库单的单价进行维护，用户也可手工输入最高最低差异率/差价率。

差异率/差价率最高最低是否自动更新：在选项中选择“差异率/差价率最高最低是否自动更新”为是，则计划价（售价）核算时，入库单记账时在最大最小单价差异率/差价率设置中进行更新最大、最小差异率/差价率。

最大最小差异率/差价率：此选项只有在企业选择了“最高最低差异率（差价率）控制”时，才能选择此选项，否则此选项不可选择。此选项系统的默认值为“标准差异率（差价率）”。该选项反映了计划价中出库差异率/差价率超过最高最低差异率时的取值。

最大最小单价：此选项只有在企业选择了“全月平均/移动平均单价最高最低控制”时，才能选择此选项，否则此选项不可选择。此选项系统的默认值为“上次出库成本”。该选项反映全月平均/移动平均单价最高最低控制出库单价超过最高最低单价时的取值。

二、人工费用相关系统参数设置

（一）薪资管理参数设置

系统在建立新的工资账套后，需确定是否核算计件工资、是否启动工资变动审核，后续由于业务的变更，发生一些工资参数与核算内容不符，可以通过薪资管理系统的“选项”进行工资账套参数的调整，包括对以下参数的修改：扣零设置、扣税设置、参数设置和调整汇率。

（二）车间管理参数设置

用友 ERP-U8V10.1 系统中车间管理对报工基础设置主要有：①选择资源资料汇报标识启用表头自定义项，用于筛选工序报工界面及报表显示有汇报标识的资源。②生产订单工序资料启用表头自定义项，用于在生产订单工序资料单据上打印条码；生产订单工序资料启用表体自定义项，用于在生产订单工序派工单上打印条码。③选择是否启用条码，选择启用则可以使用扫描枪快速录入数据，选择不启用则使用手动录入数据。④选择启用条码需要指定条码生产规则。一是生产订单派工单的条码生成规则；二是生产订单工序资料单的条码生成规则；三是工序流转卡条码生产规则。

（三）计件工资参数设置

用友 ERP-U8V10.1 系统中计件工资参数设置主要包括是否启用个人计件和班组计件。

三、共同费用相关系统参数设置

用友 ERP-U8V10.1 系统中共同费用数据主要来源于固定资产管理系统和总账系统，总账系统的参数见第二章。固定资产管理系统完成建账之后，当需要对账套中某些参数进行修改时，可通过固定资产系统中的“选项”进行重新设置，选项中包括了账套初始化中设置的参数和其他一些账套在运行中用到的一些参数。固定资产系统的选项内容分为可修改部分和不可修改部分。不可修改的选项主要是指企业的基本信息和本账套是否计提折旧以及本账套开始使用期间；可修改的选项主要包括与账务系统的接口、折旧信息以及其他信息。当发现某些设置（如本账套是否计提折旧）错误而又不允许修改但必须纠正时，则只能通过“重新初始化”功能实现，但应注意重新初始化将清空对该子账套所做的一切工作。

［**实务案例**］

飞跃摩托车制造公司各业务系统参数如下：

1. 采购管理系统

无受托代销业务，订单自动关闭条件：入库完成、发票完成，其他参数为系统默认设置。

2. 销售管理系统

无零售日报业务、无销售调拨业务、无委托代销业务、销售报价含税、无最低售价控制，出库和开票完成后，订单自动关闭。其他参数为系统默认设置。

3. 库存管理系统

无批次管理、无保质期管理、无组装拆卸、无形态转换业务、无最高最低库存报警、无成套件管理、无远程应用。其他参数为系统默认设置。

4. 存货核算系统

销售成本核算方式：销售出库单，零成本出库、红字出库、结存负单价成本均选择上次出库成本。其他参数为系统默认设置。

5. 薪资管理系统

选择是“多类别”，启用工资变动审核，要核算计件工资、按生产订单核算、扣税、银行代发、人员编码。其他参数为系统默认设置。

6. 固定资产管理系统

（1）启用月份：2022 年 1 月。主要折旧方法：平均年限法，当月初已计提月份=可使用月份-1 时，要求将剩余折旧全部提足，固定资产类别编码方式为 2-1-1-2，卡片序号长度为 5。固定资产编码方式：按“类别编码+序号”自动编码。

（2）要求与总账系统进行对账，固定资产对账科目：“1601 固定资产”；累计折旧对账科目“1602 累计折旧”。

（3）对账不平衡的情况下不允许月末结账。

（4）缺省入账科目如下：

固定资产：1601 固定资产

累计折旧：1602 累计折旧

减值准备：1603 固定资产减值准备

增值税进项税额：22210101 进项税额

固定资产清理：1606 固定资产清理

第四章 生产制造

第一节 生产制造基础设置

一、生产制造业务流程

（一）物料清单管理流程

生产制造企业进行加工生产前，需将各种产品的物料清单录入 ERP 系统，以便系统依据物料清单和销售订单预测物料需求、下达采购订单和生产订单。用友 ERP-U8V10.1 物料清单管理流程如图 4-1 所示。制造企业在 ERP 系统中首先需录入物料清单基础资料，再对其进行维护、查验、计算和查询。

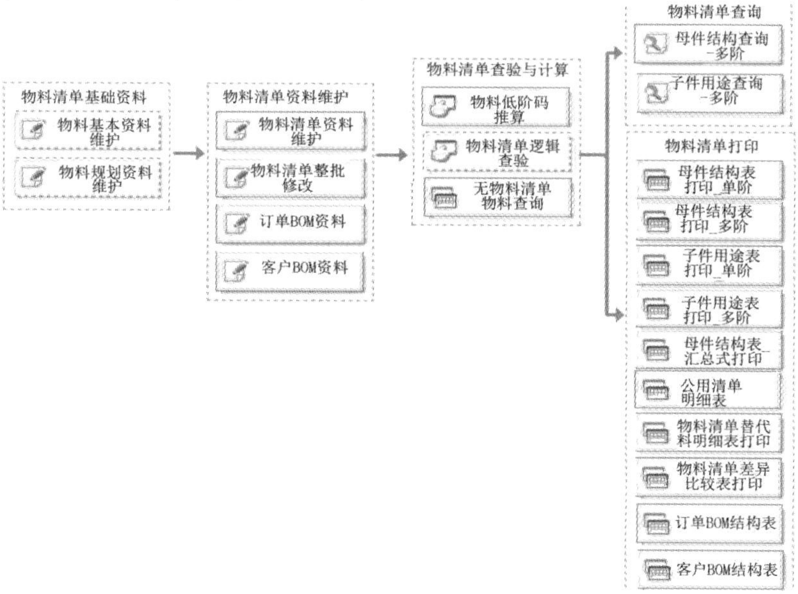

图 4-1 物料清单管理流程

（二）生产计划管理流程

生产制造企业进行加工生产前，需依据本企业生产管理的需求制订生产计划。用友 ERP-U8V10.1 生产计划管理流程如图 4-2 所示。制造企业在 ERP 系统中首先依据生产管理需要设置主生产计划参数和物料需求计划参数，再依据销售订单、销售预测单、物料现有库存量和在产品量编制主生产计划，接着依据主生产计划和物料清单编制物料需求计划，最后下达采购订单、自主生产订单和委外生产订单。

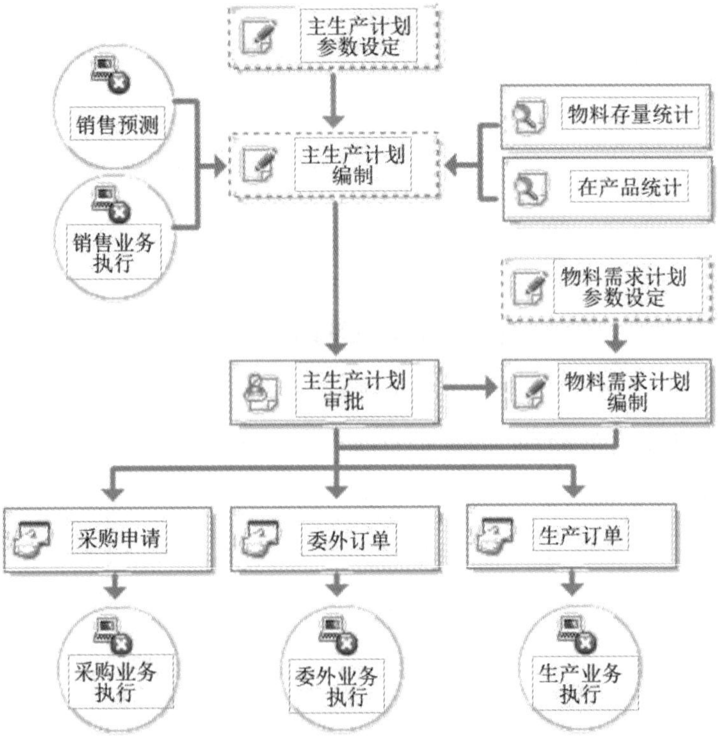

图 4-2　生产计划管理流程

（三）生产业务执行流程

生产制造企业在 ERP 系统中制订好了生产计划后，可执行生产业务进行加工生产。用友 ERP-U8V10.1 生产业务执行流程如图 4-3 所示。制造企业在 ERP 生产订单系统中审核生产订单，依据审核后的生产订单在库存管理系统中领用材料，如生产计划有变，还需编制和审核生产计划调整单，再依据调整单补领或退料；生产加工完成后检验产品，合格品入库，不合格品返工，最后关闭生产订单，进行产品成本核算。

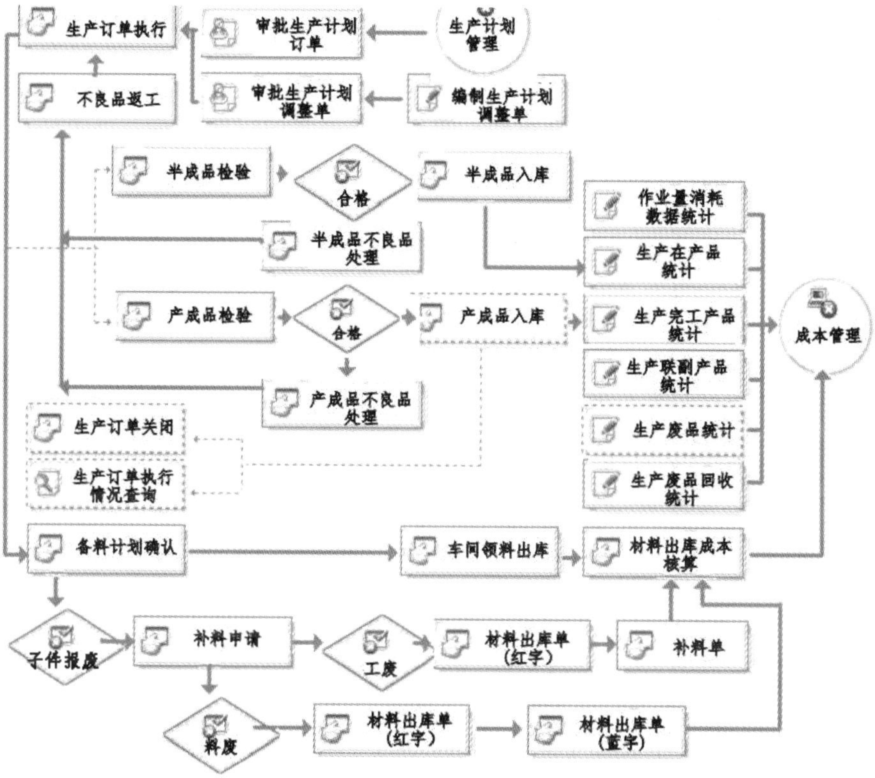

图 4-3　生产业务执行流程

（四）生产业务统计分析流程

生产制造企业在 ERP 系统中执行完生产业务后，可进行产品生产业务统计分析。用友 ERP-U8V10.1 生产业务统计分析流程如图 4-4 所示。制造企业在 ERP 系统中可统计分析生产计划异常状况、生产计划执行情况、生产订单完工状况、生产订单用料状况、生产质量状况、在产品情况和委外加工情况等。

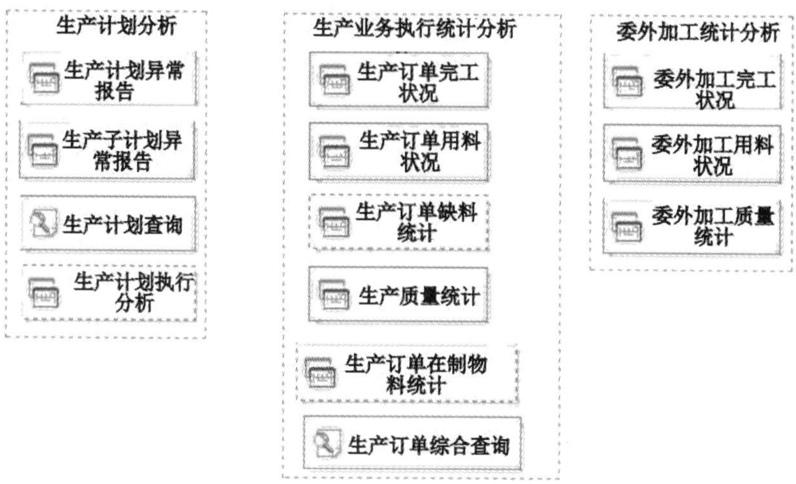

图 4-4　生产业务统计分析流程

二、主生产计划参数设定

设定生产制造系统参数，供生产制造系统各模块控制使用。在企业应用平台中，执行“基础设置→基础档案→生产制造→生产制造参数设定”指令，进入生产制造参数设定主界面，如图 4-5 所示。

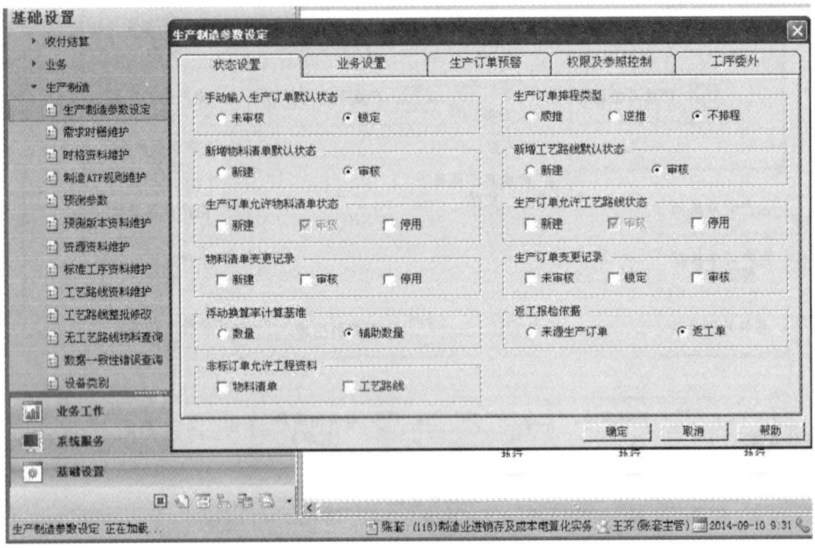

图 4-5　生产制造参数设定主界面

（一）状态设置

手动输入生产订单默认状态：手动输入标准/非标准/重复制造生产订单时，系统默认的生产订单状态为锁定，可改。当订单状态由锁定修改为未审核，保存时，若该生产订单已存在 PE 子件库存预留，系统将自动释放预留量。

生产订单排程类型：作为建立生产订单时的默认值，表示生产订单转车间管理时工序计划的生成方式。系统默认为“不排程”，可改。若选择“顺推”或“逆推”，则按照指定的工艺路线，标准/非标准生产订单按各工序工作中心资源需求和产能比较，重复制造生产订单则按各工序的制造提前期百分比，计划生产订单工序的开工/完工日期；若选择“不排程”，则系统默认各工序日期分别等于生产订单的开工/完工日期。

新增物料清单默认状态：建立物料清单时，系统默认的物料清单状态为“审核”，可改。

新增工艺路线默认状态：建立工艺路线时，系统默认的工艺路线状态为“审核”，可改。

生产订单允许物料清单状态：建立或修改生产订单时，系统默认的物料清单状态为“审核”，可另选择新建和停用。

生产订单允许工艺路线状态：建立或修改生产订单时，系统默认的工艺路线状态为“审核”，可另选择新建和停用。

浮动换算率计算基准：系统默认为“辅助数量”，可改为“数量/辅助数量”之一。在相关单据或基础资料中，新增输入浮动换算率计量单位组物料时，系统自动带入主计量单位、辅助单位、换算率。数量、辅助数量、换算率可以修改，按照该参数设定的浮动换算率计算基准选择：若选择“数量”，那么，修改数量，换算率不变，反算辅助数量；修改换算率，数量不变，反算辅助数量；修改辅助数量，数量不变，反算换算率。

若选择“辅助数量”，那么，修改数量，辅助数量不变，反算换算率；修改换算率，辅助数量不变，反算数量；修改辅助数量，换算率不变，反算数量。

物料清单变更记录：选择需要保留修改历史记录的物料清单的状态。对于选定状态的物料清单，如果物料清单资料有任何变更，系统将自动记录其变更历史资料供查询。

生产订单变更记录：选择需要保留修改历史记录的生产订单的状态。对于选定状态的生产订单，如果生产订单资料有任何变更，系统将自动记录其变更历史资料供查询。

返工报检依据：指由不良品处理单生成的生产订单（返工单）进行质量报检的依据。如果选择为来源生产订单，则生成的生产订单是否报检栏目默认为“否”；如果选择为返工单，则生成的生产订单是否报检栏目默认为“是”。

非标订单允许工程资料：选择是否允许非标准生产订单引用工程物料清单或工程工艺路线，用于生成非标准生产订单的物料清单和工艺路线。

（二）业务设置

可承诺量（available-to-promise，ATP）又称供应链可承诺量，即一个企业的库存或计划生产量中尚未分配到客户订单的部分。

ATP=某时段计划产出量（含计划接收量）-下一次出现计划产出量之前各时段合同之和。

ATP 规则代号：可参照输入自定义的 ATP 规则，资料来源于 ATP 规则档案，可不输入。ATP 规则可以定义供应和需求来源、时间栏参数等。执行生产订单子件 ATP 数量查询时，如果子件在存货档案中“检查 ATP”设置为“检查物料”，则读该存货中的“ATP 规则”，若未输入则以该 ATP 规则为准。

是否检查参照数据：选择在输入资料时若有引用其他基础档案或单据，该资料保存时，是否检查引用的基础档案或单据。如果选择为不检查，可提高资料保存效率。

生产订单工序日期修改时更新生产订单：默认为“是”，可改。生产订单工序日期不同于生产订单计划日期时，系统是否自动以生产订单工序日期来更新其母件的开工/完工日期和子件的需求日期。

超量完工控制：默认为“否”，可改。表示在车间管理系统中工序转移单执行工序转移时，当从工序加工状态移入同一工序检验、合格、拒绝、报废之任一状态，或从当前工序的加工、检验、合格、拒绝状态移入本工序之后续工序的任何状态时，是否允许移入数量之和大于移出工序状态可用数量。

工序转移跨报告点控制：默认为“否”，可改。表示在车间管理系统中工序转移单执行工序正向转移时，是否允许移入工序跨越生产订单工艺路线中的报告点工序。

生产订单自动关闭：默认为“是”，可改。控制当生产订单累积入库数量达到生产订单计划生产数量且子件产出品的已领数量大于等于应领数量时，生产订单是否自动关闭。若设置为“否”，则生产订单完成后须在生产订单系统执行手动关闭处理。

现存量考虑在库检验量：如果选择为“是”，则物料的在库检验数量应加入制造系统的现存量之中；如果选择为“否”，则物料的在库检验数量不包含在制造的现存量中。

工序转移领料控制：默认为“否”，可改。生产订单工序转移单时，是否需要根据领料来控制工序转移单的录入。选择该选项，当录入生产订单工序转移单时，如果生产订单子件资料中该工序需要领料，则检查该工序是否已领料，如已领料，则允许工序转移单保存；如没有领料，则不允许工序转移单保存。

子件/工序行号增加值：默认为10，可改，输入范围为整数1至100。在物料清单和工艺路线维护，新增子件或工序行号时，系统自动以当前最大行号加该增加值作为其默认行号。

清单/工艺路线版本增加值：默认为10，可改，输入范围为整数1至100。在物料清单和工艺路线维护，新增版本时，系统自动以当前最大版本号加该增加值作为其默认版本号。

清单/工艺路线版本日期默认值：默认为2000/01/01，可改为空。物料清单和工艺路线维护，新增版本时，系统自动以该日期作为版本日期的默认值，若未设置则默认系统日期。

物料清单展开层数：默认为10，可改，输入范围为整数1至50。系统查验物料清单逻辑错误，即物料清单中所有物料是否有成为自我子件的错误逻辑时，以此为参照基准，因此输入时应注意大于系统中所有物料清单的最大阶层数。

（三）生产订单预警设置

生产订单状态：选择需要对哪些状态的生产订单进行预警和报警处理，可不输入，可同时选择“未审核”“锁定”“审核”。

开工提前天数：若未选择生产订单状态，则不可输入。若为空，则生产订单不对开工日作预警处理。当生产订单开工日大于或等于当前日期，且生产订单临近开工天数小于或等于开工提前天数时，系统将产生生产订单预警资料。

完工提前天数：若未选择生产订单状态，则不可输入。若为空，则生产订单不对完工日作预警处理。当生产订单完工日大于等于当前日期，且生产订单临近完工天数小于或等于完工提前天数时，系统将产生生产订单预警资料。

逾期天数：若未选择生产订单状态，则不可输入。若为空，则生产订单不对完工日作报警处理。当生产订单完工日小于当前日期，且生产订单完工日超过逾期天数时，系统将产生生产订单报警资料。

允超百分比：若未选择生产订单状态为“审核”，则不可输入，且不可与允超数量同时输入。若为空，则生产订单不对完成数量做报警处理。当生产订单完成数量超过允超百分比时，系统将产生生产订单报警资料。

允超数量：若未选择生产订单状态为“审核”，则不可输入，且不可与允超百分比同时输入。若为空，则生产订单不对完成数量做报警处理。当生产订单完成数量超过允超数量时，系统将产生生产订单报警资料。

（四）权限及参照控制设置

操作员权限：对各模块皆默认为“不控制”，可按模块修改，但必须首先在企业应用平台“系统服务-权限-数据权限控制设置”中进行用户权限控制设置，否则不可修改。若设为“控制”，则操作者只能对单据制单人有权限的单据进行查询、修改、删除、审核、弃审、关闭、还原等操作。

部门权限：对各模块（生产订单、车间管理、工程变更）皆默认为“不控制”，可按模块修改，但必须首先在企业应用平台“系统服务-权限-数据权限控制设置”中进行部门权限控制设置，否则不可修改。若设为“控制”，则操作者只能对其有查询权限的部门及其记录进行查询；输入资料时，只能参照录入有录入权限的部门资料。

生产订单类别权限：对各模块（生产订单、车间管理）皆默认为“不控制”，可按模块修改，但必须首先在企业应用平台“系统服务-权限-数据权限控制设置”中进行生产订单类别权限控制设置，否则不可修改。若设为“控制”，则操作者只能对其有查询权限的生产订单类别及其记录进行查询；输入资料时，只能参照录入有录入权限的生产订单类别资料。

参照控制：选择不同的模糊参照方式。例如，在供货单位栏目录入参照内容，单击“参照”按钮，系统根据参照控制选项，显示符合条件的供应商档案。

参照物料批次录入：对各模块（产能管理、车间管理除外）皆默认为“可批次录入”，可按模块修改。表示在参照物料主档录入物料时，是否可以同时选择多条物料档案。

（五）工序委外设置

修改税额时是否改变税率：若选择“是”，则税额变动时系统反算税率，不进行容差控制；若选择“否”，则税额变动不反算税率，在调整税额尾差（单行）、保存单据（合计）时，系统检查是否超过容差，超过时不允许修改，未超过则允许修改。

单行容差：默认为0.06，可改。当修改税额时，系统根据当前行修改前的税额与修改后的税额进行比较，如果修改前的税额与修改后的税额的差值的绝对值大于设置的容差数值，则提示“输入的税额变化超过容差”，取消修改，恢复原税额。

合计容差：默认为0.36，可改。当修改单据中表体行的税额时，系统将修改后的税额合计与修改前的税额合计进行比较，如果修改前的税额与修改后的税额的差值的绝对值大于设置的合计容差数值，则提示超过容差，返回单据。

根据加工单发料：如果选择为“是”，则工序委外必须按委外加工单发料；反之，可按委外加工单发料，也可直接参照生产订单工序计划发料。

控制业务员权限：如选择“控制”，则查询时只能显示有查询权限的业务员及其记录；填制单据时只能参照录入有录入权限的业务员。

控制供应商权限：如选择“控制”，则查询时只能显示有查询权限的供应商及其记录；填制单据时只能参照录入有录入权限的供应商。

控制存货权限：如选择“控制”，查询时只能显示有查询权限的存货及其记录；填制单据时只能参照录入有录入权限的存货。

控制部门权限：如选择“控制”，查询时只能显示有查询权限的部门及其记录；填制单据时只能参照录入有录入权限的部门。

控制操作员权限：如选择“控制”，则查询、修改、删除、审核、弃审、关闭、打开单据时，只能对单据制单人有权限的单据进行操作；对单据审核人有权限的单据进行操作；对单据关闭人有权限的单据进行操作；变更不控制操作员数据权限，仅判断当前操作员是否有变更功能权限和其他几项数据的录入权限。

三、生产制造基础档案

（一）需求时栅设置

需求时栅也称时间栏，表示公司政策或做法改变的时点。

MPS/MRP 展开计算时，在某一时段对某物料而言，其独立需求来源可能是按订单或按预测或两者都有，系统是按各物料所对应的时栅内容而运作的。本作业供维护时栅基本资料。

MPS/MRP 展开计算时，系统读取时栅代号的顺序为：先以物料在存货主档中的时栅代号为准，若无则按 MPS/MRP 计划参数中设定的时栅代号。

（二）时格资料维护

时格也称时段，指从计划当前日期往后，将以后的时间划分为一段一段的区间，用来统计某些与时间相关的资料时所用的时间单位。如查询某一时间段内汇总的产能或负载状况、物料的可承诺量等。

用友 ERP-U8V10.1 的时格供查看物料可承诺量、MPS/MRP 供需资料、工作中心资源产能/负载资料，以及设定资源需求计划、重复计划期间时使用。

（三）制造 ATP 规则维护

制造 ATP 主要是解决再下生产订单时能够查询出子件是否缺料，计算出子件的可承诺量。

（四）预测参数

预测参数设定用于展开式预测订单输入的相关参数。

（五）预测版本资料维护

预测版本资料维护用于需求预测订单的版本号及其类别，以说明 MPS/MRP 展开计算时所用的产品预测资料来源的设定。

［实务案例］

飞跃摩托车制造公司的生产制造部分基础档案信息如下：

（1）需求时栅（见表 4-1）。

表 4-1 需求时栅一览表

行号	日数	需求来源
1	30	预测+客户单，不消抵

（2）时格资料（见表 4-2）。

表 4-2　时格资料一览表

行号	类别	期间数	起始位置
1	月	1	1 日

（3）制造 ATP 规则（见表 4-3）。

表 4-3　制造 ATP 规则一览表

规则代号	说明	逾期需求数/天	逾期供应天数/天	无限供应天数/天	需求来源	供应来源
1	100 型摩托车制造规则	5	5	60	考虑销售订单、出口订单、生产订单、委外订单、计划需求、安全库存需求	考虑计划订单、生产订单、委外订单、采购订单、进口订单、请购单、现存量供应

注：①逾期需求天数：指工作日，ATP 计算时将需求日期小于系统日但未超出该逾期天数（含）的需求，视同系统日处理。②逾期供应天数：指工作日，ATP 计算时将供应日期小于系统日但未超出该逾期天数（含）的供应，视同系统日处理。③无限供应天数：指系统日加上该天数后的供应/需求不纳入计算，视同任何需求都可无限供应。

（4）预测参数（见表 4-4）。

表 4-4　预测参数一览表

行号	时段类别	期间数	起始位置	均化类型	均化取整
1	月	1	1 日	不均化	不取整

（5）预测版本资料（见表 4-5）。

表 4-5　预测版本资料一览表

版本代号	版本说明	版本类别	默认版本
1	轮胎组件-100 普通型	MPS	是
2	轮胎组件-100 型加宽	MPS	否
3	灯-125 灯总成	MPS	否
4	100 型发动机-J 脚启动	MPS	否
5	100 型摩托车-普通型	MPS	否
6	100 型摩托车-加强型	MPS	否
7	轮胎组件-100 普通	MRP	否
8	轮胎组件-100 加宽	MRP	否
9	灯-125 灯总成	MRP	否
10	100 型发动机-J 脚启动	MRP	否
11	100 型摩托车-普通型	MRP	否
12	100 型摩托车-加强型	MRP	否

【操作步骤】

在企业应用平台中，执行“基础设置→基础档案→生产制造→需求时栅维护（等）”指令，进入上述各基础设置的主界面，单击“增加”按钮，输入相应内容后，单击“保存”按钮。

第二节 物料清单

一、物料清单系统概述

物料清单（bills of material，BOM）是指产品所需零部件明细表。具体而言，物料清单是构成父项装配件的所有子装配件、零件和原材料的清单，也是制造一个装配件所需要的每种零部件的数量清单。

BOM 是 ERP 系统中重要的基础数据，其组织格式设计合理与否直接影响系统的处理性能。BOM 不仅是 MRP 重要的输入数据，而且是财务部门核算成本、制造部门组织生产（生产型配料）、采购部门外协加工或采购，以及销售部门制定价格等的重要数据。如果说 MRP 是 ERP 的核心，那么 BOM 则是 MRP 的基础。

（一）物料清单系统简介

用友 ERP-U8V10.1 系统提供定义组成各产成品的所有零配件及原材料，以达到以下目的：标准成本卷叠计算，包括物料、人工、制造费用等；新产品的成本模拟，作为拟定售价的参考；物料需求计划计算用料的基础；计划品、模型及选项类物料需求预测展开的依据；支持按订单配置产品的组件选配；领料、发料的依据。

（二）与其他系统的主要关系

用友 ERP-U8V10.1 物料清单系统与其他系统的主要关系如图 4-6 所示。基础档案向物料清单系统提供存货档案信息，工程或产品结构变更，物料清单也随之变更。销售管理系统按照物料清单对销售订单选配出库销售；主生产计划和需求规划系统按照物料清单下达生产订单和采购订单；生产订单和委外管理系统按照物料清单领用材料；成本管理系统按照物料清单归集产品的材料费用，并据以进行售前分析。

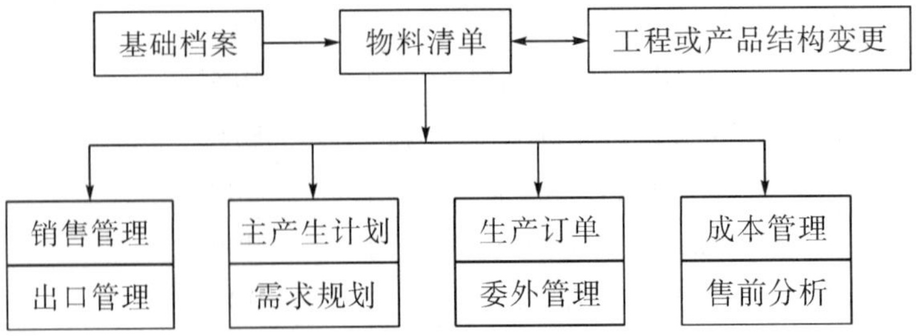

图 4-6 物料清单系统与其他系统的主要关系

（三）物料清单系统操作流程

用友 ERP-U8V10.1 物料清单系统操作流程如图 4-7 所示。录入物料清单前需设置好存货档案，录入之后需进行逻辑查验、物料低阶码推算等处理。

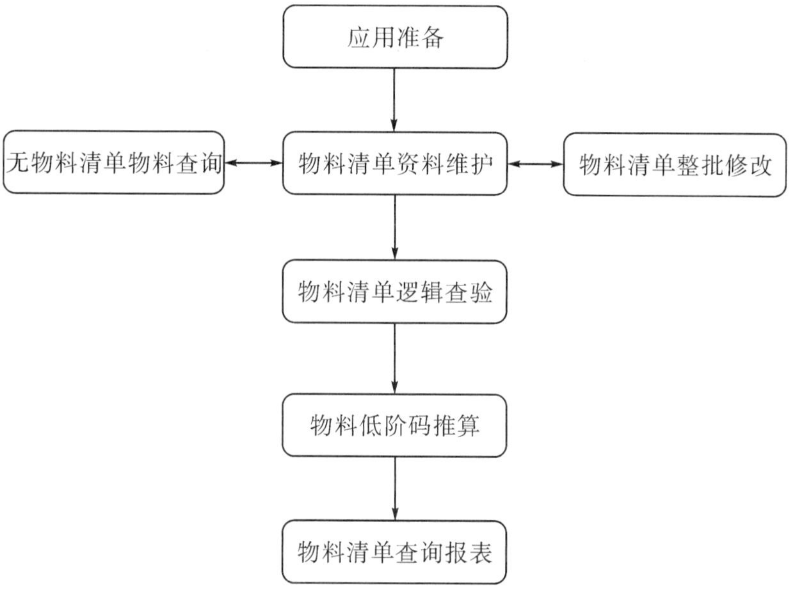

图 4-7　物料清单系统操作流程

二、物料清单维护

（一）主要和替代物料清单

主要物料清单是建立产品最常用的子件用料清单，替代物料清单则是另一相同母件的子件清单。

主生产计划系统和需求规划系统使用主要物料清单来计划物料需求，销售管理系统和出口管理系统使用模型和选项类的主要物料清单来进行产品配置。主要物料清单被默认用来计算物料标准成本、定义生产订单和委外订单的子件用料。

在建立生产订单和委外订单、计算物料标准成本、定义重复计划物料生产线关系以及执行其他使用物料清单的功能时，可以指定使用主要物料清单（默认）还是替代物料清单。如执行产品返工、维修等作业，以及同一物料在不同生产线生产时，其生产订单可以特别指定使用替代物料清单。

在定义替代物料清单前必须定义主要物料清单，一个物料可以定义多个替代物料清单。任何物料清单类型都可以建立替代物料清单。

[实务案例]

飞跃摩托车制造公司的主要物料清单如下：

（1）“100 型发动机-J 脚启动”主要物料清单（见表 4-6）。

表 4-6 “100 型发动机-J 脚启动”主要物料清单一览表

母件编码	母件名称	序号	子项编码	子项名称	主计量单位	基本用量	损耗率/%	仓库名称	领料部门
02020104	100 型发动机-J 脚启动	1	0101001	箱体-168	个	1		原料仓库	动力车间
		2	0102001	动力盖-170F	个	1		原料仓库	动力车间
		3	0102002	飞轮外盖-172S	个	1		原料仓库	动力车间
		4	0102003	减速盖-173FR	个	1		原料仓库	动力车间
		5	0102004	离合盖-173FRS	个	1		原料仓库	动力车间
		6	0103001	缸体-泰 100	个	2		原料仓库	动力车间
		7	0104001	轴承-D2208	个	1		原料仓库	动力车间
		8	0105001	黑酯胶调和漆	升	2	5	原料仓库	动力车间
		9	0199001	磷化粉	千克	0. 5	2	原料仓库	动力车间
		10	0199002	内六角螺丝-14×60	个	12		原料仓库	动力车间
		11	0199003	内六角螺丝-12×80	个	6		原料仓库	动力车间

（2）“100 型摩托车-普通型”主要物料清单（见表 4-7）。

表 4-7 “100 型摩托车-普通型”主要物料清单一览表

母件编码	母件名称	序号	子项编码	子项名称	主计量单位	基本用量	仓库名称	领料部门
0301001	100 型摩托车-普通型	1	020102001	排气消声器-单孔	个	1	外购件仓库	成车车间
		2	020104001	化油器-100 带支架	套	1	外购件仓库	成车车间
		3	020105001	油冷器-100	套	1	外购件仓库	成车车间
		4	020106001	仪表-100 仪表总成	套	1	外购件仓库	成车车间
		5	020107001	油箱-普通	个	1	外购件仓库	成车车间
		6	02020103	灯-125 灯总成	套	1	自制件仓库	成车车间
		7	020111001	摩托车支架-100	个	1	外购件仓库	成车车间
		8	02020101	轮胎组件-100 普通	套	1	自制件仓库	成车车间
		9	020199002	电缆总成	套	2	外购件仓库	成车车间
		10	020199003	座垫-连座	个	1	外购件仓库	成车车间
		11	02020104	100 型发动机-J 脚启动	台	1	自制件仓库	成车车间

（3）“100 型摩托车-加强型”主要物料清单（见表 4-8）。

表 4-8 “100 型摩托车-加强型”主要物料清单一览表

母件编码	母件名称	序号	子项编码	子项名称	主计量单位	基本用量	仓库名称	领料部门
0301002	100 型摩托车-加强型	1	020102001	排气消声器-单孔	个	1	外购件仓库	成车车间
		2	020104001	化油器-100 带支架	套	1	外购件仓库	成车车间
		3	020105001	油冷器-100	套	1	外购件仓库	成车车间
		4	020106001	仪表-100 仪表总成	套	1	外购件仓库	成车车间
		5	020107002	油箱-加大	个	1	外购件仓库	成车车间
		6	02020103	灯-125 灯总成	套	1	自制件仓库	成车车间
		7	020111001	摩托车支架-100	个	1	外购件仓库	成车车间
		8	02020102	轮胎组件-100 加宽	套	1	自制件仓库	成车车间
		9	020199002	电缆总成	套	2	外购件仓库	成车车间
		10	020199001	座垫-减振	个	1	外购件仓库	成车车间
		11	02020104	100 型发动机-J 脚启动	台	1	自制件仓库	成车车间

（4）“轮胎组件-100 普通”主要物料清单（见表 4-9）。

表 4-9 “轮胎组件-100 普通”主要物料清单一览表

成套件编码	成套件名称	序号	单件编码	单件名称	主计量单位	单件数量	单价成本
02020101	轮胎组件-100 普通	1	02010301	前轮轴承-100	件	1	
		2	02010302	后轮轴承-100	件	1	
		3	02010801	前轮胎-普通	个	2	
		4	02010901	后轮胎-普通	个	2	

（5）“轮胎组件-100 加宽”主要物料清单（见表 4-10）。

表 4-10 “轮胎组件-100 加宽”主要物料清单一览表

成套件编码	成套件名称	序号	单件编码	单件名称	主计量单位	单件数量	单价成本
02020102	轮胎组件-100 加宽	1	02010301	前轮轴承-100	件	1	
		2	02010302	后轮轴承-100	件	1	
		3	02010802	前轮胎-加宽	个	2	
		4	02010902	后轮胎-加宽	个	2	

（6）“灯-125 灯总成”主要物料清单（见表 4-11）。

表 4-11 “灯-125 灯总成”主要物料清单一览表

成套件编码	成套件名称	序号	单件编码	单件名称	主计量单位	单件数量	单价成本
02020103	灯-125 灯总成	1	020110001	灯-大灯	个	4	
		2	020110002	灯-转向灯	个	4	
		3	020110003	灯-尾灯	个	2	

【操作步骤】

在企业应用平台中，执行“业务工作→生产制造→物料清单→物料清单维护→物料清单资料维护”指令，进入物料清单资料维护主界面，单击“增加”按钮，逐一输入母子件编码等信息后，单击“保存”按钮。

在物料清单资料维护主界面，单击“增加”按钮的下拉菜单中的“替代 BOM”选项，可增加替代物料清单，即与主要物料清单相同母件的子件清单。

在物料清单资料维护主界面，单击“查询”按钮可查看所有清单信息。

（二）客户物料清单

客户物料清单是指为某一客户建立的物料清单。如果要满足某一客户产品结构的特定需求，同时不需要为该产品建立新的物料主档，则可以使用客户 BOM，以与标准产品结构相区别。用一个客户代号和一个标准物料，来唯一识别一个客户 BOM。

（三）订单物料清单

订单物料清单是指为销售订单建立的物料清单。如果要满足某一销售订单产品结构的特定需求，同时不需要为该产品建立新的物料主档，则可以使用订单 BOM，以与标准产品结构相区别。用一个销售订单号、销售订单行和一个标准物料，来唯一识别一个订单 BOM。

在面向订单生产的企业中，有一类企业，其产品的订单交期非常短（市场竞争或产品本身生产周期的原因），并且由于客户个性化定制的要求，最终交付产品的形态往往不完全一样（如消费类电子数码产品等），因此需要在不影响标准 BOM 的前提下可以根据销售订单建立订单 BOM 资料。

此外，物料清单系统还提供了物料清单整批修改、物料清单逻辑查验、物料低阶码推算、物料清单变更记录清除等。

三、物料清单查询与报表

（一）母件结构查询-多阶

母件结构查询-多阶用于查询母件之下各阶的子件资料。按查询资料，系统据以绘出各物料上下隶属物料清单结构图。

（二）子件用途查询-多阶

子件用途查询-多阶用于查询子件之上各阶的母件资料。按查询资料，系统据以绘出各物料上下隶属物料清单结构图。

（三）母件结构表-单阶

母件结构表-单阶用于依指定母件代号范围，打印母件其下一阶的子件资料。

（四）物料清单替代物料明细表

物料清单替代物料明细表用于打印母件物料清单中，各子件可被替代的物料编码及数量关系等，供核对用。

（五）物料清单差异比较表

物料清单差异比较表用于打印同一母件/不同母件主要物料清单和替代物料清单，或同一母件/不同母件主要物料清单的不同版本，如订单 BOM 之间、订单 BOM 与主要/替代 BOM，以及订单 BOM 与客户 BOM、客户 BOM 与主要/替代 BOM、不同客户 BOM 之间的比较表。

此外，物料清单系统还提供了母件结构表-单阶、母件结构表-多阶、客户 BOM 结构表、订单 BOM 结构表、子件用途表-单阶、子件用途表-多阶、母件结构表-汇总式、公用清单明细表、物料清单变更记录明细表等物料清单资料查询功能。

第三节　主生产计划

一、主生产计划系统概述

（一）主生产计划系统简介

主生产计划（master production schedule，MPS）是描述企业生产什么、生产多少以及什么时段完成的生产计划，是把企业战略、企业生产计划大纲等宏观计划转化为生产作业和采购作业等微观作业计划的工具，是企业物料需求计划的直接来源，是粗略平衡企业生产负荷和生产能力的方法，是联系市场销售和生产制造的纽带，是指导企业生产管理部门开展生产管理和调度活动的权威性文件。

用友 ERP-U8V10.1 系统通过独立需求来源（需求预测和客户订单），考虑现有库存和未关闭订单，生成主生产计划。有效的主生产计划为销售承诺提供基准，并用以识别所需资源（物料、劳动力、设备与资金等）及其所需要的时机。可以使用 MPS 调节生产，以便有效地利用资源并推动物料需求计划。MPS 是产销协调的依据，是所有作业计划的根源。制造、委外和采购三种活动的细部日程，均是依据 MPS 的日程加以计算而得到的。如果 MPS 日程不够稳定，或可行性不高，那么它将迫使所有的供应活动摇摆不定，造成极大的浪费。

（二）与其他系统的主要关系

用友 ERP-U8V10.1 主生产计划系统与其他系统的主要关系如图 4-8 所示。主生产计划系统依据物料清单、销售管理、出口管理和库存管理系统相关信息编制主生产计划，再将数据传递给生产订单、需求规划、采购管理、委外管理和产能管理系统。

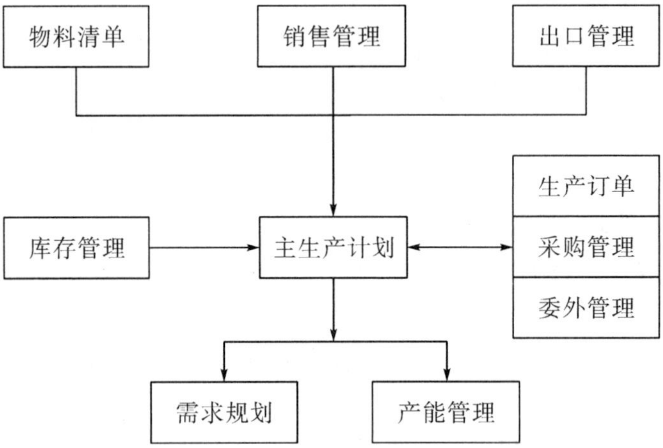

图 4-8　主生产计划系统与其他系统的主要关系

(三) 主生产计划操作流程

用友 ERP-U8V10.1 主生产计划系统操作流程如图 4-9 所示。主生产计划系统应用基础设置好后，输入产品预测订单、预测订单明细表，再进行 MPS 计划前稽核，最后生成和维护 MPS 计划。

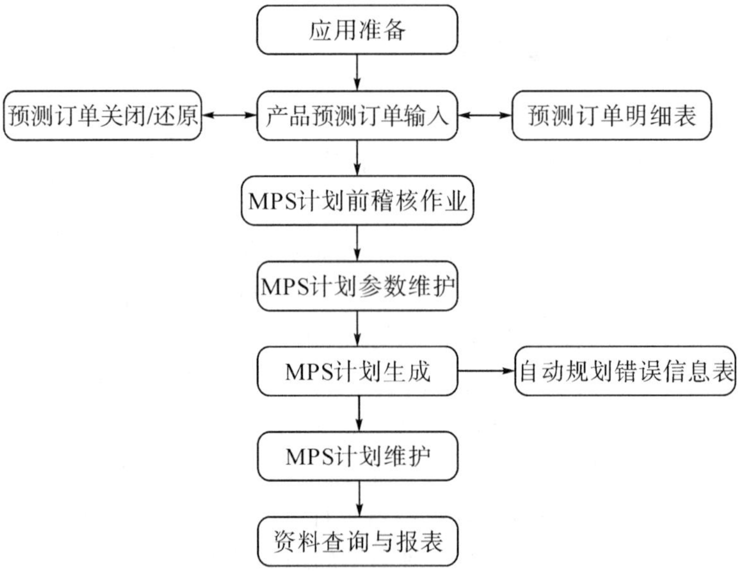

图 4-9　主生产计划系统操作流程

二、MPS 计划参数维护

MPS 计划参数维护用于建立 MPS 计划代号，并维护 MPS 计划用相关参数，作为 MPS 展开计算时所依据的条件。

[实务案例]

飞跃摩托车制造公司的 MPS 计划参数如表 4-12 所示。

表 4-12　飞跃摩托车制造公司 MPS 计划参数一览表

计划代号	计划说明	预测版本	需求时栅	时栅优先考虑	截止日期	初始库存	计划考虑	供需追溯	逾期时正向排程	出货消抵
1	轮胎组件-100 普通型	1	1	计划参数	2022-01-31	现存量	生产订单/采购订单	否	否	是
2	轮胎组件-100 型加宽	2	1	计划参数	2022-01-31	现存量	生产订单/采购订单	否	否	是
3	灯-125 灯总成	3	1	计划参数	2022-01-31	现存量	生产订单/采购订单	否	否	是
4	100 型发动机-J 脚启动	4	1	计划参数	2022-01-31	现存量	生产订单/采购订单	否	否	是
5	100 型摩托车-普通型	5	1	计划参数	2022-01-31	现存量	生产订单/采购订单	否	否	是
6	100 型摩托车-加强型	6	1	计划参数	2022-01-31	现存量	生产订单/采购订单	否	否	是

【操作步骤】

在企业应用平台中，执行“业务工作→生产制造→主生产计划→基本资料维护→MPS 计划参数维护”指令，进入 MPS 计划参数维护主界面，单击“增加”按钮，逐一输入相关信息后，单击“确定”按钮保存。

三、需求来源资料维护

（一）产品预测订单输入

产品预测订单输入用于建立 MPS/MRP 物料的需求预测资料，以作为 MPS/MRP 计算的独立需求来源之一。

［实务案例］

飞跃摩托车制造公司的产品预测订单输入如表 4-13 所示。

表 4-13　飞跃摩托车制造公司产品预测订单输入一览表

预测单号	单据类型	预测版本号	起始日期	结束日期	物料编码	物料名称	预测数量/辆	均化类型	均化取整
1	MPS	1	2022-01-01	2022-01-30	0301002	100 型摩托车-加强型	1 500	不均化	取上整
2	MPS	3	2022-01-01	2022-01-30	0301001	100 型摩托车-普通型	2 000	不均化	取上整

录入产品预测订单前，需先将对应的物料清单审核。

【操作步骤】

在企业应用平台中，执行“业务工作→生产制造→主生产计划→基本资料维护→MPS 计划参数维护”指令，进入 MPS 计划参数维护主界面，单击“增加”按钮，逐一输入相关信息后，单击“确定”按钮保存。

（二）产品预测订单-展开式

产品预测订单-展开式用于按时段建立 MPS/MRP 物料的需求预测资料，以作为 MPS/MRP 计算的独立需求来源之一。

（三）产品预测订单整批处理

产品预测订单整批处理用于对产品预测订单执行审核/弃审/关闭/还原/删除/重展处理。关闭后的预测订单即不可参与 MPS/MRP 运算。

（四）产品预测订单明细表

产品预测订单明细表用于打印产品预测订单及其均化处理、预测展开后的产品预测资料，供核对用。

（五）产品预测资料比较表

产品预测资料比较表用于打印不同预测版本产品预测资料的比较表。

四、MPS 计划前稽核作业

（一）累计提前天数推算

物料的固定提前期或主要物料清单更改时，执行本作业，以计算各物料的累计提前天数，并更新存货主档及 MPS/MRP 系统参数的最长累计提前天数。

（二）库存异常状况查询

查询各仓库中现存量为负值的不正常物料资料，供 MPS/MRP 展开前查核用。

（三）仓库净算定义查询

查询各仓库代号在仓库主档中是否被定义为 MRP 仓，MPS/MRP 展开前查核用，以免设置不当造成计算错误。

（四）订单异常状况查询

查询预计完工/交货日期逾期或超出物料替换日期的订单资料，包括锁定/审核状态的销售订单、预测订单、请购订单、采购订单、进口订单、委外订单和生产订单，供 MPS/MRP 展开前查核，以免这些异常资料导致 MPS/MRP 计算结果不合实际而无法执行。

五、MPS 计划作业

（一）MPS 计划生成

系统依据物料的需求来源（需求预测及客户订单），考虑现有物料存量和锁定、已审核订单（采购请购单、采购订单、生产订单、委外订单）余量，及物料提前期、数量供需政策等，自动产生 MPS 件的生产计划。

在需求时栅的需求来源为“预测+客户订单”，产品预测订单处于审核非关闭状态时，执行“业务工作→生产制造→主生产计划→MPS 计划作业→MPS 计划生成”指令，生成飞跃摩托车制造公司的 MPS 计划。

（二）MPS 计划维护

查询、修改、删除 MPS 自动生成的计划供应，或手动新增 MPS 计划资料，并可下达生产订单、委外订单和请购单/采购订单。

执行“业务工作→生产制造→主生产计划→MPS 计划作业→MPS 计划维护”指令，通过查询，调出飞跃摩托车制造公司的 MPS 计划，单击“修改”按钮修改完工时间，如图 4-10 所示，单击 MPS 计划维护界面的“生效”按钮，再执行“下达生产→当前页下达”指令，下达摩托车的生产计划，如图 4-11 所示。

	订单号码	物料编码	物料名称	物料属性	计量单位名称	需求跟踪方式	需求跟踪号	需求跟踪行号	原始数量	建议计划量	未计划量	开工日期	完工日期	来源	锁定人	锁定日期
1	GEN000000001	0301001	100型摩托车-普通型	自制	台	无来源			2000.00	2000.00	0.00	2022-01-01	2022-01-25	自动	张红	2022-01-01
2	GEN000000002	02020101	轮胎组件-100普通	自制	套	无来源			2000.00	2000.00	0.00	2022-01-01	2022-01-05	自动	张红	2022-01-01
3	GEN000000003	02020103	灯-125灯总成	自制	套	无来源			2000.00	2000.00	0.00	2022-01-01	2022-01-05	自动	张红	2022-01-01
4	GEN000000004	02020104	100型发动机-脚启动	自制	台	无来源			2000.00	2000.00	0.00	2022-01-01	2022-01-05	自动	张红	2022-01-01
5																
6																

图 4-10　100 普通型摩托车 MPS 计划维护界面

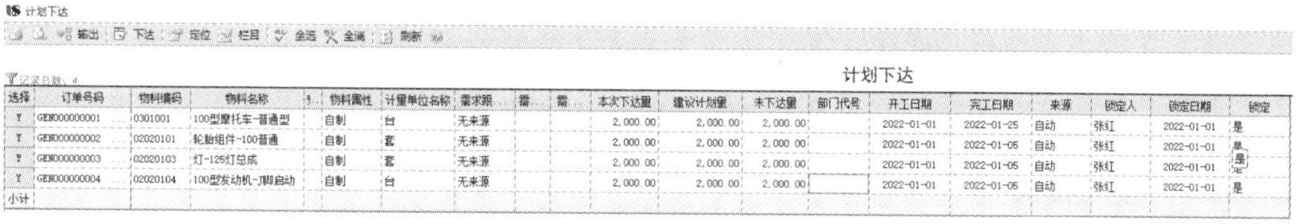

选择	订单号码	物料编码	物料名称	物料属性	计量单位名称	需求跟	需	需	本次下达量	建议计划量	未下达量	部门代号	开工日期	完工日期	来源	锁定人	锁定日期	锁定
Y	GEN000000001	0301001	100型摩托车-普通型	自制	台	无来源			2,000.00	2,000.00	2,000.00		2022-01-01	2022-01-25	自动	张红	2022-01-01	是
Y	GEN000000002	02020101	轮胎组件-100普通	自制	套	无来源			2,000.00	2,000.00	2,000.00		2022-01-01	2022-01-05	自动	张红	2022-01-01	是
Y	GEN000000003	02020103	灯-125灯总成	自制	套	无来源			2,000.00	2,000.00	2,000.00		2022-01-01	2022-01-05	自动	张红	2022-01-01	是
Y	GEN000000004	02020104	100型发动机-脚启动	自制	台	无来源			2,000.00	2,000.00	2,000.00		2022-01-01	2022-01-05	自动	张红	2022-01-01	是
小计																		

图 4-11　100 普通型摩托车生产计划下达界面

（三）MPS 计划维护-展开式

按时段显示 MPS 计划资料，供查询、修改、删除 MPS 自动生成的计划供应，或手动新增 MPS 计划资料，并可下达生产订单、委外订单和请购单/采购订单。

（四）MPS 计划整批删除

MPS 计划不再执行和保留时，可以整批删除已建立的 MPS 计划。

（五）供需资料查询-订单

按销售订单，查询/打印 MPS/MRP 计划的供应/需求资料及供需资料的计算过程。

此外，系统还提供了供需资料的物料和需求分类的查询、供需追溯资料的查询，以及自动规划错误信息表。也可查询各种报表，如建议计划量明细表、建议计划比较表、预测消抵明细表、供需追溯明细表、待处理订单明细表和供需资料表等。

第四节　需求规划

一、物料需求规划概述

物料需求规划即物料需求计划（material requirement planning，MRP），是指一种既要保证生产又要控制库存的计划方法。它在产品结构的基础上运用网络计划法原理，根据产品结构及各个物品的从属和数量关系，以每个物品为计划对象，以完工时期为时间基准倒排计划，按提前期长短区别各个物品下达计划时间的先后顺序，是一种工业制造企业内物资计划管理模式。MRP 是根据市场需求预测和顾客订单制订产品的生产计划，然后基于产品生成进度计划，组成产品的材料结构表和库存状况，通过计算机计算所需物料的需求量和需求时间，从而确定材料的加工进度和订货日程的一种实用技术。其基本原理如图 4-12 所示。

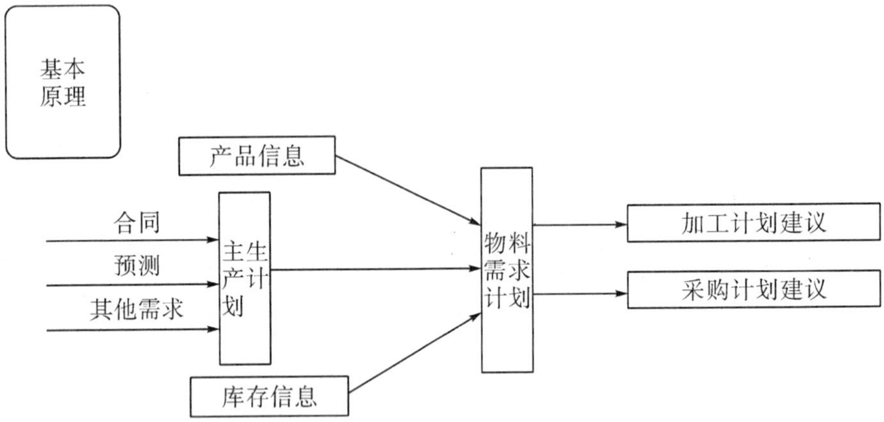

图 4-12　物料需求计划基本原理

（一）含义内容

需求规划的主要内容包括客户需求管理、产品生产计划、原材料计划以及库存纪录。其中，客户需求管理包括客户订单管理及销售预测，将实际的客户订单数与科学的客户需求预测相结合即能得出客户需要什么以及需求多少。

物料需求规划（MRP）是一种推式体系，根据预测和客户订单安排生产计划。因此，MRP 基于天生不精确的预测建立计划，“推动”物料经过生产流程。也就是说，传统 MRP 方法依靠物料运动经过功能导向的工作中心或生产线（而非精益单元），这种方法是为最大化效率和大批量生产来降低单位成本而设计。计划、调度并管理生产以满足实际和预测的需求组合。生产订单出自主生产计划（MPS），经由 MRP 计划出的订单被“推”向工厂车间及库存。

（二）特点

（1）需求的相关性：在流通企业中，各种需求往往是独立的，而在生产系统中，需求具有相关性。例如，根据订单确定了所需产品的数量之后，由新产品结构文件 BOM 即可推算出各种零部件和原材料的数量，这种根据逻辑关系推算出来的物料数量称为相关需求。不但品种数量有相关性，需求时间与生产工艺过程的决定也是相关的。

（2）需求的确定性：MRP 的需求都是根据主产品的进度计划、产品结构文件和库存文件精确计算出来的，品种、数量和需求时间都有严格要求，不可改变。

（3）计划的复杂性：MRP 要根据主产品的生产计划、产品结构文件、库存文件、生产时间和采购时间，把主产品的所有零部件需要数量、时间、先后关系等准确计算出来。当产品结构复杂，零部件数量特别多时，其计算工作量非常庞大，人力根本不能胜任，必须依靠计算机实施这项工程。

（三）基本数据

制订物料需求计划前必须具备以下的基本数据：

（1）主生产计划。它指明在某一计划时间段内应生产出的各种产品和备件。它是物料需求计划制订的一个最重要的数据来源。

（2）物料清单（BOM）。它指明了物料之间的结构关系，以及每种物料需求的数量。它是物料需求计划系统中最为基础的数据。

（3）库存记录。它把每个物料品目的现有库存量和计划接受量的实际状态反映出来。

（4）提前期。它决定着每种物料何时开工、何时完工。

应该说，这四项数据都是至关重要、缺一不可的。缺少其中任何一项或任何一项中的数据不完整，物料需求计划的制订都将是不准确的。因此，在制订物料需求计划之前，这四项数据都必须先完整地建立好，而且保证是绝对可靠的、可执行的数据。

（四）计算步骤

一般来说，物料需求计划的制订是遵照先通过主生产计划导出有关物料的需求量与需求时间，然后再根据物料的提前期确定投产或订货时间的计算思路。其基本计算步骤如下：

（1）计算物料的毛需求量。即根据主生产计划、物料清单得到第一层级物料品目的毛需求量，再通过第一层级物料品目计算出下一层级物料品目的毛需求量，依次往下展开计算，直到最低层级原材料毛坯或采购件为止。

（2）净需求量计算。即根据毛需求量、可用库存量、已分配量等计算出每种物料的净需求量。

（3）批量计算。即由相关计划人员对物料生产作出批量策略决定，不管采用何种批量规则或不采用批量规则，净需求量计算后都应该表明有否批量要求。

（4）安全库存量、废品率和损耗率等的计算。即由相关计划人员来规划是否要对每个物料的净需求量做这三项计算。

（5）下达计划订单。即通过以上计算后，根据提前期生成计划订单。物料需求计划所生成的计划订单，要通过能力资源平衡确认后，才能开始正式下达计划订单。

（6）再一次计算。物料需求计划的再次生成大致有两种方式：第一种方式会对库存信息重新计算，同时覆盖原来计算的数据，生成的是全新的物料需求计划；第二种方式则只是在制订、生成物料需求计划的条件发生变化时，才相应地更新物料需求计划有关部分的记录。这两种生成方式都有实际应用的案例，至于选择哪一种要看企业实际的条件和状况。

（五）实现目标

（1）及时取得生产所需的原材料及零部件，保证按时供应用户所需产品。

（2）保证尽可能低的库存水平。

（3）计划企业的生产活动与采购活动，使各部门生产的零部件、采购的外购件与装配的要求在时间和数量上精确衔接。

MRP 主要用于生产“组装”型产品的制造业。在实施 MRP 时，与市场需求相适应的销售计划是 MRP 成功的最基本的要素。但 MRP 也存在局限，即资源仅仅局限于企业内部，以及决策结构化的倾向明显。

（六）分类

（1）再生式 MRP。它表示每次计算时，都会覆盖原来的 MRP 数据，生成全新的 MRP。再生式 MRP 是周期性运算 MRP，通常运算周期是一周。

（2）净变式 MRP。它表示只会根据指定条件而变化，如 MPS 变化、BOM 变化等，经过局部运算更新原来的 MRP 的部分数据。净变式 MRP 是一种连续性的操作，当指定数据改变时就需要立即运行。

（七）运行步骤

（1）根据市场预测和客户订单，正确编制可靠的生产计划和生产作业计划，在计划中规定生产的品种、规格、数量和交货日期，同时，生产计划必须是同现有生产能力相适应的计划。

（2）正确编制产品结构图和各种物料、零件的用料明细表。

（3）正确掌握各种物料和零件的实际库存量。

（4）正确规定各种物料和零件的采购交货日期，以及订货周期和订购批量。

（5）通过 MRP 逻辑运算确定各种物料和零件的总需要量以及实际需要量。

（6）向采购部门发出采购通知单或向本企业生产车间发出生产指令。

二、需求规划系统概述

（一）需求规划系统简介

用友 ERP-U8V10.1 需求规划系统依据主生产计划或客户订单及需求预测，利用物料清单资料，同时考虑现有库存量信息以及有效订单（如请购单、采购订单、生产订单、委外订单等）供应量，以计算物料净需求并提出新的供应计划。它通过物料清单展开，并考虑现有库存和未关闭订单，计算出各采购件、委外件及自制件的需求数量和日期，以供采购管理、委外管理、生产订单系统计划之用。

（二）与其他系统的主要关系

用友 ERP-U8V10.1 物料需求系统与其他系统的主要关系如图 4-13 所示。需求规划系统依据主生产计划、物料清单、销售管理、出口管理和库存管理系统相关信息编制需求规划，再将数据传递给生产订单、采购管理、委外管理和产能管理系统。

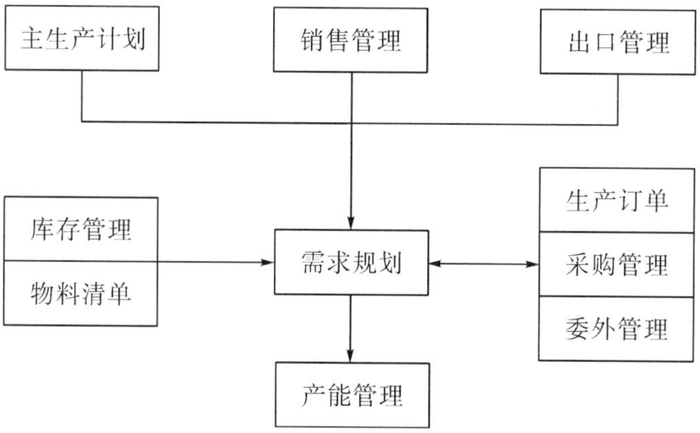

图 4-13　物料需求系统与其他系统的主要关系

物料清单系统中的物料清单，是 MRP 系统必须先行建立的基础资料。

销售管理和出口管理系统中，已锁定/已审核销售订单是 MRP/BRP 计算的需求来源。

库存管理系统中，各 MRP 物料的“现存量、预计入库量、预计出库量、冻结量、未指定仓库的到货量”等，是 MRP 计算必须考虑的有效供应量。

主生产计划系统中 MPS 展开产生的计划建议量，是需求规划系统 MRP 展开必须考虑的需求来源。

生产订单系统中，各 MRP 物料的锁定、已审核生产订单余量，是 MRP 必须考虑的有效供应量之一，同时各订单 MRP 子件的需求余量则是 MRP 展开时的需求量之一。需求规划系统中 MRP/BRP 展开自动产生的建议计划量，则是生产订单系统自动生成生产订单的依据。

采购管理系统中，各 MRP 物料的锁定、已审核请购单和采购订单余量，是 MRP 必须考虑的有效供应量之一。需求规划系统中 MRP/BRP 展开自动产生的建议计划量，是采购管理系统自动生成请购单、采购订单的依据。

委外管理系统中，各 MRP 物料的锁定、已审核委外订单余量，是 MRP 必须考虑的有效供应量之一，同时各订单 MRP 子件的需求余量则是 MRP 展开时的需求量之一。需求规划系统中 MRP 展开自动产生的建议计划量，是委外管理系统自动生成委外订单的依据。

需求规划系统中 MRP 展开产生的建议计划量，是产能管理系统计算细能力计划的依据。

（三）需求规划操作流程

需求规划系统操作流程如图 4-14 所示。需求规划系统应用基础设置好后，输入产品预测订单、预测订单明细表，再进行 MRP 计划前稽核，最后生成和维护 MRP 计划或 BRP/SRP 计划。

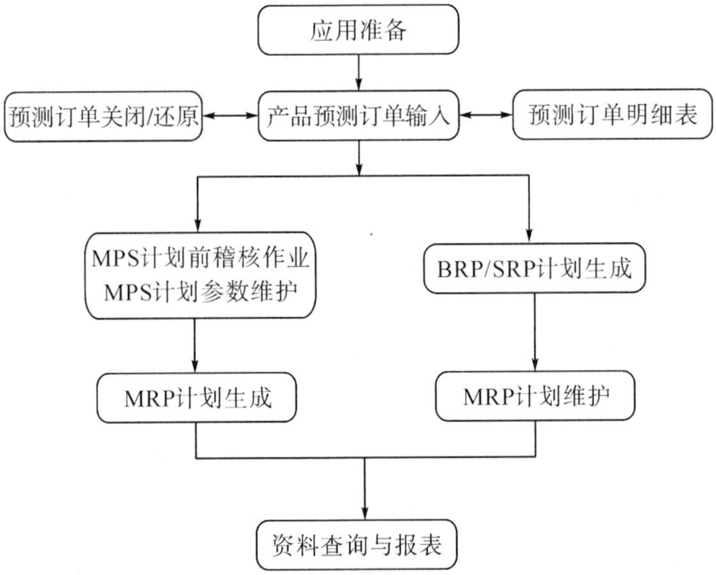

图 4-14　需求规划系统操作流程

三、需求规划资料维护

（一）MRP 计划参数维护

MRP 计划参数维护用于建立 MRP 计划代号，并维护 MRP 计划用于相关参数。MRP 计划参数是 MRP 展开计算时所依据的条件。

[实务案例]

飞跃摩托车制造公司的 MRP 计划参数如表 4-14 所示。

表 4-14　飞跃摩托车制造公司 MRP 计划参数一览表

计划代号	计划说明	预测版本	需求时栅	时栅优先考虑	截止日期	初始库存	计划考虑	供需追溯	逾期时正向排程	出货消抵
7	轮胎组件-100 普通型	7	1	计划参数	2022-01-31	现存量	生产订单/安全库存/采购订单	否	否	是
8	轮胎组件-100 型加宽	8	1	计划参数	2022-01-31	现存量	生产订单/安全库存/采购订单	否	否	是
9	灯-125 灯总成	9	1	计划参数	2022-01-31	现存量	生产订单/安全库存/采购订单	否	否	是
10	100 型发动机-J 脚启动	10	1	计划参数	2022-01-31	现存量	生产订单/安全库存/采购订单	否	否	是

表4-14(续)

计划代号	计划说明	预测版本	需求时栅	时栅优先考虑	截止日期	初始库存	计划考虑	供需追溯	逾期时正向排程	出货消抵
11	100 型摩托车-普通型	11	1	计划参数	2022-01-31	现存量	生产订单/安全库存/采购订单	否	否	是
12	100 型摩托车-加强型	12	1	计划参数	2022-01-31	现存量	生产订单/安全库存/采购订单	否	否	是

（二）需求来源资料维护

在需求来源资料维护中，可通过“产品预测订单输入”输入需求预测资料；输入保存即为审核状态，便可纳入 MRP 独立需求来源；若有必要，可使用“产品预测订单关闭/还原”，对需求预测订单执行关闭或状态还原；还可通过“产品预测订单-展开式”按时段建立 MPS/MRP 物料的需求预测资料。输入预测资料后，可对产品预测订单进行整批处理，即对产品预测订单执行审核/弃审/关闭/还原/删除/重展处理；也可查询产品预测订单明细表、产品预测资料比较表和未关闭销售订单明细表。关闭后的预测订单即不可参与 MPS/MRP 运算。

（三）MRP 计划前稽核作业

预测资料建立后，可执行“累计提前天数推算”“仓库净算定义查询”“库存异常状况查询”“订单异常状况查询”等 MRP 展开前的稽查作业，以检查相关资料的正确性。

（四）MRP 计划作业

在前述基础资料设定好后，可执行“MRP 计划生成”指令自动生成 MRP 计划。执行处理中可能会出现计划日期超出工作日历范围或物料清单不完整等状况，可按照“自动规划错误信息表”核对并排除错误后，再执行 MRP 计算。若有必要，可在“MRP 计划维护”作业，修改 MRP 自动生成的计划供应，或手动新增 MRP 计划资料。在 MRP 计划作业中，也可使用“BRP/SRP 计划生成”以客户订单进行 BOM 展开，自动产生物料的建议计划量。

MRP 计算完成后，可使用“供需资料查询-订单/物料”作业，查询 MRP 的供需资料及计算过程；使用“预测消抵明细表”“供需追溯明细表”分别了解需求预测与客户订单的消抵明细及追溯各订单的需求来源；使用“建议计划量明细表”供自动生成生产订单/委外订单/采购订单时核对用；使用“待处理订单明细表”，以随时掌握待处理（逾期、提前、延后、取消、冲突、审核、减少）订单状况。

执行“业务工作→生产制造→需求计划→计划作业→MRP 计划生成”指令，通过查询，调出飞跃摩托车制造公司的 MRP 计划，单击“修改”按钮修改完工时间，如图 4-15 所示，单击 MRP 计划维护界面的“生效”按钮，再执行“下达采购→当前页下达”指令，下达摩托车的生产计划，如图 4-16 所示。

MRP计划维护

表体排序

计划代号 11　　计划说明 100型摩托车-普通型

原因码　　原因说明　　是否生效 是

	订单号码	物料编码	物料名称	物料属性	计量单位名称	需求跟踪方式	原始数量	建议计划量	未计划量	开工日期	完工日期	来源	锁定人	锁定日期	锁定
1	GEN000000010 ...	020102001	排气消声器-单孔	采购	个	无来源	3500.00	3500.00	3500.00	2022-01-01	2022-01-01	自动			否
2	GEN000000011 ...	020104001	化油器-100带支架	采购	套	无来源	3500.00	3500.00	3500.00	2022-01-01	2022-01-01	自动			否
3	GEN000000012 ...	020105001	油冷器-100	采购	套	无来源	3500.00	3500.00	3500.00	2022-01-01	2022-01-01	自动			否
4	GEN000000013 ...	020106001	仪表-100仪表总成	采购	套	无来源	3500.00	3500.00	3500.00	2022-01-01	2022-01-01	自动			否
5	GEN000000014 ...	020107001	油箱-普通	采购	个	无来源	2000.00	2000.00	2000.00	2022-01-01	2022-01-01	自动			否
6	GEN000000015 ...	020111001	摩托车支架-100	采购	个	无来源	3500.00	3500.00	3500.00	2022-01-01	2022-01-01	自动			否
7	GEN000000016 ...	020199001	座垫-减振	采购	个	无来源	1500.00	1500.00	1500.00	2022-01-01	2022-01-01	自动			否
8	GEN000000017 ...	020199002	电缆总成	采购	套	无来源	3500.00	3500.00	3500.00	2022-01-01	2022-01-01	自动			否
9	GEN000000018 ...	020199003	座垫-连座	采购	个	无来源	2000.00	2000.00	2000.00	2022-01-01	2022-01-01	自动			否
10	GEN000000019 ...	020107002	油箱-加大	采购	个	无来源	1500.00	1500.00	1500.00	2022-01-01	2022-01-01	自动			否
11	GEN000000020 ...	0101001	箱体-168	采购	个	无来源	3500.00	3500.00	3500.00	2021-12-30	2022-01-01	自动			否
12	GEN000000021 ...	0102001	动力盖-170F	采购	个	无来源	3500.00	3500.00	3500.00	2021-12-30	2022-01-01	自动			否
13	GEN000000022 ...	0102002	飞轮外盖-172S	采购	个	无来源	3500.00	3500.00	3500.00	2022-01-01	2022-01-01	自动			否
14	GEN000000023 ...	0102003	减速盖-173FR	采购	个	无来源	3500.00	3500.00	3500.00	2022-01-01	2022-01-01	自动			否
15	GEN000000024 ...	0102004	离合盖-173FRS	采购	个	无来源	3500.00	3500.00	3500.00	2022-01-01	2022-01-01	自动			否
16	GEN000000025 ...	0103001	缸体-泰100	采购	个	无来源	3500.00	3500.00	3500.00	2022-01-01	2022-01-01	自动			否
17	GEN000000026 ...	0104001	轴承-D2208	采购	个	无来源	3500.00	3500.00	3500.00	2022-01-01	2022-01-01	自动			否
18	GEN000000027 ...	0105001	黑酯胶调合漆	采购	升	无来源	3500.00	3500.00	3500.00	2022-01-01	2022-01-01	自动			否
19	GEN000000028 ...	0199001	碳化粉	采购	公斤	无来源	3500.00	3500.00	3500.00	2022-01-01	2022-01-01	自动			否
20	GEN000000029 ...	0199002	内六角螺丝-14*60	采购	个	无来源	3500.00	3500.00	3500.00	2022-01-01	2022-01-01	自动			否
21	GEN000000030 ...	0199003	内六角螺丝-12*80	采购	个	无来源	3500.00	3500.00	3500.00	2022-01-01	2022-01-01	自动			否
22	GEN000000031 ...	020110001	灯-大灯	采购	个	无来源	3500.00	3500.00	3500.00	2022-01-01	2022-01-01	自动			否
23	GEN000000032 ...	020110002	灯-转向灯	采购	个	无来源	3500.00	3500.00	3500.00	2022-01-01	2022-01-01	自动			否
24	GEN000000033 ...	020110003	灯-尾灯	采购	个	无来源	3500.00	3500.00	3500.00	2022-01-01	2022-01-01	自动			否
25	GEN000000034 ...	02010301	前轮轴承-100	采购	件	无来源	3500.00	3500.00	3500.00	2022-01-01	2022-01-01	自动			否
26	GEN000000035 ...	02010302	后轮轴承-100	采购	件	无来源	3500.00	3500.00	3500.00	2022-01-01	2022-01-01	自动			否
27	GEN000000036 ...	02010801	前轮胎-普通	采购	个	无来源	2000.00	2000.00	2000.00	2022-01-01	2022-01-01	自动			否
28	GEN000000037 ...	02010802	前轮胎-加宽	采购	个	无来源	1500.00	1500.00	1500.00	2022-01-01	2022-01-01	自动			否
29	GEN000000038 ...	02010901	后轮胎-普通	采购	个	无来源	2000.00	2000.00	2000.00	2022-01-01	2022-01-01	自动			否
合计															

制单人 张红　　制单日期 2022-01-01

修改人 张红　　修改日期 2022-01-01

就绪

图 4-15　100 型摩托车 MRP 计划维护界面

计划下达

输出　下达　定位　栏目　全选　全消　刷新

计划下达

记录总数：30

选择	订单号码	物料编码	物料名称	物料规格	物料属性	计量单...	需求跟...	需求跟踪号	需求跟...	本次下达量	建议计划量	未下达量	部门代号	开工日期	完工日期	来源	锁定人	锁定日期	锁定
	GEN0000001...	020102001	排气消...		采购	个	无来源			3,500.00	3,500.00	3,500.00		2022-01-01	2022-01-01	自动			否
	GEN0000001...	020104001	化油器-...		采购	套	无来源			3,500.00	3,500.00	3,500.00		2022-01-01	2022-01-01	自动			否
	GEN0000001...	020105001	油冷器-100		采购	套	无来源			3,500.00	3,500.00	3,500.00		2022-01-01	2022-01-01	自动			否
	GEN0000001...	020106001	仪表-10...		采购	套	无来源			3,500.00	3,500.00	3,500.00		2022-01-01	2022-01-01	自动			否
	GEN0000001...	020107001	油箱-普通		采购	个	无来源			2,000.00	2,000.00	2,000.00		2022-01-01	2022-01-01	自动			否
	GEN0000001...	020111001	摩托车...		采购	个	无来源			3,500.00	3,500.00	3,500.00		2022-01-01	2022-01-01	自动			否
	GEN0000001...	020199001	座垫-减振		采购	个	无来源			1,500.00	1,500.00	1,500.00		2022-01-01	2022-01-01	自动			否
	GEN0000001...	020199002	电缆总成		采购	套	无来源			3,500.00	3,500.00	3,500.00		2022-01-01	2022-01-01	自动			否
	GEN0000001...	020199003	座垫-连座		采购	个	无来源			2,000.00	2,000.00	2,000.00		2022-01-01	2022-01-01	自动			否
	GEN0000001...	020107002	油箱-加大		采购	个	无来源			1,500.00	1,500.00	1,500.00		2022-01-01	2022-01-01	自动			否
	GEN0000002...	0101001	箱体-168		采购	个	无来源			3,500.00	3,500.00	3,500.00		2021-12-30	2022-01-01	自动			否
	GEN0000002...	0102001	动力盖-...		采购	个	无来源			3,500.00	3,500.00	3,500.00		2021-12-30	2022-01-01	自动			否
	GEN0000002...	0102002	飞轮外...		采购	个	无来源			3,500.00	3,500.00	3,500.00		2022-01-01	2022-01-01	自动			否
	GEN0000002...	0102003	减速盖-...		采购	个	无来源			3,500.00	3,500.00	3,500.00		2022-01-01	2022-01-01	自动			否
	GEN0000002...	0102004	离合盖-...		采购	个	无来源			3,500.00	3,500.00	3,500.00		2022-01-01	2022-01-01	自动			否
	GEN0000002...	0103001	缸体-泰100		采购	个	无来源			3,500.00	3,500.00	3,500.00		2022-01-01	2022-01-01	自动			否
	GEN0000002...	0104001	轴承-D2208		采购	个	无来源			3,500.00	3,500.00	3,500.00		2022-01-01	2022-01-01	自动			否
	GEN0000002...	0105001	黑酯胶...		采购	升	无来源			3,500.00	3,500.00	3,500.00		2022-01-01	2022-01-01	自动			否
	GEN0000002...	0199001	碳化粉		采购	公斤	无来源			3,500.00	3,500.00	3,500.00		2022-01-01	2022-01-01	自动			否
	GEN0000002...	0199002	内六角...		采购	个	无来源			3,500.00	3,500.00	3,500.00		2022-01-01	2022-01-01	自动			否
	GEN0000003...	0199003	内六角...		采购	个	无来源			3,500.00	3,500.00	3,500.00		2022-01-01	2022-01-01	自动			否
	GEN0000003...	020110001	灯-大灯		采购	个	无来源			3,500.00	3,500.00	3,500.00		2022-01-01	2022-01-01	自动			否
	GEN0000003...	020110002	灯-转向灯		采购	个	无来源			3,500.00	3,500.00	3,500.00		2022-01-01	2022-01-01	自动			否
	GEN0000003...	020110003	灯-尾灯		采购	个	无来源			3,500.00	3,500.00	3,500.00		2022-01-01	2022-01-01	自动			否
	GEN0000003...	02010301	前轮轴...		采购	件	无来源			3,500.00	3,500.00	3,500.00		2022-01-01	2022-01-01	自动			否
	GEN0000003...	02010302	后轮轴...		采购	件	无来源			3,500.00	3,500.00	3,500.00		2022-01-01	2022-01-01	自动			否
	GEN0000003...	02010801	前轮胎-...		采购	个	无来源			2,000.00	2,000.00	2,000.00		2022-01-01	2022-01-01	自动			否
	GEN0000003...	02010802	前轮胎-...		采购	个	无来源			1,500.00	1,500.00	1,500.00		2022-01-01	2022-01-01	自动			否
	GEN0000003...	02010901	后轮胎-...		采购	个	无来源	无来源		2,000.00	2,000.00	2,000.00		2022-01-01	2022-01-01	自动			否
	GEN0000003...	02010902	后轮胎-...		采购	个	无来源			1,500.00	1,500.00	1,500.00		2022-01-01	2022-01-01	自动			否
小计																			

图 4-16　100 型摩托车采购计划下达维护界面

第五节　生产订单

一、生产订单系统概述

（一）生产订单系统简介

生产订单（manufacture oder，MO）又称制造指令或工作订单，主要表示某一物料的生产数量，以及计划开工/完工日期等，为现场自制派工或领料的依据。工厂的生产管理或物料管理通常以生产订单为中心，以控制其产能利用、缺料、效率、进度等情形。

用友 ERP-U8V10.1 系统是针对制造有关的生产订单计划、锁定、审核、备料、关闭等作业的管理。协助企业有效掌握各项制造活动的讯息，并针对主生产计划及需求规划生成的建议生产量，提供分批计划功能，或手动建立生产订单资料，使生产计划作业更具弹性；提供生产订单锁定和审核功能，有效控制计划执行过程；提供各种角度的跟催讯息，有效掌握生产进度；提供生产订单缺料模拟分析，作为调整生产进度的参考；提供按生产订单设定特殊用料功能，供替代物料及特殊用料使用；提供生产订单用料分析，以有效掌握各生产订单的用料及成本差异讯息。

（二）与其他系统的主要关系

生产订单系统与其他系统的主要关系如图 4-17 所示。生产订单系统依据物料清单、销售管理、出口管理、需求规划和主生产计划的相关信息进行生产订单审核和领用材料，再将生产情况和成本数据传递给车间管理、库存管理、质量管理、产能管理和成本管理系统。

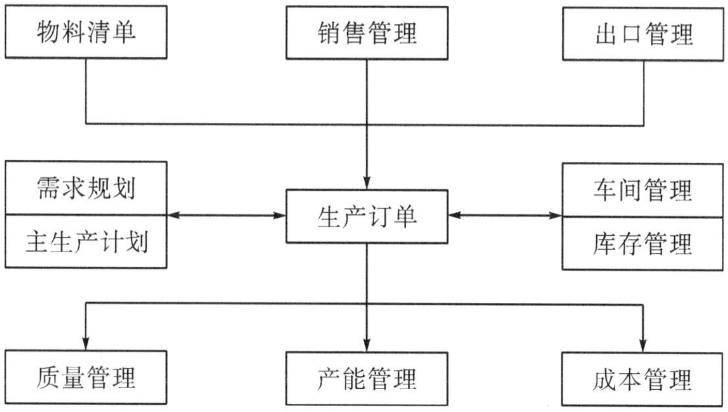

图 4-17　生产订单系统与其他系统的主要关系

（三）生产订单操作流程

用友 ERP-U8V10.1 生产订单系统操作流程如图 4-18 所示。生产订单系统应用基础设置好后，输入生产订单或自动生成生产订单、审核生产订单、领用材料、产品完工入库，最后关闭生产订单。

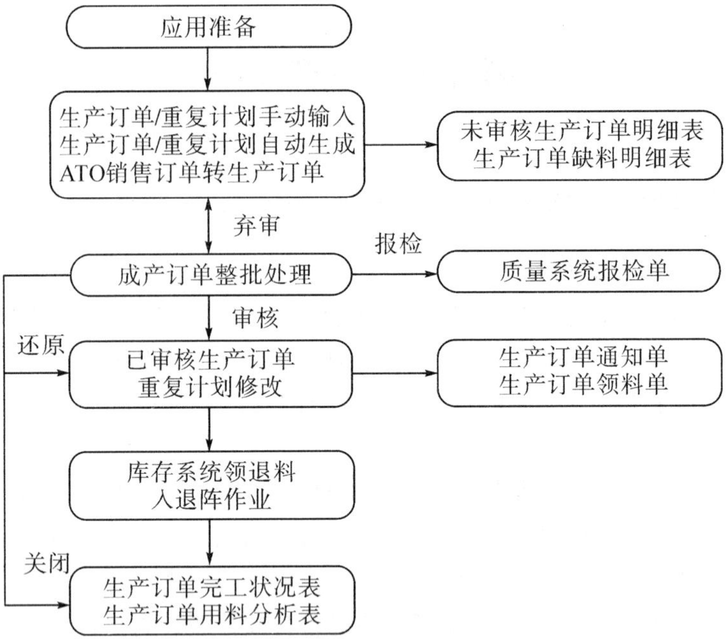

图 4-18　生产订单系统操作流程

（四）生产订单产生流程

生产订单产生流程如图 4-19 所示。生产订单产生方式有：手工输入，由 MPS、MRP 计划生产，由 ATO 物料的销售订单转成生产订单，不良品返工处理生成生产订单以及返厂维修服务生成生产订单。

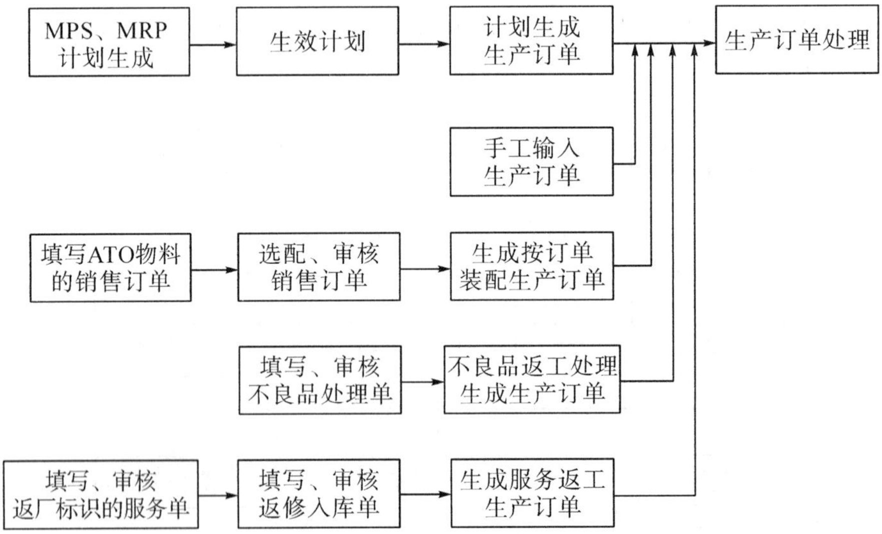

图 4-19　生产订单产生流程

二、生产订单系统业务类型说明

ERP-U8V10.1 系统将生产订单分为四种类型：标准生产订单、非标准生产订单、重复制造生产订单和集合订单。

（一）标准生产订单

标准生产订单是指按订单装配生产订单。当客户订购 ATO 的销售订单配置完成，即可在销售管理和出口管理系统中，将审核状态的销售订单转入本系统，自动产生该销售订单行的总装生产订单，同时自动消抵该 ATO 的 MPS/MRP 计划订单数量。该生产订单的完工日期为销售订单行的预计完工日，其开工日期则以完工日期考虑 ATO 物料的固定和变动提前期及公司工作日历反推算出。该生产订单的物料清单及工艺路线，即为销售订单配置完成后自动产生的物料清单和工艺路线。

ATO 标准产品销售订单转总装生产订单流程与 ATO 模型相同，只是 ATO 标准产品在输入销售订单时无须选配，销售订单转生产订单时，其物料清单和工艺路线默认为标准清单和工艺路线。

依销售订单转入而自动产生的 ATO 的总装生产订单，其执行过程如审核、转车间管理、领料、入库等作业，均视同一般标准生产订单。

（二）非标准生产订单

非标准生产订单可以用来控制生产进度、子件用料和资源需求，以及收集制造成本，常用作返工、维修、改制、拆卸和设计原型等。

非标准生产订单与标准生产订单相似，但它们之间存在以下显著的区别：

（1）MPS/MRP 系统不会为非标准生产订单建立计划订单（建议生产量），必须人工建立非标准生产订单。但是，如果非标准生产订单有指定母件的物料清单或（和）工艺路线，系统会将非标准生产订单的子件需求作为有效需求，并将其母件作为有效供应来考虑，同时产能管理系统也会考虑非标准生产订单的资源需求。

（2）建立非标准生产订单时，可以通过输入小于生产订单生产数量的 MRP 净算量来表示母件的有效供应量。

（3）对于非标准生产订单，可以不必建立母件的物料清单，如维修等；也可以定义物料清单循环，即可以将母件自身定义为它的子件需求，如拆卸和维修等。

（三）重复制造生产订单

重复制造生产订单可以按母件、日产量、起始/结束日期及其生产线来定义重复性生产计划及其子件需求。

执行重复制造生产订单的第一步，是在存货主档中将物料设置为重复制造生产订单计划。对一个物料而言，其重复制造生产订单和标准/非标准生产订单可以同时存在。MPS/MRP 系统将默认按存货主档设置来自动计划物料的建议生产量，重复制造生产订单的计划物料可以采用标准/非标准/重复制造生产订单中任一种生产订单方式来执行，而非重复制造生产订单的计划物料不可建立重复计划。

执行重复制造生产订单的第二步，是维护重复制造生产订单物料与生产线的关系，供 MPS/MRP 自动生成或手动输入重复制造生产订单时作为默认值使用。在本系统

“物料生产线关系资料维护”作业中，可以建立物料与生产线的关联资料，如日产量、优先级、替代工艺路线等，从而可以在一条或几条生产线上生产一种物料，也可以在一条生产线上生产一种或多种物料。

MPS/MRP 系统可以自动计划重复生产，也可以在本系统中手动输入重复计划类型的生产订单。

（四）集合订单

一个集合订单内，BOM 内各阶生产物料的计划订单或生产订单相互关联。集合订单内的每一个订单都有自己的订单号。生产过程中，如果子件是直接为上阶订单生产，且子件实体不必进入库存，则可使用集合订单，这些子件称为直接生产子件。在一个多阶层的集合订单中，通过指定各自的上阶和最高阶的计划订单或生产订单，所生产的子件直接与母件相互关联。一个集合订单内的生产订单可进行关联排程和成本结算。

1. 直接生产前提条件

如果要对某一自制的子件物料使用直接生产，则应在相关 BOM 中将其供应类型设置为“直接供应”。其功能特性：集合订单可以将不同的 BOM 阶层作为一个生产过程来描述，该生产过程可看作一个集成的整体。一个集合订单的每一层表示一个独立的生产订单/计划订单。每一生产订单/计划订单有自己的订单号。在一个集合订单内，只有最高阶订单需要发生库存物料的移动，直接生产的子件则不需要。相对于独立的生产订单，集合订单更易维护。直接生产的优势，还在于简化流程：直接生产的子件可不必进入库存，而是直接被其上阶生产订单所消耗，即不必手动执行领料作业，而是在下阶直接生产订单入库时自动产生。

如果不使用直接生产，则一个 BOM 内各阶层物料的计划订单/生产订单之间无法相互关联。也就是说，BOM 内各阶层物料的生产订单都个别地进行生产排程，成本也独立结算。子装配件完工入库后，对其上阶母件的生产订单而言，必须办理这些子装配件的领用手续。

相反，直接生产的目的则是对一个 BOM 内不同阶层的物料执行关联的生产排程和成本结算。

例如：生产一张桌子。桌子的 BOM 包含一个桌面和四条桌腿。我们需要对这两个子件分别建立两张生产订单，但是因为它们在生产现场直接被组装成一个成品，因此不需要它们进入库存。

那么，首先在 BOM 中将这两个子件的供应类型设置为“直接供应”，这样就可以使用一个集合订单来进行生产。当我们在建立桌子的生产订单时，一个集合订单便自动产生，它包含其下阶桌面和桌腿的生产订单。

一个集合订单中，许多业务交易可同时执行。比如，审核集合订单内的一个生产订单时，系统可将其下阶订单同时审核；当修改一个订单如数量或日期时，其下阶相关订单自动被调整。

MPS/MRP/SRP/BRP 对于直接生产子件的相依需求给予特殊标识。规划这些子件时，系统对其相依需求建立直接生产的计划订单。

当最高阶计划订单转换为生产订单时，所有下阶直接生产子件的计划订单将自动转换为生产订单。修改上阶装配件的生产日期或数量时，系统自动调整下阶直接生产的计划订单，以保持集合订单的一致性。

2. 直接生产子件入库

在集合订单中，直接生产的子装配件通常不需要进行库存移动，而是被直接送到其上阶生产订单的生产现场。为了正确地表示集合订单的生产成本，在直接生产子件完工入库的同时（子件实体并不进入库存），系统同时自动产生该子件在其上阶生产订单的领料单。

但在例外情况下，可能需要将部分直接生产的子装配件进入库存。例如：在一个直接生产订单中，计划生产数量 120 个，其中预计报废数量 20 个。然而生产过程中只报废 10 个，产出 110 个。但是其上阶生产订单只需要 100 个，那么多余的 10 个必须进入仓库中。

为了保证成本计算的正确性，建议将多余数量的子件作为上阶生产订单的产出品办理入库手续。

三、基本资料维护

（一）生产订单类别资料维护

维护生产订单类别资料，建立生产订单时可指定所属类别如返工、拆卸等，供生产订单统计分析之用。

（二）物料生产线关系资料维护

对于重复制造物料，维护其与各生产线的关系资料，供 MPS/MRP 自动生成/手动输入重复计划时使用。

四、生产订单生成

用友 ERP-U8V10.1 系统中，在企业应用平台执行“业务工作→生产制造→生产订单→生产订单生成”指令，可完成“生产订单手动输入”“集合生产订单维护”“重复计划手动输入”“销售订单转生产订单”“生产订单自动生成”“重复计划自动生成”“不良品返工处理”和“服务单返工处理”等功能操作。

（一）生产订单手动输入

生产订单手动输入用于新增、修改、删除、查询标准与非标准生产订单资料。

生产订单手动输入可修改、删除和查询按 MPS/MRP/BRP 计划自动生成的锁定状态的生产订单及其子件需求资料。

执行“业务工作→生产制造→生产订单→生产订单处理→生产订单整批处理”指令，通过查询，调出飞跃摩托车制造公司的 MRP 计划，单击“修改”按钮修改完工时间，如图 4-20 所示，单击 MRP 计划维护界面的“生效”按钮，再执行“下达采购→当前页下达”指令，下达摩托车的生产计划，如图 4-21 所示。

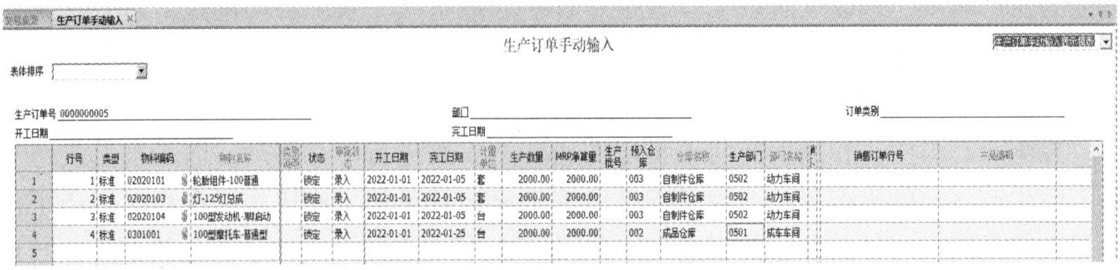

生产订单手动输入

表体排序

生产订单号 0000000005　部门　订单类别

开工日期　完工日期

	行号	类型	物料编码			状态		开工日期	完工日期		生产数量	MRP净算量	生产批号	预入仓库		生产部门		销售订单行号	
1	1	标准	02020101	轮胎组件-100普通		锁定	录入	2022-01-01	2022-01-05	套	2000.00	2000.00		003	自制件仓库	0502	动力车间		
2	2	标准	02020103	灯-125灯总成		锁定	录入	2022-01-01	2022-01-05	套	2000.00	2000.00		003	自制件仓库	0502	动力车间		
3	3	标准	02020104	100型发动机-脚启动		锁定	录入	2022-01-01	2022-01-05	台	2000.00	2000.00		003	自制件仓库	0502	动力车间		
4	4	标准	0301001	100型摩托车-普通型		锁定	录入	2022-01-01	2022-01-25	台	2000.00	2000.00		002	成品仓库	0501	成车车间		
5																			

图 4-20　100 普通型摩托车生产订单界面

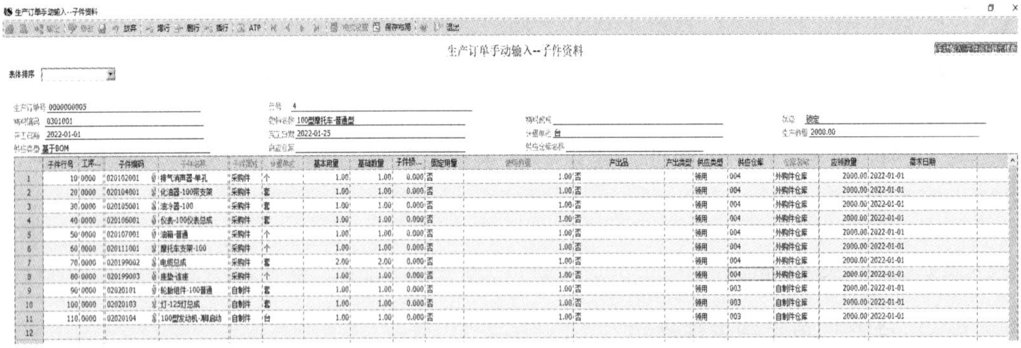

生产订单手动输入--子件资料

表体排序

生产订单号 0000000005　行号 4

物料编码 0301001　物料名称 100型摩托车-普通型　状态 锁定

开工日期 2022-01-01　完工日期 2022-01-25　计量单位 台　生产数量 2000.00

供应类型 基于BOM

	子件行号	工序...	子件编码				基本用量	基础数量	子件损...	固定用量		产出品	产出类型	供应类型	供应仓库		应领数量	需求日期
1	10	0000	020102001	排气消声器-单孔	采购件	个	1.00	1.00	0.000	否	1.00	否		领用	004	外购件仓库	2000.00	2022-01-01
2	20	0000	020104001	化油器-100带支架	采购件	套	1.00	1.00	0.000	否	1.00	否		领用	004	外购件仓库	2000.00	2022-01-01
3	30	0000	020105001	油冷器-100	采购件	套	1.00	1.00	0.000	否	1.00	否		领用	004	外购件仓库	2000.00	2022-01-01
4	40	0000	020106001	仪表-100仪表总成	采购件	套	1.00	1.00	0.000	否	1.00	否		领用	004	外购件仓库	2000.00	2022-01-01
5	50	0000	020107001	油箱-普通	采购件	个	1.00	1.00	0.000	否	1.00	否		领用	004	外购件仓库	2000.00	2022-01-01
6	60	0000	020111001	摩托车支架-100	采购件	个	1.00	1.00	0.000	否	1.00	否		领用	004	外购件仓库	2000.00	2022-01-01
7	70	0000	020199002	电缆总成	采购件	套	2.00	2.00	0.000	否	1.00	否		领用	004	外购件仓库	2000.00	2022-01-01
8	80	0000	020199003	座垫-连座	采购件	个	1.00	1.00	0.000	否	1.00	否		领用	004	外购件仓库	2000.00	2022-01-01
9	90	0000	02020101	轮胎组件-100普通	自制件	套	1.00	1.00	0.000	否	1.00	否		领用	003	自制件仓库	2000.00	2022-01-01
10	100	0000	02020103	灯-125灯总成	自制件	套	1.00	1.00	0.000	否	1.00	否		领用	003	自制件仓库	2000.00	2022-01-01
11	110	0000	02020104	100型发动机-脚启动	自制件	台	1.00	1.00	0.000	否	1.00	否		领用	003	自制件仓库	2000.00	2022-01-01
12																		

图 4-21　100 普通型摩托车生产订单中的子件资料界面

（二）销售订单转生产订单

查核并确认 ATO 销售订单和出口订单的订单数量，并自动生成生产订单。

（三）生产订单自动生成

审核并确认 MPS/MRP/BRP 所产生的建议自制（或委外）量，并自动生成生产订单。

用友 ERP-U8V10.1 系统中，在企业应用平台执行“业务工作→生产制造→生产订单→生产订单生产”指令，可完成“生产订单手动输入”“集合生产订单维护”“重复计划手动输入”“销售订单转生产订单”“生产订单自动生成”“重复计划自动生成”“不良品返工处理”和“服务单返工处理”等功能操作。

五、生产订单处理

（一）生产订单整批处理

生产订单整批处理用于整批审核、弃审、关闭、还原、删除、重载生产订单，包括手动输入和自动生成的标准/重复计划/非标准的生产订单资料，并可执行产品入库报检作业。

术语说明：

生产订单状态：未审核，该订单业务不交易\ MRP 不计算；

锁定，该订单业务不交易、MRP 计算；

审核，该订单业务交易、MRP 计算\ 转车间；

关闭，该订单业务不交易\ MRP 不计算\ 不能报完工。

执行“业务工作→生产制造→生产订单→生产订单处理→生产订单整批处理”指令，调出飞跃摩托车制造公司的全部生产计划，可进行整批审核、弃审、关闭、还原、删除、重载生产订单，如图 4-22 所示。

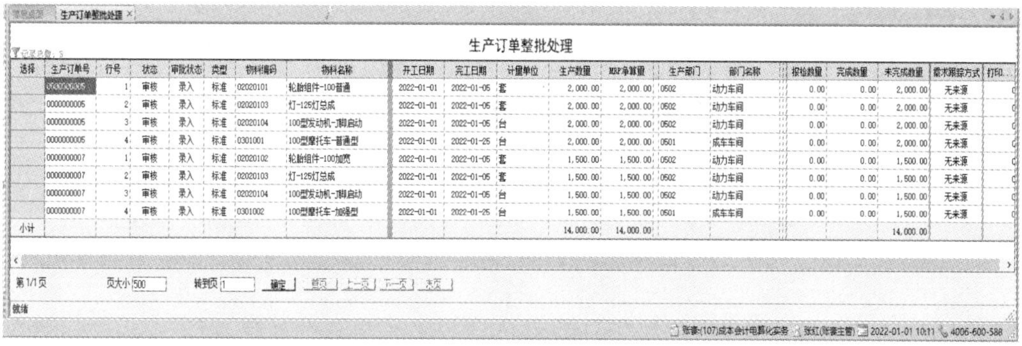

生产订单整批处理

选择	生产订单号	行号	状态	审批状态	类型	物料编码	物料名称	开工日期	完工日期	计量单位	生产数量	MRP净算量	生产部门	部门名称	报检数量	完成数量	未完成数量	需求跟踪方式	打印...
	0000000005	1	审核	录入	标准	02020101	轮胎组件-100普通	2022-01-01	2022-01-05	套	2,000.00	2,000.00	0502	动力车间	0.00	0.00	2,000.00	无来源	
	0000000005	2	审核	录入	标准	02020103	灯-125灯总成	2022-01-01	2022-01-05	套	2,000.00	2,000.00	0502	动力车间	0.00	0.00	2,000.00	无来源	
	0000000005	3	审核	录入	标准	02020104	100型发动机-脚启动	2022-01-01	2022-01-05	台	2,000.00	2,000.00	0502	动力车间	0.00	0.00	2,000.00	无来源	
	0000000005	4	审核	录入	标准	0301001	100型摩托车-普通型	2022-01-01	2022-01-25	台	2,000.00	2,000.00	0501	成车车间	0.00	0.00	2,000.00	无来源	
	0000000007	1	审核	录入	标准	02020102	轮胎组件-100加宽	2022-01-01	2022-01-05	套	1,500.00	1,500.00	0502	动力车间	0.00	0.00	1,500.00	无来源	
	0000000007	2	审核	录入	标准	02020103	灯-125灯总成	2022-01-01	2022-01-05	套	1,500.00	1,500.00	0502	动力车间	0.00	0.00	1,500.00	无来源	
	0000000007	3	审核	录入	标准	02020104	100型发动机-脚启动	2022-01-01	2022-01-05	台	1,500.00	1,500.00	0502	动力车间	0.00	0.00	1,500.00	无来源	
	0000000007	4	审核	录入	标准	0301002	100型摩托车-加强型	2022-01-01	2022-01-25	台	1,500.00	1,500.00	0501	成车车间	0.00	0.00	1,500.00	无来源	
小计											14,000.00	14,000.00					14,000.00		

图 4-22　生产订单整批处理界面

（二）生产订单改制

生产订单改制可将在制的生产订单分拆，或改制为其他物料的生产订单。

用友 ERP-U8V10.1 系统中，在企业应用平台执行“业务工作→生产制造→生产订单→生产订单生产”指令，可完成“已审核重复计划修改”“生产订单变更记录清除”“生产订单综合查询”“生产订单改制”“生产订单挪料”“补料申请单”“补料申请单整批处理”和“生产订单改制挪料列表”等功能操作。

六、报表

用友 ERP-U8V10.1 系统中，在企业应用平台执行“业务工作→生产制造→生产订单→报表”指令，可完成“未审核生产订单明细表”“生产订单通知单”“生产订单缺料明细表”“生产订单领料单”“生产订单完工状况表”“生产订单用料分析表”“生产订单在制物料分析表”“补料申请单明细表”“生产订单与物料清单差异分析”“生产订单工序领料单”“生产订单变更记录明细表”“生产订单预警与报警资料表”“计划下达生产订单日报”“计划下达生产订单月报”和“生产订单开工查询日报”等多种报表资料。

第五章 材料成本归集

第一节 材料成本系统初始设置

一、采购系统初始设置

期初暂估入库：将启用采购管理系统时，没有取得供货单位的采购发票，而不能进行采购结算的入库单输入系统，以便取得发票后进行采购结算。

期初在途存货：将启用采购管理系统时，已取得供货单位的采购发票，但货物没有入库，而不能进行采购结算的发票输入系统，以便货物入库填制入库单后进行采购结算。

期初受托代销商品：将启用采购管理系统时，没有与供货单位结算完的受托代销入库记录输入系统，以便在受托代销商品销售后，能够进行受托代销结算。

期初代管挂账确认单：将启用采购管理系统时，已与代管的供应商进行了耗用挂账，但还没有取得供应商的采购发票，而不能进行采购结算的代管挂账确认单输入系统，取得发票后再与之进行结算。

用友 ERP-U8V10.1 系统中，如采购管理系统与存货核算系统集成使用，上述期初余额应在存货核算系统中录入。采购管理系统只执行“采购期初记账”指令。

二、销售系统初始设置

期初发货单：将销售系统启用之前已经发货、出库，尚未开发票的业务，包括普通销售、分期收款发货单录入系统，以便后续开票后结转销售成本。

期初委托代销发货单：将销售系统启用之前已经发生但未完全结算的委托代销发货单录入系统，以便后续结算用。

三、库存系统初始设置

库存系统可通过“期初结存”录入使用库存管理系统前各仓库各存货的期初结存

数据。不进行批次、保质期管理的存货，只需录入各存货期初结存的单价和数量；进行批次管理、保质期管理、出库跟踪入库管理的存货，需录入各存货期初结存的详细数据，如批号、生产日期、失效日期、入库单号等；进行货位管理的存货，还需录入货位。

[实务案例]

飞跃摩托车制造公司 2022 年 1 月的库存管理期初结存如下：

1. 原材料仓库期初数据（见表 5-1）

表 5-1　原材料仓库期初数据一览表

存货编码	存货名称	计量单位	数量	单价/元	金额/元	入库日期
0101001	箱体-168	个	222	83.00	18 426.00	2021-12-28
0102001	动力盖-170F	个	286	48.00	13 728.00	2021-12-28
0102002	飞轮外盖-172S	个	266	86.00	22 876.00	2021-12-28
0102003	减速盖-173FR	个	214	24.50	5 243.00	2021-12-28
0103001	缸体-泰 100	个	312	91.59	28 576.08	2021-12-28
0104001	轴承-D2208	个	228	93.50	21 318.00	2021-12-28
0105001	黑酯胶调和漆	升	225	36.50	8 212.50	2021-12-28
0199001	磷化粉	千克	285	36.50	10 402.50	2021-12-28
0199002	内六角螺丝-14×60	个	600	1.78	1 068.00	2021-12-28
0199003	内六角螺丝-12×80	个	590	2.00	1 180.00	2021-12-28
合计					131 030.08	

2. 成品仓库期初数据（见表 5-2）

表 5-2　成品仓库期初数据一览表

存货编码	存货名称	计量单位	数量	单价/元	金额/元	入库日期
0301001	100 型摩托车-普通型	台	5	20 000.00	100 000.00	2021-12-28
0301002	100 型摩托车-加强型	台	4	27 500.00	110 000.00	2021-12-28
合计					210 000.00	

3. 外购件仓库期初数据（见表 5-3）

表 5-3　外购件仓库期初数据一览表

存货编码	存货名称	计量单位	数量	单价/元	金额/元	入库日期
20102001	排气消声器-单孔	个	550	50.00	27 500.00	2021-12-28
20104001	化油器-100 带支架	套	545	35.00	19 075.00	2021-12-28
20105001	油冷器-100	套	480	40.00	19 200.00	2021-12-28
20106001	仪表-100 仪表总成	套	516	125.00	64 500.00	2021-12-28

表5-3(续)

存货编码	存货名称	计量单位	数量	单价/元	金额/元	入库日期
20107001	油箱-普通	个	300	63.00	18 900.00	2021-12-28
20107002	油箱-加大	个	800	85.00	68 000.00	2021-12-28
20110001	灯-大灯	个	255	35.00	8 925.00	2021-12-28
20110002	灯-转向灯	个	252	15.00	3 780.00	2021-12-28
20110003	灯-尾灯	个	255	6.00	1 530.00	2021-12-28
20111001	摩托车支架-100	个	570	125.00	71 250.00	2021-12-28
20199001	座垫-减振	个	170	40.00	6 800.00	2021-12-28
20199002	电缆总成	套	300	38.00	11 400.00	2021-12-28
20199003	座垫-连座	个	255	35.00	8 925.00	2021-12-28
2010801	前轮胎-普通	个	255	80.00	20 400.00	2021-12-28
2010802	前轮胎-加宽	个	255	85.00	21 675.00	2021-12-28
2010901	后轮胎-普通	个	255	80.00	20 400.00	2021-12-28
2010902	后轮胎-加宽	个	255	85.00	21 675.00	2021-12-28
2010301	前轮轴承-100	件	200	43.00	8 600.00	2021-12-28
2010302	后轮轴承-100	件	200	43.00	8 600.00	2021-12-28
					431 135.00	

【操作步骤】

在企业应用平台中，执行“业务工作→供应链→库存管理→初始设置→期初结存”指令，进入“库存期初数据录入”主界面，选择仓库后，可逐一录入期初结存数据。录入完毕后并进行审核。

四、存货核算系统初始设置

（一）科目设置

“科目设置”用于设置存货核算系统中生成凭证所需要的各种存货科目、差异科目、分期收款发出商品科目、委托代销科目、运费科目、税金科目、结算科目、对方科目等，因此在制单之前应先在本系统中将存货科目设置正确、完整，否则无法生成科目完整的凭证。

采购入库业务：入库单制单时，借方取存货科目，贷方取收发类别所对应的对方科目。

采购结算业务：采购结算制单（发票未现付）时，借方取对方科目、税金科目，贷方取应付科目；采购结算制单（发票全部现付）时，借方取对方科目、税金科目，贷方取结算科目；采购结算制单（发票部分现付）时，借方取对方科目、税金科目，贷方取结算科目、应付科目。

产成品入库业务：入库单制单时，借方取存货科目，贷方取收发类别所对应的对方科目。

委外入库业务：暂估的委外入库单制单时，借方取存货科目，贷方委托加工物资材料费取对方科目中收发类别对应的委托加工物资——材料费科目，贷方暂估加工费取对方科目中收发类别对应的暂估科目。

结算的委外入库单制单时，借方取存货科目，贷方委托加工物资材料费取对方科目中收发类别对应的委托加工物资——材料费科目，贷方加工费取对方科目中收发类别对应的委托加工物资加工费科目，如果委托加工物资材料费和加工费科目相同，则制单时材料费和加工费合并成一条分录。

发出商品业务：发货单制单时，借方科目取分期收款发出商品对应的科目，贷方取存货对应的科目。发票制单时，借方科目取收发类别对应的科目，贷方取分期收款发出商品对应的科目。

直运业务：直运采购发票制单时，借方取在存货科目中设置的直运科目、税金科目，贷方取应付科目或结算科目。直运销售发票制单时，借方取对方科目，贷方科目取在存货科目中设置的直运科目。

销售出库业务：出库单/发票结转成本制单时，借方取收发类别所对应的对方科目，贷方取存货科目。

材料出库业务：出库单结转成本制单时，借方取收发类别所对应的对方科目，贷方取存货科目。

调拨业务：调拨业务制单时，借方取入库存货对应的科目，贷方取出库存货对应的科目。

盘点业务：盘盈业务制单时，借方取存货科目，贷方取对方科目。盘亏业务制单时，借方取对方科目，贷方取存货科目。

组装、拆卸、形态转换业务：组装、拆卸、形态转换业务制单时，借方取存货科目，贷方取存货科目。

入库调整单：入库调整单制单时，借方取存货科目，贷方取对方科目。

出库调整单：出库调整单制单时，借方取对方科目，贷方取存货科目。

设置科目后，在生成凭证时，系统能够根据各个业务类型将科目自动带出，如果未设置科目，则在生成凭证后，科目就需要手工输入。

［**实务案例**］

飞跃摩托车制造公司的存货核算会计科目如下：

（1）存货科目（见表5-4）。

表5-4　存货科目一览表

存货或分类编码	存货或分类名称	存货科目编码	存货科目名称
01	原材料	140301	原材料——生产用材料
0201	外购件	140302	原材料——外购件

表5-4(续)

存货或分类编码	存货或分类名称	存货科目编码	存货科目名称
0202	自制件	140303	原材料——自制件
0301001	100 型摩托车-普通型	140501	库存商品——100 普通型摩托车
0301002	100 型摩托车-加强型	140502	库存商品——100 加强型摩托车
05	包装物（外购件仓库）	1412	周转材料——包装物

（2）存货对方科目（见表 5-5）。

表 5-5　存货对方科目一览表

收发类别编码	收发类别名称	存货分类编码	存货分类名称	对方科目编码	对方科目名称
101	材料采购入库	01	原材料	1402	在途物资
102	配件采购入库	0201	外购件	1402	在途物资
103	产成品入库	03	产成品	500103	生产成本结转
106	自制件入库	0202	自制件	500103	生产成本结转
201	生产领料出库			50010101	直接材料
202	销售出库			6401	主营业务成本

（3）税金科目（见表 5-6）。

表 5-6　税金科目一览表

存货(大类)编码	存货(大类)名称	科目编码	科目名称	进项税额转出科目编码	进项税额转出科目名称	出口退税科目编码	出口退税科目名称
01	原材料	22210101	进项税额	22210107	进项税额转出	22210106	出口退税
0201	外购件	22210101	进项税额	22210107	进项税额转出	22210106	出口退税
99	其他	22210101	进项税额	22210107	进项税额转出	22210106	出口退税

（4）运费科目（见表 5-7）。

表 5-7　运费科目一览表

存货(大类)编码	存货(大类)名称	运费科目	运费科目名称	税金科目	税金科目名称
99	其他	1402	在途物资	22210101	进项税额

（5）结算方式科目设置（见表 5-8）。

表 5-8　结算方式科目设置一览表

结算方式	币种	科目
现金	人民币	1001
现金支票	人民币	100201

表5-8(续)

结算方式	币种	科目
电汇	人民币	100201
网上银行	人民币	100201
银行承兑汇票	人民币	2201
银行汇票	人民币	100201
工商银行-转账支票	人民币	100201
农业银行-转账支票	人民币	100202
招商银行-转账支票	人民币	100203
建设银行-转账支票	人民币	100204
电子汇兑	人民币	100201

（6）应付科目设置。

所有供应商对应的应付科目都是：2202 应付账款。

（7）非合理损耗科目（见表 5-9）。

表 5-9　非合理损耗科目一览表

序号	非合理损耗类型编码	非合理损耗类型名称	会计科目名称	是否默认值	备注
1	1	运输部门或供货单位造成的短缺毁损	其他应收款——单位	是	
2	2	管理不善造成的短缺毁损	管理费用——其他	否	
3	3	责任人造成的短缺毁损	其他应收款——个人	否	

（8）应收出口退税科目（见表 5-10）。

表 5-10　应收出口退税科目一览表

存货分类编码	存货分类名称	存货编码	存货名称	出口退税科目编码	出口退税科目名称
03	产成品			122103	其他应收款——应收出口退税款

【操作步骤】

在存货核算系统中，执行“初始设置→科目设置→存货科目”指令，可进行存货科目操作。其他的相似。

（二）存货期初数据录入

用友 ERP-U8V10.1 系统中存货期初余额，可以在存货核算系统执行“初始设置→期初数据→期初余额”指令，进入“期初余额”界面，选择仓库后，单击“增加”按钮直接录入；也可以在库存管理系统中录入后，再通过执行存货核算系统中“期初余额”界面上工具栏的“取数”指令，从库存管理系统中取得期初余额数据。录入完毕后，单击“记账”按钮进行期初记账。本书案例存货系统期初余额取数后如图 5-1 所示。

期初余额

年度 2022 仓库 004 外购件仓库 存排列方式

存货编码	存货名称	规格型号	计量单位	数量	单价	金额	计划价	计划金额	存货科...	存货科目
020102001	排气消...		个	550.00	50.00	27,500.00			140302	外购件
020104001	化油器-...		套	545.00	35.00	19,075.00			140302	外购件
020105001	油冷器-100		套	480.00	40.00	19,200.00			140302	外购件
02010301	前轮轴...		件	200.00	43.00	8,600.00			140302	外购件
02010302	后轮轴...		件	200.00	43.00	8,600.00			140302	外购件
020106001	仪表-10...		套	516.00	125.00	64,500.00			140302	外购件
020107001	油箱-普通		个	300.00	63.00	18,900.00			140302	外购件
020107002	油箱-加大		个	800.00	85.00	68,000.00			140302	外购件
02010801	前轮胎-...		个	255.00	80.00	20,400.00			140302	外购件
02010802	前轮胎-...		个	255.00	85.00	21,675.00			140302	外购件
02010901	后轮胎-...		个	255.00	80.00	20,400.00			140302	外购件
02010902	后轮胎-...		个	255.00	85.00	21,675.00			140302	外购件
020110001	灯-大灯		个	255.00	35.00	8,925.00			140302	外购件
020110002	灯-转向灯		个	252.00	15.00	3,780.00			140302	外购件
020110003	灯-尾灯		个	255.00	6.00	1,530.00			140302	外购件
020111001	摩托车...		个	570.00	125.00	71,250.00			140302	外购件
020199001	座垫-减振		个	170.00	40.00	6,800.00			140302	外购件
020199002	电缆总成		套	300.00	38.00	11,400.00			140302	外购件
020199003	座垫-连座		个	255.00	35.00	8,925.00			140302	外购件
合计:				6,668.00		431,135.00				

图 5-1 期初余额录入界面

企业若有分期收款发出商品业务或委托代销发出商品业务，则应录入发出商品期初余额，该数据来源于销售系统，可通过单击“取数”按钮，从销售系统取期初数。

第二节 采购业务处理

一、普通采购业务处理

用友 ERP-U8V10.1 中的普通采购业务适合大多数企业的日常采购业务，提供了采购请购、采购订货、采购到货、采购入库、采购发票、采购结算全过程的管理。

（一）采购请购

采购请购是指企业内部向采购部门提出采购申请，或采购部门汇总企业内部采购需求提出采购清单。请购是采购业务处理的起点，可以根据已审核未关闭的请购单参照生成采购订单。在采购业务处理流程中，请购环节可以省略。

（二）采购订货

采购订货是企业与供应商之间签订的采购合同或采购协议等，主要确定采购货物的具体需求。在系统中，通过采购订单来实现采购订货的管理。供应商根据采购订单组织货源，企业依据采购订单进行验收。采购订单可以帮助企业实现采购业务的事前预测、事中控制、事后统计。

（三）采购到货

采购到货是采购订货和采购入库的中间环节，一般由采购业务员根据供方通知或送货单填写，确认对方所送货物、数量、价格等信息，以入库通知单的形式传递到仓库作为保管员收货的依据。采购到货单是可选单据，可以根据业务需要选用。

（四）采购入库

采购入库是通过采购到货、质量检验环节，对合格到货的存货进行入库验收。库存管理系统未启用前，可在采购管理系统录入入库单据；库存管理系统启用后，必须在库存管理系统录入入库单据，在采购管理系统可查询入库单据，可根据入库单生成发票。

（五）采购发票

采购发票是供应商开出的销售货物的凭证，系统将根据采购发票确认采购成本，并据以登记应付账款。

企业在收到供货单位的发票后，如果没有收到供货单位的货物，可以对发票压单处理，待货物到达后，再输入系统做报账结算处理；也可以先将发票输入系统，以便实时统计在途货物。

采购发票按发票类型分为增值税专用发票和增值税普通发票两种。增值税专用发票扣税类别默认为应税外加，不可修改。增值税普通发票包括普通发票、废旧物资收购凭证、农副产品收购凭证、其他收据，其扣税类别默认为应税内含，不可修改。增值税普通发票的默认税率为0，可修改。

运费主要是指向供货单位或提供劳务单位支付的代垫款项、运输装卸费、手续费、违约金（延期付款利息）、包装费、包装物租金、储备费、进口关税等。运费发票的单价、金额都是含税的，运费发票的默认税率为9%，可修改。

采购发票可以直接填制，也可以参照采购订单、采购入库单或其他采购发票复制生成。

（六）采购结算

采购结算也称采购报账，是指采购核算人员根据采购发票、采购入库单核算采购入库成本；采购结算的结果是采购结算单，它是记载采购入库单记录与采购发票记录对应关系的结算对照表。采购结算从操作处理上分为自动结算和手工结算两种方式。

自动结算和手工结算时，可以同时选择采购发票和运费发票与入库单进行结算，将运费发票的费用按数量或按金额分摊到入库单中。此时将采购发票和运费发票分摊的费用写入采购入库单的成本中。

如果运费发票开具时，对应的入库单已经与发票结算，那么运费发票可以通过费用折扣结算将运费分摊到入库单中，此时运费发票分摊的费用不再记入入库单中，需要到存货核算系统中进行结算成本的暂估处理，系统才会将运费金额分摊到成本中。

二、采购入库业务

按货物和发票到达的先后，采购入库业务可划分为单货同行、货到票未到（暂估入库）、票到货未到（在途存货）三种类型，不同的业务类型相应的处理方式有所不同。

（一）单货同行业务

当采购管理、库存管理、存货核算、应付款管理、总账集成使用时，单货同行的采购业务处理流程（省略请购、订货、到货等可选环节）如图 5-2 所示。

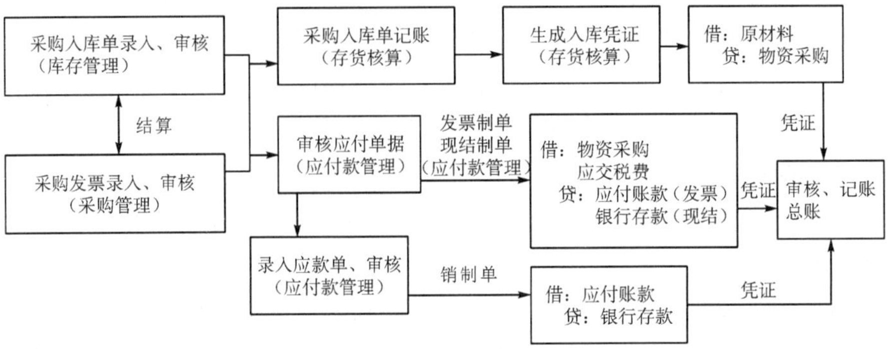

图 5-2 单货同行的采购业务处理流程（一）

当采购管理、库存管理、存货核算、总账集成使用时，单货同行的采购业务处理流程（省略请购、订货、到货等可选环节）如图 5-3 所示。

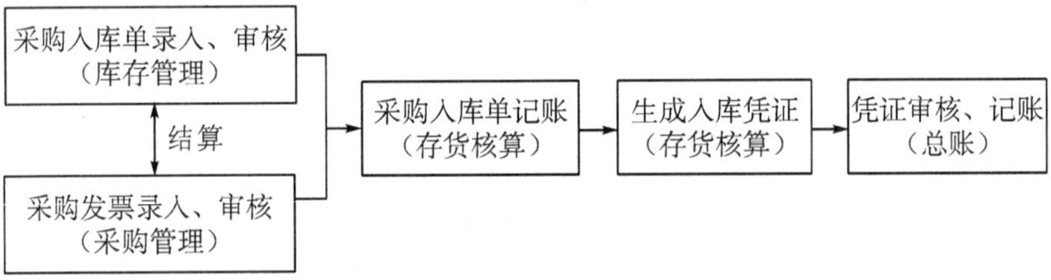

图 5-3 单货同行的采购业务处理流程（二）

（二）货到票未到（暂估入库）业务

暂估是指本月存货已入库，但采购发票尚未收到，不能确定存货的入库成本，月底时为了正确核算企业的库存成本，需要将这部分存货暂估入账，形成暂估凭证。对暂估业务，用友 ERP-U8V10.1 提供了三种不同的处理方法。

1. 月初回冲

进入下月后，存货核算系统自动生成与暂估入库单完全相同的“红字回冲单”；同时登录相应的存货明细账，冲回存货明细账中上月的暂估入库；对“红字回冲单”制单，冲回上月的暂估凭证。

收到采购发票后，在采购系统中录入采购发票，对采购入库单和采购发票做采购结算；结算完毕后，进入存货核算系统，执行“暂估处理”功能；进行暂估处理后，系统根据发票自动生成一张“蓝字回冲单”，其上的金额为发票上的报销金额；同时登记存货明细账，使库存增加；对“蓝字回冲单”制单，生成采购入库凭证。

2. 单到回冲

采购发票收到后，在采购系统中录入并进行采购结算；再到存货核算系统中进行“暂估处理”，系统自动生成“红字回冲单”“蓝字回冲单”，同时据以登记存货明细账。

红字回冲单的入库金额为上月暂估金额，蓝字回冲单的入库金额为发票上的报销金额。执行“存货核算”的“生成凭证”指令，选择“红字回冲单”“蓝字回冲单”制单，生成凭证，传递到总账。

注意：对于暂估业务，在月末暂估入库单记账前，要对所有的没有结算的入库单填入暂估单价，然后才能记账。

（三）票到货未到（在途存货）业务

如果先收到供货单位的发票，而没有收到供货单位的货物，可以对发票进行压单处理，待货物到达后，再一并输入计算机做报账结算处理。但如果需要实时统计在途物资的情况，就必须将发票输入计算机，待货物到达后，再填制入库单并做采购结算。

三、直运采购业务

直运采购业务是指产品无须入库即可完成的购销业务，由供应商直接将商品发给企业的客户，没有实务的入库处理，财务结算由供销双方通过直运发票和直运采购发票分别与企业结算。直运业务适用于大型电器、汽车和设备等产品的购销。

直运采购业务类型有两种：普通直运业务和必有订单直运业务。

四、采购退货业务

由于材料质量不合格、企业转产等原因，企业可能发生退货业务。针对退货业务发生的时机不同，软件中采用了不同的解决方法。

（一）货收到未做入库手续

如果尚未录入采购入库单，此时只要把货退还给供应商即可，在软件中不做任何处理。

（二）已记账入库单的处理

此时无论是否录入“采购发票”以及“采购发票”是否结算，结算后的“采购发票”是否付款，都需要录入退货单。

（三）未记账入库单的处理

1. 未录入“采购发票”

如果是全部退货，可删除“采购入库单”；如果是部分退货，可直接修改“采购入库单”。

2. 已录入“采购发票”但未结算

如果是全部退货，可删除“采购入库单”和“采购发票”；如果是部分退货，可直接修改“采购入库单”和“采购发票”。

3. 已录入“采购发票”并执行了采购结算

若结算后的发票没有付款，此时可取消采购结算，再删除或修改“采购入库单”和“采购发票”；若结算后的发票已付款，则必须录入退货单。

采购发票已付款，无论入库单是否记账，都必须录入退货单。用友 ERP-U8V10.1 采购退库业务完整流程如图 5-4 所示。退货单依据采购订单或采购到货单或在库不良品处理单生成，再依据退货单或入库单生成退库单，采购退库确认，生成红字采购发票，采购退库收款冲回应付款，最后进行采购结算和采购成本核算。

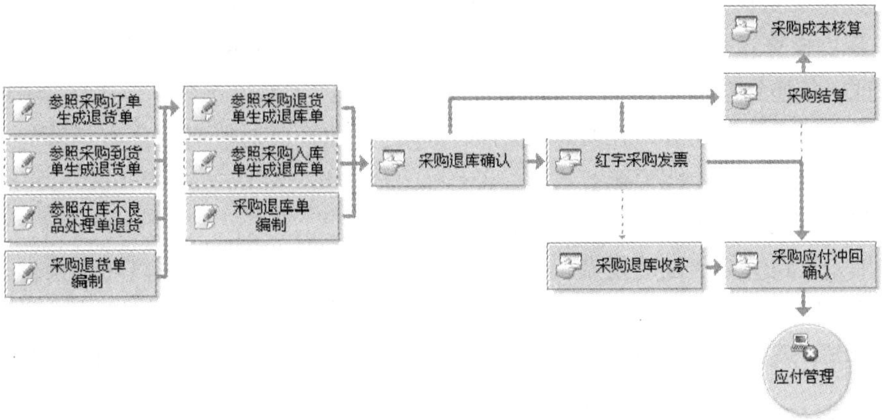

图 5-4　采购退库业务完整流程

第三节　销售业务处理

一、普通销售业务处理

（一）业务类型说明

普通销售业务模式适用于大多数企业的日常销售业务，它与其他系统一起，提供对销售报价、销售订货、销售发货、销售开票、销售出库、出库成本确认和应收账款确认及收款处理。企业可根据自己的实际业务应用，结合本系统对销售流程进行可选配置。

1. 销售报价

销售报价是企业向客户提供货品、规格、价格、结算方式等信息，双方达成协议后，销售报价单转为有效力的销售订单。企业可以针对不同客户、不同存货、不同批量提出不同的报价、扣率。

2. 销售订货

销售订货是指由购销双方确认的客户的要货过程，根据销售订单组织货源，并对订单的执行进行管理、控制和追踪。

销售订单是反映由购销双方确认的客户要货需求的单据，它可以是企业销售合同中关于货物的明细内容。销售订单可以手工填制，也可以根据销售报价参照生成。

3. 销售发货

销售发货是企业执行与客户签订的销售合同或销售订单，将货物发往客户的行为，是销售业务的执行阶段。

发货单是销售方给客户发货的凭据，是销售发货业务的执行载体。无论工业企业还是商业企业，发货单都是销售管理系统的核心单据。

先发货后开票业务模式是指根据销售订单或其他销售合同，向客户发出货物，发货之后根据发货单开票并结算。其发货单由销售部门手工填制或参照已审核未关闭的销售订单生成。客户通过发货单提取货物。

开票直接发货业务是指根据销售订单或其他销售合同，向客户开具销售发票，客户根据发票到指定仓库提货。销售发票由销售部门手工填制或参照已审核未关闭的销售订单生成。发货单根据销售发票自动生成，作为货物发出的依据。在此情况下，发货单只作浏览，不能进行增删改和弃审等操作，但可以关闭和打开。

4. 销售开票

销售开票是指在销售过程中企业给客户开具销售发票及其所附清单的过程。它是销售收入确认、销售成本计算、应交销售税金确认和应收账款确认的依据，是销售业务的重要环节。

销售发票是在销售开票过程中所开具的原始销售单据，包括增值税专用发票、增值税普通发票。对于未录入税号的客户，可以开具增值税普通发票，不可开具增值税专用发票。参照发货单开票时，多张发货单可汇总开票，一张发货单也可以拆单生成多张销售发票。

销售发票复核后通知财务部门的应收款管理系统核算应收账款，在应收款管理系统审核登记应收明细账，制单生成凭证。

5. 销售出库

销售出库是销售业务处理的必要环节，在库存管理系统用于存货出库数量核算，在存货核算系统用于存货出库成本核算（如果存货核算系统销售成本的核算选择依据销售出库单）。

销售出库单是销售出库业务的主要凭据，主要在库存管理系统通过参照发货单生成。

6. 出库成本确认

销售出库（开票）后，要进行出库成本的确认。对于采用先进先出法、后进先出法、移动平均法或个别计价法的存货，在存货核算系统进行单据记账时进行出库成本核算；而对于全月平均、计划价/售价计价的存货，在期末处理时才能进行出库成本核算。

7. 应收账款确认及收款处理

及时进行应收账款确认及收款处理是财务工作的基本要求，这些由应收款管理系统完成。应收款管理系统主要完成对经营业务转入的应收款项的处理。通过发票、其他应收单、收款单等单据的录入，对企业的往来账款进行综合管理，及时、准确地提供客户的往来账款余额资料，提供各种分析报表，如账龄分析表等，有利于企业合理地进行资金的调配，提高资金的利用效率。

（二）业务处理流程

普通销售业务根据“发货-开票”的实际业务流程不同，可以分为先发货后开票和开票直接发货两种业务模式。系统处理两种业务模式的流程不同，但允许两种流程并存。系统判断两种流程的最本质区别是先录入发货单还是先录入发票。

1. 开票直接发货业务流程

开票直接发货业务流程如图 5-5 所示。其流程为：依据销售报价单或销售合同生成销售订单，审批销售订单，依据销售订单开出销售发票和销售发货单，仓库依据销售发货单出库，财务依据销售发货单结转销售成本，财务审核销售发票并据以做收款处理，主生产计划依据审核后的销售订单下达生产订单，车间管理执行生产订单业务。

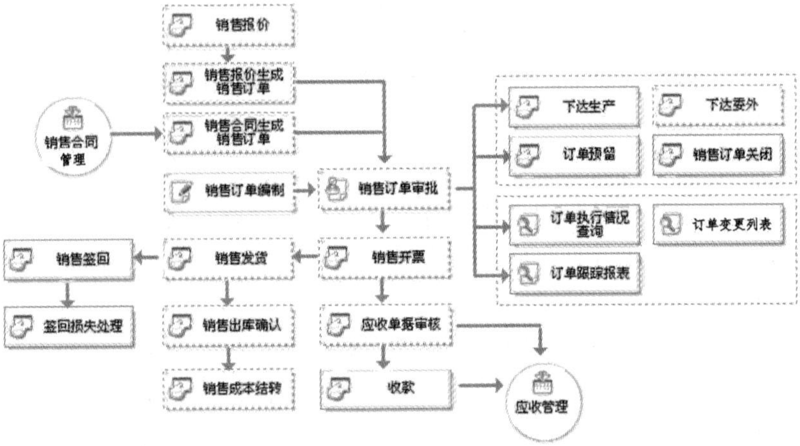

图 5-5　开票直接发货业务流程

2. 先发货后开票业务流程

先发货后开票业务流程如图 5-6 所示。其流程为：依据销售报价单或销售合同生成销售订单，审批销售订单，依据销售订单生成销售发货单，仓库依据销售发货单出库，销售或财务人员依据销售订单和出库单催收货款，依据销售发货单开出销售发票并结转销售成本，财务审核销售发票并据以做收款处理，主生产计划依据审核后的销售订单下达生产订单，车间管理执行生产订单业务。

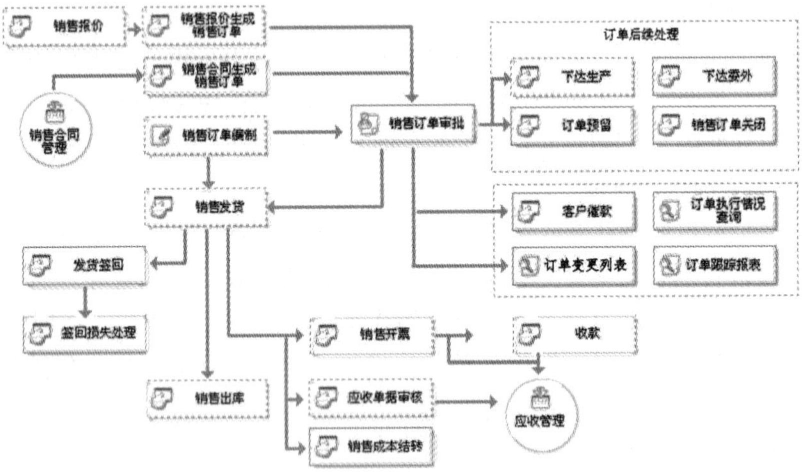

图 5-6　先发货后开票业务流程

二、委托代销业务

（一）业务类型说明

委托代销业务是指企业将商品委托他人进行销售，但商品所有权仍归本企业的销售方式。委托代销商品销售后，受托方与企业进行结算，并开具正式的销售发票，形成销售收入，商品所有权转移。

只有库存管理系统与销售管理系统集成使用时，才能在库存管理系统中使用委托代销业务。委托代销业务只能先发货后开票，不能开票直接发货。

（二）业务处理流程

委托代销业务流程如图 5-7 所示。其流程为：依据销售合同生成并审核委托代销订单，依据审核后的委托代销订单生成委托代销出库单，依据委托代销销货清单进行委托代销结算，依据委托代销发票进行收款处理和结转委托代销成本。

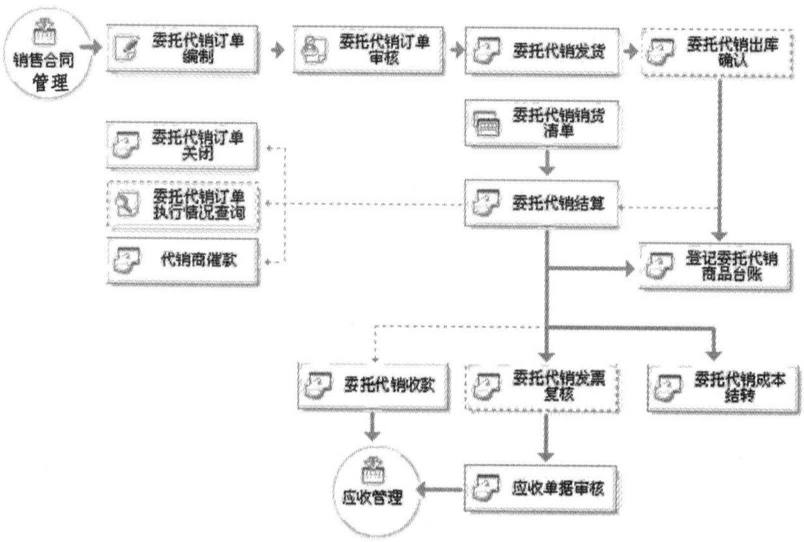

图 5-7　委托代销业务流程

三、直运销售业务

（一）业务类型说明

直运业务是指产品无须入库即可完成购销业务，由供应商直接将商品发给企业的客户；结算时，由购销双方分别与企业结算。直运业务包括直运销售业务和直运采购业务，没有实物的出入库，货物流向是直接从供应商到客户，财务结算通过直运销售发票、直运采购发票解决。

直运销售业务分为两种模式：一种是没有销售订单，直运采购发票和直运销售发票可互相参照；另一种是有直运销售订单，必须按照“必有订单直运业务”的单据流程进行操作。无论哪一种应用模式，直运销售业务选项均在销售管理系统中设置。采购未完成的直运销售发票（已采购数量<销售数量）和销售未完成的直运采购发票（已销售数量<采购数量）结转下年。

（二）直运销售流程

直运销售业务流程如图 5-8 所示。其流程为：依据客户的要货申请编制并审核销售订单，开出销售发票确认应收款，依据销售订单下达并审核采购订单，依据采购订单生成采购发票确认应付款，依据销售发票和采购发票登记存货明细账。

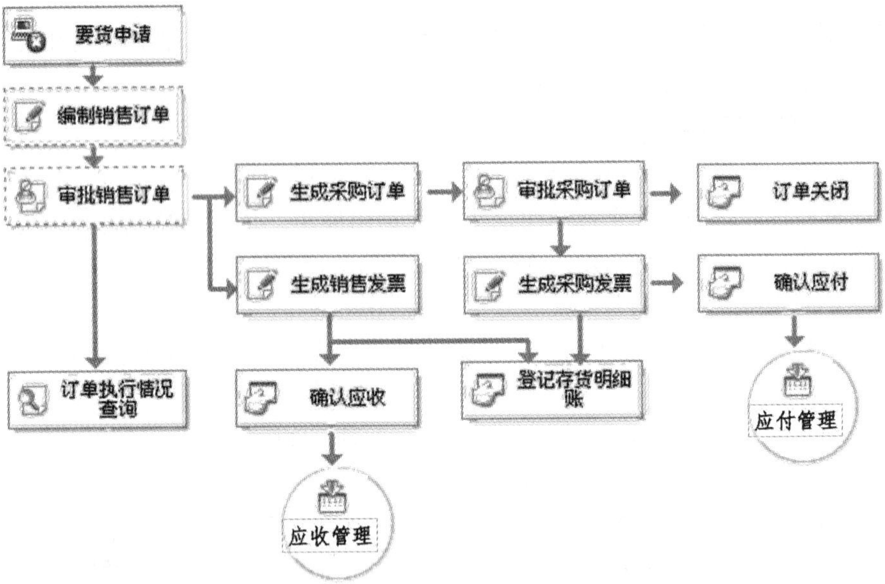

图 5-8　直运销售业务流程

四、分期收款销售业务

分期收款发出商品业务类似于委托代销业务，货物提前发给客户，分期收回货款。分期收款销售的特点是：一次发货，当时不确认收入，分次确认收入，在确认收入的同时配比性地转成本。

分期收款业务只能先发货后开票，不能开票直接发货。分期收款业务需在销售管理系统中进行分期收款业务选项勾选设置，在存货核算系统中进行分期收款销售业务的科目设置，并依据审核后的分期发货单和分期发票记账。

五、必有订单业务模式

必有订单业务模式是指以订单为中心的销售业务，是一种标准的、规范的销售模式。订单是整个销售业务的核心。整个业务流程的执行都是在回写销售订单，即必须依据订单参照生成发货单、发票，通过销售订单可以跟踪销售的整个业务流程。

以订单为中心的销售业务需在销售管理系统中设置，包括普通销售必有订单、委托代销必有订单、分期收款销售必有订单和直运销售必有订单。

六、销售调拨

销售调拨一般是处理集团企业内部有销售结算关系的销售部门或分公司之间的销售业务，与销售开票相比，销售调拨业务不涉及销售税金。销售调拨业务必须在当地税务机关许可的前提下方可使用。

销售业务流程如下：

（1）企业开具销售调拨票据。

（2）对销售调拨单进行复核。

（3）系统自动生成销售发货单。

（4）根据选项在销售管理系统或库存管理系统生成销售出库单。

（5）仓库根据销售出库单进行备货和出库。

（6）销售调拨单传递到应收款管理系统，进行收款结算。

七、零售日报

当发生零售业务时，应将相应的销售票据作为零售日报输入销售管理系统。零售日报不是原始的销售单据，是零售业务数据的日汇总，这种业务常见于商场、超市等零售企业。

零售日报可以用来处理企业零散客户的销售，对于这部分客户，企业可以用一个公共客户代替，如零散客户，然后将零散客户的销售凭单先按日汇总，再录入零售日报进行管理。

用友 ERP-U8V10.1 系统与零售管理系统集成使用时，可以将直营门店的零售数据、收款数据上传到销售管理系统，生成零售日报，并自动现结、自动生成销售出库单。

八、代垫费用单

在销售业务中，代垫费用是指随货物销售所发生的，不通过发票处理而形成的，暂时代垫将来需向客户收取的费用项目，如运杂费、保险费等。代垫费用实际上形成了用户对客户的应收款，代垫费用的收款核销由应收款管理系统处理。

代垫费用单票据操作流程：

（1）代垫费用单可以在“代垫费用单”直接录入，可分摊到具体的货物；也可以在销售发票、销售调拨单、零售日报中按“代垫”录入，与发票建立关联，可分摊到具体的货物。

（2）代垫费用单可以修改、删除、审核、弃审。

（3）代垫费用单审核后，在应收款管理系统生成其他应收单；弃审时删除生成的其他应收单。代垫费用单与应收款管理系统集成使用时，在应收款管理系统已核销处理的代垫费用单，不可弃审。

九、销售费用支出单

销售费用支出是指在销售业务中，随货物销售所发生的为客户支付的业务执行费。销售费用支出处理的目的在于让企业掌握用于某客户费用支出的情况，以及承担这些费用的销售部门或业务员的情况，作为对销售部门或业务员的销售费用和经营业绩的考核依据。

销售费用支出单在销售管理系统中仅作为销售费用的统计单据，与其他产品没有传递或关联关系。

销售费用支出单可以在“销售费用支出单”直接录入，可分摊到具体的货物，不与发票发生关联；也可以在销售发票、销售调拨单、零售日报中按“支出”录入，与发票建立关联，可分摊到具体的货物。

十、包装物租借业务

在销售业务中，有的企业随货物销售有包装物（或其他物品如搬运工具等，本系统中统称为包装物）租借业务。包装物出租、出借给客户使用，企业向客户收取包装物租金。

包装物租借业务流程：客户根据发货单、发票租用或借用包装物，缴纳押金，销售部门收取押金并通知仓库进行包装物出库。客户使用包装物后，退还包装物。企业办理包装物入库，核销客户的包装物租借数量余额；进行押金退款，租金可从客户的押金中冲减。企业可以查询包装物租借统计表。

十一、销售退货业务

销售退货业务是指客户因货物质量、品种、数量不符合要求或者其他原因，将已购货物退回给本单位的业务。

（一）普通销售退库业务流程

普通销售退库业务流程如图 5-9 所示。其流程为：依据销售退货业务编制销售退货单并检验退货产品，依据退货单生成原级品或降级品入库单或退货报废处理，冲回已结转的退货销售成本，开出已收款红字发票退款，对未收款的部分做销售应收冲回处理。

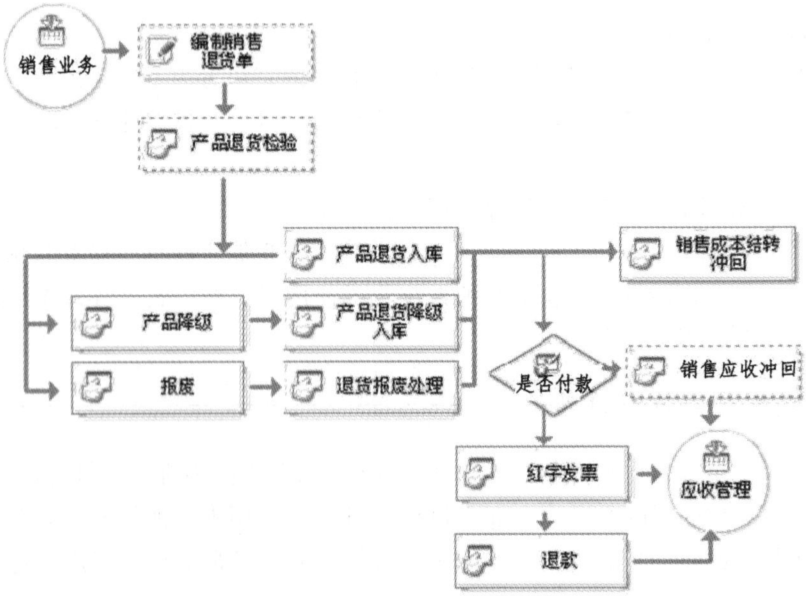

图 5-9　普通销售退库业务流程

（二）委托代销退库业务流程

委托代销退库业务流程如图 5-10 所示。其流程为：依据委托代销退货业务编制委托代销退货单并检验委托代销产品，依据退货单生成原级品或降级品入库单或退货报废处理，冲回委托代销商品发出。

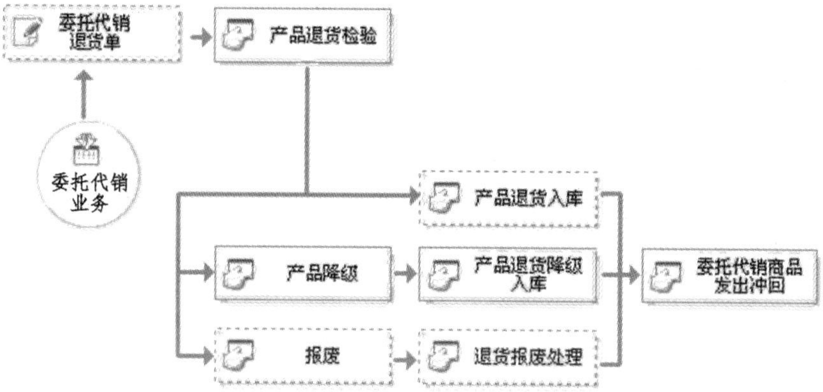

图 5-10　委托代销退库业务流程

第四节　库存业务处理

一、入库业务处理

库存管理系统主要是对各种入库业务进行单据的填制和审核，即仓库收到采购或生产的货物，仓库保管员验收货物的数量、质量、规格型号等，确认验收无误后填制并审核入库，登记库存账。入库业务单据主要包括采购入库单、产成品入库单、其他入库单。

（一）采购入库单

采购入库单是根据采购到货签收的实收数量填制的单据。采购入库单按进出仓库方向分为蓝字采购入库单、红字采购入库单；按业务类型分为普通采购入库单、受托代销入库单（商业）、委外加工入库单（工业）、代管采购入库单、固定资产采购入库单、一般贸易进口入库单、进料加工入库单。

采购入库单可以手工增加，也可以参照采购订单、采购到货单（到货退回单）、委外订单、委外到货单（到货退回单）生成。

（二）产成品入库单

产成品入库单一般是指产成品验收入库时所填制的入库单据，是工业企业入库单据的主要部分。产成品一般在入库时无法确定产品的总成本和单位成本，所以在填制产成品入库单时，一般只有数量，没有单价和金额。

（三）其他入库单

其他入库单是指除采购入库、产成品入库之外的其他入库业务，如调拨入库、盘盈入库、组装拆卸入库、形态转换入库等业务形成的入库单。其他入库单一般由系统根据其他业务单据自动生成，也可手工填制。

二、出库业务处理

库存管理的出库业务主要指销售出库和材料出库。出库单据包括销售出库单、材料出库单和其他出库单。

（一）销售出库单

销售出库单是销售出库业务的主要凭据，在库存管理系统用于存货出库数量核算，在存货核算系统用于存货出库成本核算（如果存货核算系统销售成本的核算选择依据销售出库单）。销售出库单按进出仓库方向分为蓝字销售出库单、红字销售出库单；按业务类型分为普通销售出库单、委托代销出库单、分期收款出库单。

库存管理系统与销售管理系统集成使用时，销售出库单可以在库存管理系统中手工填制生成，也可以使用“生单”或“生单”下拉箭头中“销售生单”进行参照发货单、销售发票、销售调拨单或零售日报生单生成销售出库单。

（二）材料出库单

材料出库单是领用材料时所填制的出库单据，当从仓库中领用材料用于生产或委外加工时，就需要填制材料出库单。

材料出库单可以手工增加，可以配比出库，可以参照生产订单系统的生产订单用料表、补料申请单、限额领料单、领料申请单生成，也可以参照委外管理系统的委外订单用料表生成。

（三）其他出库单

其他出库单是指除销售出库、材料出库之外的其他出库业务，如调拨出库、盘亏出库、组装拆卸出库、形态转换出库、不合格品记录等业务形成的出库单。其他出库单一般由系统根据其他业务单据自动生成，也可手工填制。

第五节　材料成本核算

一、入库业务

入库业务单据主要包括采购入库单、产成品入库单、其他入库单。

采购入库单在库存管理系统中录入，在存货核算系统中可以修改采购入库单上的入库金额；采购入库单上的数量只能在其填制系统中修改。

产成品入库单在填制时一般只有数量，单价和金额既可通过修改产成品入库直接填入，也可以通过存货核算系统的产成品成本分配功能自动计算填入。

大部分其他入库单都是由相关业务直接生成的，也可手工填制。

二、出库业务

出库单据包括销售出库单、材料出库单和其他出库单。在存货核算系统中可修改出库单据上的单价或金额。

三、单据记账

单据记账用于将所输入的单据登记存货明细账、差异明细账/差价明细账、受托代销商品明细账、受托代销商品差价账。

采用先进先出法、后进先出法、移动平均法、个别计价法四种计价方式的存货在单据记账时进行出库成本核算；全月平均、计划价/售价法计价的存货在期末处理时进行出库成本核算。

单据记账注意事项如下：

（1）无单价的入库单据不能记账，因此记账前应对暂估入库的成本、产成品入库单的成本进行确认或修改。

（2）各仓库的单据应按照实际顺序记账。

（3）已记账的单据不能修改和删除。如果发现错误要修改，在未结账、未生成记账凭证时，可取消记账后，再修改或删除。

四、调整业务

出入库单据记账后，发现单据金额错误，如果是录入错误，通常采用修改方式进行调整。但如果遇到由于暂估入库后发生零出库业务等原因所造成出库成本不准确，或库存数量为零仍有库存金额的情况，可利用调整单据进行调整。

调整单据包括入库调整单和出库调整单。它们都只针对当月的出入库成本进行调整，并且只调整存货的金额，不调整存货的数量。

出入库调整单保存即记账，因此已保存的调整单不可修改和删除。

五、暂估处理

存货核算系统中对采购暂估入库业务提供了月初回冲、单到回冲、单到补差三种方式，暂估处理方式一旦选择不可修改。无论采用哪种方式，都要遵循以下步骤：

（1）待采购发票到达后，在采购管理系统中填制发票并进行采购结算。

（2）在存货核算系统中完成暂估入库业务成本处理。

六、生成凭证

存货核算系统中，生成凭证用于对本会计月已记账单据生成凭证，并可对已生成的所有凭证进行查询显示；所生成的凭证在总账系统中审核、记账后，可显示及生成科目总账。

所生成凭证的科目是参照存货核算系统初始设置的科目，可以修改。

七、综合查询

存货核算系统提供了多种账簿的查询功能，如明细账、总账、出入库流水账、发出商品明细账、个别计价明细账、计价辅助数据；提供了多种汇总表的统计功能，如入库汇总表、出库汇总表、差异分摊表、收发存汇总表、暂估材料/商品余额表；提供了多种分析表，如存货周转率分析、ABC成本分析、库存资金占用分析、库存资金占用规划、入库成本分析。

八、月末处理

(一) 期末处理

当日常业务全部完成后，可进行期末处理，功能如下：

(1) 计算按全月平均方式核算的存货的全月平均单价及其本会计月出库成本。

(2) 计算按计划价/售价方式核算的存货的差异率/差价率及其本会计月的分摊差异/差价。

(3) 对已完成日常业务的仓库/部门/存货做处理标志。

注意：如果使用采购和销售系统，应在采购和销售系统做结账处理后才能进行。系统提供恢复期末处理功能，但是在总账结账后将不可恢复。

(二) 月末结账

存货核算系统期末处理完后，可执行“业务核算→月末结账”指令进行月末结账，在此也可进行取消月末结账。

如果存货核算系统和库存系统、采购系统、委外系统、销售系统集成使用，必须在库存系统、采购系统、委外系统、销售系统结账后，存货核算系统才能进行结账。

(三) 与总账系统对账

为保证业务与财务数据的一致性，需要对两个系统的数据进行对账。即存货核算系统与总账系统核对存货科目和差异科目在各会计月份借贷方发生金额、数量以及期末结存的金额、数量信息。

[**实务案例**]

飞跃摩托车制造公司2022年1月的进销存业务如下：

1. 2022年1月1日，配套件采购部黄强申请购买排气消声器-单孔1 000个，需求日期：2022年1月12日。

【操作步骤】

在企业应用平台中，执行“业务工作→供应链→采购管理→请购→请购单”指令，进入请购单主界面，单击“增加”按钮，逐一输入相关信息后，单击“确定”按钮保存。

2. 2022年1月1日，同意黄强的请购，生成采购订单，供应商为振中制动，不含税单价40.5元/个，并审核采购订单。

依据请购单生成采购订单的步骤：在采购订单主界面，单击“增加”按钮后，单击工具栏中“生单-请购单”选项调出采购订单拷贝并执行主界面，选择需要生成采购订单的请购单，单击“确定”按钮返回采购订单主界面录入供应商和单价等信息，再保存，并审核采购订单。

3. 2022年1月1日，通过“采购订单列表”查阅并审核物料需求规划系统依据预测订单生成的采购订单。审核前按照表 5-11 将相应存货的单价补填上。

表 5-11 存货单价一览表

存货编码	存货名称	计量单位	原币无税单价/元
0101001	箱体-168	个	91.00
0102001	动力盖-170F	个	52.00
0102002	飞轮外盖-172S	个	94.00
0102003	减速盖-173FR	个	86.00
0102004	离合盖-173FRS	个	85.0
0103001	缸体-泰 100	个	100.00
0104001	轴承-D2208	个	102.00
0105001	黑酯胶调和漆	升	40.00
0199001	磷化粉	千克	40.00
0199002	内六角螺丝-14×60	个	2.00
0199003	内六角螺丝-12×80	个	2.50
20102001	排气消声器-单孔	个	50.00
20104001	化油器-100 带支架	套	85.00
20105001	油冷器-100	套	40.00
20106001	仪表-100 仪表总成	套	125.00
20107001	油箱-普通	个	63.00
20107002	油箱-加大	个	85.00
20110001	灯-大灯	个	35.00
20110002	灯-转向灯	个	15.00
20110003	灯-尾灯	个	6.00
20111001	摩托车支架-100	个	125.00
20199001	座垫-减振	个	40.00
20199002	电缆总成	套	38.00
20199003	座垫-连座	个	35.00
2010801	前轮胎-普通	个	80.00
2010802	前轮胎-加宽	个	85.00
2010901	后轮胎-普通	个	80.00
2010902	后轮胎-加宽	个	85.00
2010301	前轮轴承-100	件	43.00
2010302	后轮轴承-100	件	43.00

4. 2022 年 1 月 1 日，客户四川鑫鑫公司询问 100 加强型摩托车价格，可能订购 1 000 台，西南办事处何飞报客户愿支付的不含税报价为 10 500 元/台。

5. 2022 年 1 月 1 日，客户北京宏图公司询问 100 普通型摩托车价格，可能订购 1 000 台，北方办事处石海报客户愿支付的不含税报价为 10 000 元/台。

【操作步骤】

在企业应用平台中，执行“业务工作→供应链→销售管理→销售报价→销售报价单”指令，进入销售报价单主界面，单击“增加”按钮，逐一输入相关信息后，单击“确定”按钮保存。

注意：销售业务均在企业应用平台中的“业务工作→供应链→销售管理”菜单下的相应子菜单中完成。实际工作中，上述业务先由何飞和石海在各自的终端机上录入销售报价单后，再由销售主管审核报价单。

6. 2022 年 1 月 1 日，销售主管根据 1 日询价客户四川鑫鑫公司订购 100 加强型摩托车 1 000 台，双方协商每台含税单价为 11 000 元/台，并在 2022 年 1 月 26 日发货。西南办事处业务员何飞修改报价单，并生成销售订单。

根据报价单生成销售订单步骤：在销售订单增加主界面，选择执行工具栏“生单-报价”指令，在参照生单主界面选择要生成的订单及参照报价单，单击“确定”按钮即可生成销售订单。

7. 2022 年 1 月 2 日，客户北京宏图公司订购 100 普通型摩托车 1 000 台，双方协定每台不含税单价为 10 000 元/台，并在 2022 年 1 月 25 日发货，生成销售订单。

8. 2022 年 1 月 2 日，客户重庆金泰订购 100 普通型摩托车 950 台，双方协商每台不含税单价为 10 600 元/台，并在 2022 年 1 月 30 日发货。(直接录入销售订单)

9. 2022 年 1 月 2 日，客户成都志远订购 100 加强型摩托车 500 台，双方协商每台不含税单价为 11 000 元/台，并在 2022 年 1 月 26 日发货。(直接录入销售订单)

10. 2022 年 1 月 2 日，依据前述销售订单，考虑现有库存量，不考虑安全库存量，修改存货属性，勾选“ATO”；在销售系统中，执行“销售订货→下达生产”指令，下达销售订单中的母件的生产订单；在生产制造系统中下达销售订单中子件的生产订单和材料物质的采购订单。即通过运行 MPS 计划生成后，在 MPS 计划维护中下达上述所有销售订单中子件的生产订单（普通型的生产数为 1 000+950-5 = 1 945；加强型的生产数为 1 000+500-4 = 1 496）。再执行“生产计划→生产订单生成→生产订单手动输入”指令，补录完工日期、预入仓库以及生产部门信息，如图 5-11 所示。

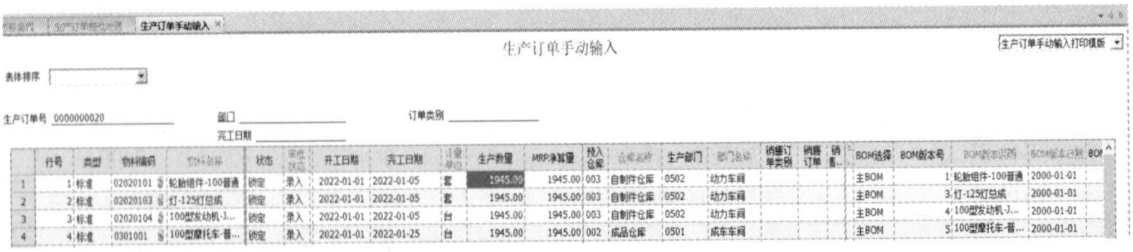

图 5-11　生产订单手动输入界面

通过运行 MRP 计划生成后，在 MRP 计划维护中下达上述所有销售订单所需材料备件的采购订单，价格与上一批次相同。

11. 2022 年 1 月 3 日，五工机电送到第一批订货。同时收到五工机电开来该货物增值税专用发票一张，价格同订单，款未付。库管员通过采购订单生成到货单和采购专用发票。

生成到货单步骤：在采购管理系统中的到货单主界面，单击“增加”按钮，单击工具栏的“生单-采购订单”调出到货单，选择需要生成到货单的供应商和存货，单击“确定”按钮返回到货单主界面，再保存即可。

生成采购专用发票步骤：进入采购专用发票主界面，后续操作步骤同生成到货单步骤。

在“到货单”和“专用发票”主界面，单击“合并显示☑”调出汇总设置主界面，设置合并依据为“存货编码”；“数量”“原币金额”“原币税额”和“原币价税合计”的取值为“汇总”；其他的取值为第一条。保存设置并单击“确定”按钮。

12. 2022 年 1 月 3 日，春华发动机送到第一批订货。同时收到春华发动机开来该货物增值税专用发票一张，价格同订单，款未付。

13. 2022 年 1 月 3 日，卓越摩配送到第一批订货。同时收到卓越摩配开来该货物增值税专用发票一张，价格同订单，以及应由本公司承担的运费 5 000 元的发票一张。

生成到货单步骤同上。

生成采购专用发票步骤同上。

在存货档案中，增加其他类存货为“采购运费等”；编码为 9901；存货属性为“应税劳务”，主计量单位为“元”；进项税率为“7%”。

在运费发票主界面，单击“增加”按钮后输入相关信息，并保存。

14. 2022 年 1 月 3 日，振中制动送到第一批订购货物，依据订单生成到货单。

15. 2022 年 1 月 3 日，重庆化工送到第一批订购货物——黑酯胶调和漆等一批。同时收到重庆化工开来该货物增值税专用发票一张，价格同订单。

16. 2022 年 1 月 3 日，全部到货验收完毕入库，无质量问题，并且数量正确，入原材料库，并且审核所有采购入库单。立即通知财务和采购用工商银行的转账支票现付卓越摩配的货款及运费。通过手工结算“卓越摩配”的入库单和发票，并分摊其运费；再通过自动结算其他采购入库和采购发票。

到货单生成采购入库单步骤：在库存管理系统中的采购入库单主界面，单击工具栏的“生单-采购到货单（蓝字）”调出到货单生单列表主界面，选择需要生成入库单的供应商和存货，单击“确定”按钮返回入库单主界面，单击“保存”按钮即可。

用工行的转账支票现付步骤如下：

步骤 1：在采购管理系统的专用发票主界面，找到“卓越摩配”的专用发票，单击工具栏的“现付”调出“采购现付”界面，输入付现的原币金额和订单号等信息后，单击“确定”按钮即可。

步骤 2：在采购管理系统的运费发票主界面，找到“卓越摩配”的运费发票，再单击工具栏的“现付”调出“采购现付”界面，输入付现的结算方式、原币金额等信息后，单击“确定”按钮即可。

手工结算步骤：在采购管理系统的手工结算主界面，单击“选单”按钮进入结算选单界面，单击“查询-入库单”调入卓越摩配的入库单，单击“查询-发票”调入卓越摩配的采购专用发票和运费发票，再选定要结算的存货后单击“确定”按钮将其调入手工结算主界面；选择费用分摊方式为：按数量；先后单击“分摊”按钮和“结算”按钮即可。

在采购管理系统的“结算单列表”中查询手工结算单，观察其单价的变化。

在采购系统中，执行“采购结算-自动结算”指令并选择“入库单和发票结算模式”可完成其自动结算。

17. 2022 年 1 月 3 日，上述依据销售订单补购材料设备已全部到货验收入库，并收到供货单位的增值税专用发票，价格同订单。立即用工商银行的转账支票支付供货单位货款 10 万元，余下货款暂欠。

18. 2022 年 1 月 3 日，依据生产订单领用 100 型发动机-J 脚启动的全部材料。检查出库类别为仓库，并审核生成的材料出库单。

【操作步骤】

在企业应用平台中，执行“业务工作→供应链→库存管理→出库业务→材料出库单”指令，进入材料出库单主界面，单击“生单→生产订单（蓝字）”调出查询条件，输入“02020104100 型发动机-J 脚启动”，单击“确定”按钮，进入生产领料出库生单列表，选定需要领料的生产订单及存货，单击“确定”按钮生成材料出库单，单击“保存”按钮即可。

19. 2022 年 1 月 3 日，依据生产订单领用轮胎组件-100 加宽、轮胎组件-100 普通、灯-125 灯总成的全部用料，出库仓库为外购件仓库。检查出库类别，并审核生成的材料出库单。

20. 2022 年 1 月 5 日，动力车间自制件：100 型发动机-J 脚启动、轮胎组件-100 加宽、轮胎组件-100 普通、灯-125 灯总成的全部生产完工入自制件仓库，并审核该产成品入库单。

产成品入库单生成的步骤：在产成品入库单主界面，单击“生单-生产订单（蓝字）”调出生产订单列表查询界面，单击“确定”按钮进入生产订单入库生单列表界面，选定需要入库的生产订单号及其存货，单击“确定”按钮即可生成产成品库单，可修改其数量。

21. 2022 年 1 月 6 日，100 普通型摩托车和 100 加强型摩托车领用材料。

22. 2022 年 1 月 12 日，订购包装物一批，泡沫垫 7 500 个，不含税单价 2 元；100 型包装箱 7 500 个，不含税单价 30 元；包装带 3 000 米，不含税单价 3.5 元；封口胶 3 000 米，不含税单价 1.5 元。当天南华塑印装将货物及发票送达本企业。

23. 2022 年 1 月 22 日，包装车间领用包装材料：泡沫垫 7 500 个、100 型包装箱 7 500 个、包装带 3 000 米、封口胶 3 000 米。通过填制其他出库单完成领用。

24. 2022 年 1 月 25 日，成车车间生产的 100 普通型摩托车和 100 加强型摩托车，已完工全部入成品仓库，审核该产成品入库单。

25. 2022 年 1 月 26 日，发出客户四川鑫鑫公司订购的 100 加强型摩托车 1 000 台，出库仓库为成品仓库，并审核该发货单。

根据销售订单生成发货单步骤：在发货单增加主界面，选择执行工具栏“订单”指令，在参照生单主界面选择要生成的发货单及参照订单，单击“确定”按钮即可生成发货单。（参数设置允许超可用量发货）

27. 2022 年 1 月 26 日，发出客户北京宏图公司订购的 100 普通型摩托车 1 000 台，出库仓库为成品仓库，并审核该发货单。

28. 2022 年 1 月 26 日，根据四川鑫鑫公司订购的 100 加强型摩托车 1 000 台的发货单开销售普通发票，并审核该销售普通发票。

根据发货单开销售普通发票的步骤：在销售普通发票增加主界面，选择执行工具栏“生单-参照发货单”指令，在参照生单主界面选择要生成的销售普通发票及参照发货单，单击“确定”按钮即可生成销售普通发票。

29. 2022 年 1 月 26 日，根据北京宏图公司订购 100 普通型摩托车 1 000 台的发货单开销售专用发票，并审核该销售专用发票。

注意：在客户档案中将每一客户的开户银行增加上；在“基础档案→收付结算→本单位开户银行”中将本单位的开户银行增加上。依据发货单开销售专用发票步骤同上相似。

30. 2022 年 1 月 30 日，发出客户重庆金泰订购的 100 普通型摩托车 950 台，出库仓库为成品仓库，并审核该发货单。

31. 2022 年 1 月 30 日，根据重庆金泰订购 100 普通型摩托车 950 台的发货单开销售普通发票，开票数量为 600 台，单价参照销售订单，并收回 600 台的货款，审核该销售普通发票。依据重庆金泰订购 100 普通型摩托车 950 台的发货单生成退货单 350 台。

32. 2022 年 1 月 30 日，使用正常单据记账，将原材料仓库、外购件仓库、不良品仓库、低值易耗品及其他仓库和废品仓库的所有单据记账。

33. 2022 年 1 月 30 日，将原料仓库、外购件仓库、不良品仓库、低值易耗品及其他仓库和废品仓库进行期末处理。

34. 2022 年 1 月 30 日，在所有仓库期末处理完毕之后，将所有单据生成凭证传递给总账。

35. 2022 年 1 月 30 日，库存和存货对账。

36. 2022 年 1 月 30 日，存货与总账对账。

37. 2022 年 1 月 30 日，依次对销售、采购、库存管理和存货核算系统进行月末结账。

第六章 薪资费用归集

第一节　企业薪资费用的构成

职工薪酬是指企业为获得职工提供的服务或解除劳动关系而给予各种形式的报酬或补偿。其具体包括短期薪酬、离职后福利、辞退福利和其他长期职工福利。企业提供给职工配偶、子女受赡养人、已故员工遗属及其他受益人等的福利，也属于职工薪酬。

根据《企业会计准则第 9 号——职工薪酬》，职工薪酬包括：

（1）职工工资、奖金、津贴和补贴；

（2）职工福利费；

（3）医疗保险费、养老保险费、失业保险费、工伤保险费和生育保险费等社会保险费；

（4）住房公积金；

（5）工会经费和职工教育经费；

（6）非货币性福利；

（7）因解除与职工的劳动关系给予的补偿；

（8）其他与获得职工提供的服务相关的支出。

属于职工薪酬范围的工资在会计上有特别的规定，会计上所称的“工资总额”，包括六个部分：计时工资、计件工资、奖金、津贴和补贴、加班加点工资、特殊情况下支付的工资。企业应付职工的劳动报酬，在会计上应设置“应付职工薪酬”科目进行核算。

企业应当在职工为其提供服务的会计期间，将应付的职工薪酬确认为负债，除因解除与职工的劳动关系给予的补偿外，应当根据职工提供服务的受益对象，分下列情况处理：

1. 计入成本的职工薪酬支出

对于应由生产产品、提供劳务负担的职工薪酬，应计入相关成本。一般来说，从事生产经营和劳务服务人员的薪酬部分，应计入产品成本或劳务成本。

2. 计入资产价值的职工薪酬支出

对于应由在建工程、无形资产负担的职工薪酬，应计入建造固定资产或无形资产成本。

3. 计入费用的各种保险费用及住房公积金

企业为职工缴纳的医疗保险费、养老保险费、失业保险费、工伤保险费、生育保险费等社会保险费和住房公积金，应当在职工为其提供服务的会计期间，根据工资总额的一定比例计算，并确认为当期费用。

4. 三项经费

（1）职工福利费是指企业按工资一定比例提取出来的专门用于职工医疗、补助以及其他福利事业的经费。我国企业每期应当按照工资总额的14%计算确定职工福利费，并按照职工提供服务的受益对象，计入相关资产的成本或确认为当期费用。在计提时应根据发生的性质计入生产成本或期间费用，贷记应付职工薪酬——福利费。

（2）工会经费以工资总额为基数，其计提取比例为2%，在提取时应计入管理费用，贷记其他应付款——应付工会经费。

（3）职工教育经费是指企业为职工学习先进技术和提高文化水平而支付的费用。职工教育经费以工资总额为基数，其计提比例为8%，在提取时应计入管理费用，贷记其他应付款——职工教育经费。

第二节　薪资费用系统初始设置

一、薪资管理系统初始设置

[实务案例]

飞跃摩托车制造公司薪资管理期初资料如下：

1. 工资类别

生产人员类别，所属部门为成车车间、动力车间和包装车间，启用时期为“2022年1月1日”。

管理人员类别，所属部门为除生产部以外的所有部门，启用时期为“2022年1月1日”。

2. 工资项目档案

本企业工资项目如表6-1所示。

表6-1　飞跃摩托车制造公司工资项目一览表

工资项目	类型	长度	小数点	增减及其他
基本工资	数字	10	2	增项
岗位工资	数字	10	2	增项
计件工资	数字	10	2	增项
津贴	数字	10	2	增项
补贴	数字	10	2	增项

表6-1(续)

工资项目	类型	长度	小数点	增减及其他
奖金	数字	10	2	增项
加班工资	数字	10	2	增项
医疗保险	数字	8	2	减项
养老保险	数字	8	2	减项
失业保险	数字	8	2	减项
住房公积金	数字	8	2	减项
病假天数	数字	3		其他
病假扣款	数字	8	2	减项
事假天数	数字	3		其他
事假扣款	数字	8	2	减项
扣税基础	数字	8	2	其他
代扣税	数字	8	2	减项
应发合计	数字	10	2	增项
扣款合计	数字	8	2	减项
实发合计	数字	10	2	增项
计提社保基数	数字	8	2	其他

3. 管理人员薪资初始设置

进入管理人员类别，处理以下业务：

（1）通过批增设置管理人员档案（如图 6-1 所示）。

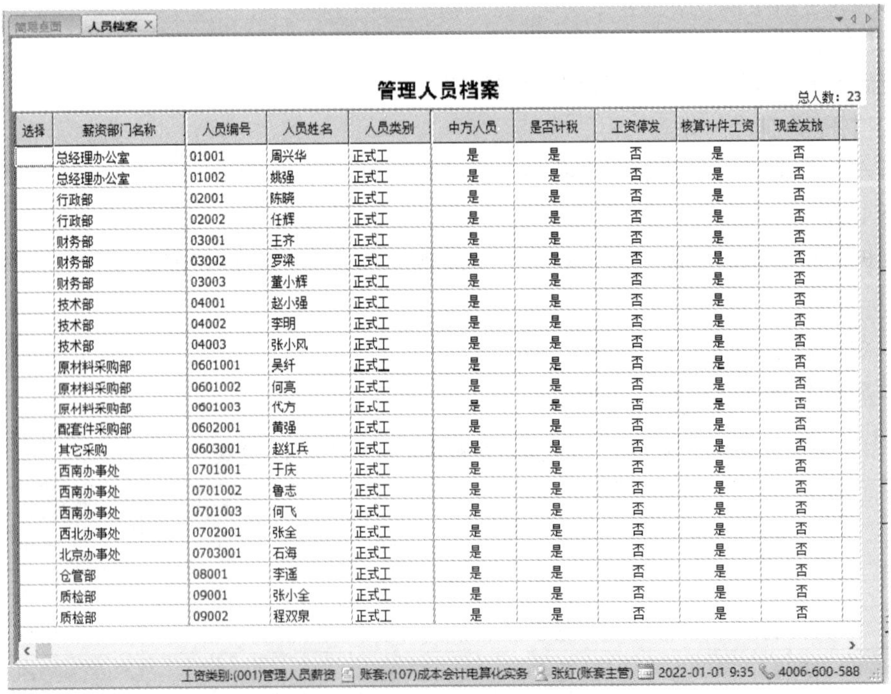

选择	薪资部门名称	人员编号	人员姓名	人员类别	中方人员	是否计税	工资停发	核算计件工资	现金发放
	总经理办公室	01001	周兴华	正式工	是	是	否	是	否
	总经理办公室	01002	姚强	正式工	是	是	否	是	否
	行政部	02001	陈晓	正式工	是	是	否	是	否
	行政部	02002	任辉	正式工	是	是	否	是	否
	财务部	03001	王齐	正式工	是	是	否	是	否
	财务部	03002	罗梁	正式工	是	是	否	是	否
	财务部	03003	董小辉	正式工	是	是	否	是	否
	技术部	04001	赵小强	正式工	是	是	否	是	否
	技术部	04002	李明	正式工	是	是	否	是	否
	技术部	04003	张小凤	正式工	是	是	否	是	否
	原材料采购部	0601001	吴纤	正式工	是	是	否	是	否
	原材料采购部	0601002	何亮	正式工	是	是	否	是	否
	原材料采购部	0601003	代方	正式工	是	是	否	是	否
	配套件采购部	0602001	黄强	正式工	是	是	否	是	否
	其它采购	0603001	赵红兵	正式工	是	是	否	是	否
	西南办事处	0701001	于庆	正式工	是	是	否	是	否
	西南办事处	0701002	鲁志	正式工	是	是	否	是	否
	西南办事处	0701003	何飞	正式工	是	是	否	是	否
	西北办事处	0702001	张全	正式工	是	是	否	是	否
	北京办事处	0703001	石海	正式工	是	是	否	是	否
	仓管部	08001	李遥	正式工	是	是	否	是	否
	质检部	09001	张小全	正式工	是	是	否	是	否
	质检部	09002	程双泉	正式工	是	是	否	是	否

图 6-1　批增设置管理人员档案

（2）增设管理人员的工资项目，其工资项目为除计价工资以外的所有工资项目。设置项目公式，其公式定义如下：

病假扣款=病假天数×15

事假扣款=事假天数×30

扣税基础=基本工资+岗位工资+津贴+补贴+奖金+加班工资-医疗保险-养老保险-失业保险-住房公积金

计提社保基数=基本工资+岗位工资+津贴+补贴+奖金+加班工资

（3）个人所得税按“扣税基础”扣除 5 000 元后计税，附加扣除 1 300 元。在管理人员薪资类别选项中的“扣税设置”如图 6-2 所示。（生产人员薪资类别设置与此相似）

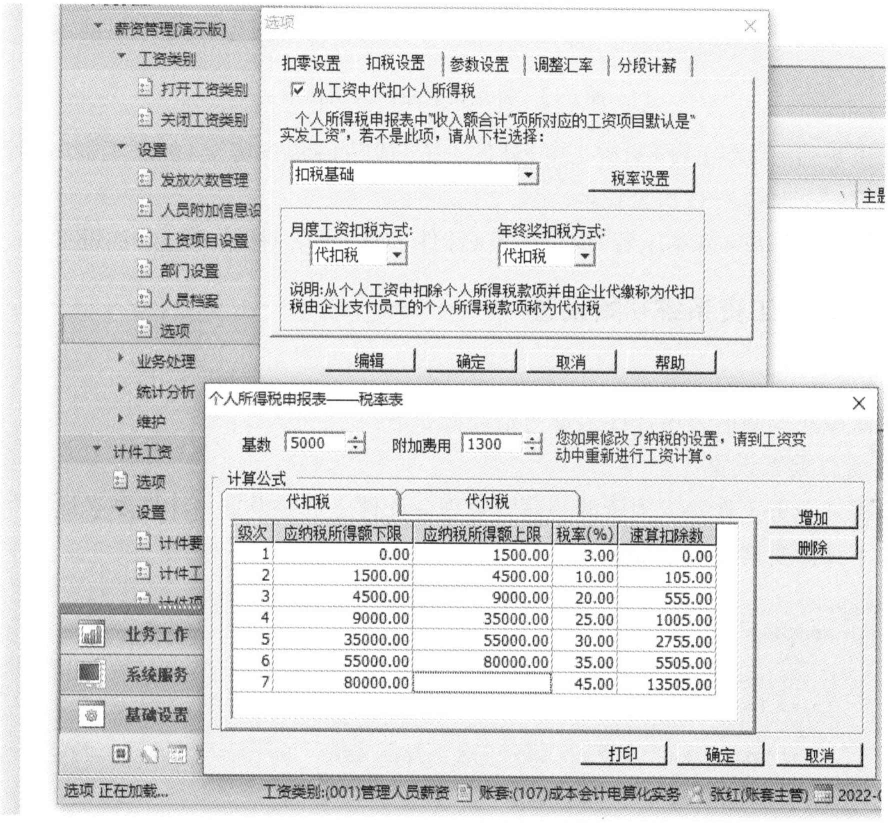

图 6-2　管理人员薪资“扣税设置”

4. 生产人员薪资初始设置

进入生产人员工资类别，处理以下业务：

（1）通过批增设置生产人员档案（如图 6-3 所示）。

（2）增设生产人员的工资项目，其工资项目为所有工资项目。设置项目公式，其公式定义如下：

病假扣款=病假天数×15

事假扣款=事假天数×30

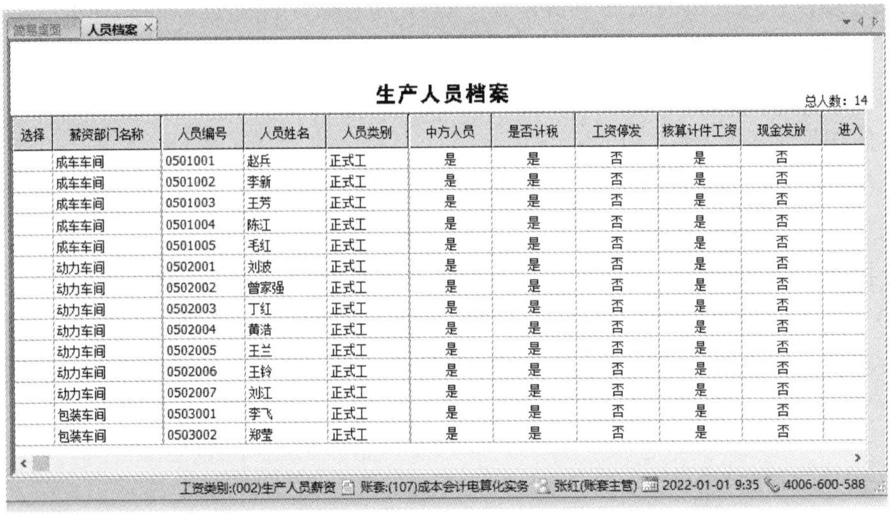

选择	薪资部门名称	人员编号	人员姓名	人员类别	中方人员	是否计税	工资停发	核算计件工资	现金发放	进入
	成车车间	0501001	赵兵	正式工	是	是	否	是	否	
	成车车间	0501002	李新	正式工	是	是	否	是	否	
	成车车间	0501003	王芳	正式工	是	是	否	是	否	
	成车车间	0501004	陈江	正式工	是	是	否	是	否	
	成车车间	0501005	毛红	正式工	是	是	否	是	否	
	动力车间	0502001	刘波	正式工	是	是	否	是	否	
	动力车间	0502002	曾家强	正式工	是	是	否	是	否	
	动力车间	0502003	丁红	正式工	是	是	否	是	否	
	动力车间	0502004	黄浩	正式工	是	是	否	是	否	
	动力车间	0502005	王兰	正式工	是	是	否	是	否	
	动力车间	0502006	王铃	正式工	是	是	否	是	否	
	动力车间	0502007	刘江	正式工	是	是	否	是	否	
	包装车间	0503001	李飞	正式工	是	是	否	是	否	
	包装车间	0503002	郑莹	正式工	是	是	否	是	否	

图 6-3　批增设置生产人员档案

扣税基础=基本工资+岗位工资+计件工资+津贴+补贴+奖金+加班工资-医疗保险-养老保险-失业保险-住房公积金

计提社保基数=基本工资+岗位工资+计件工资+津贴+补贴+奖金+加班工资

二、计件工资系统初始设置

[实务案例]

飞跃摩托车制造公司计件工资初始资料如下：

1. 计件要素设置

执行“业务工作→人力资源→薪资管理→计件工资→设置→计件要素设置”指令，完成以下计件要素设置（如图 6-4 所示）。

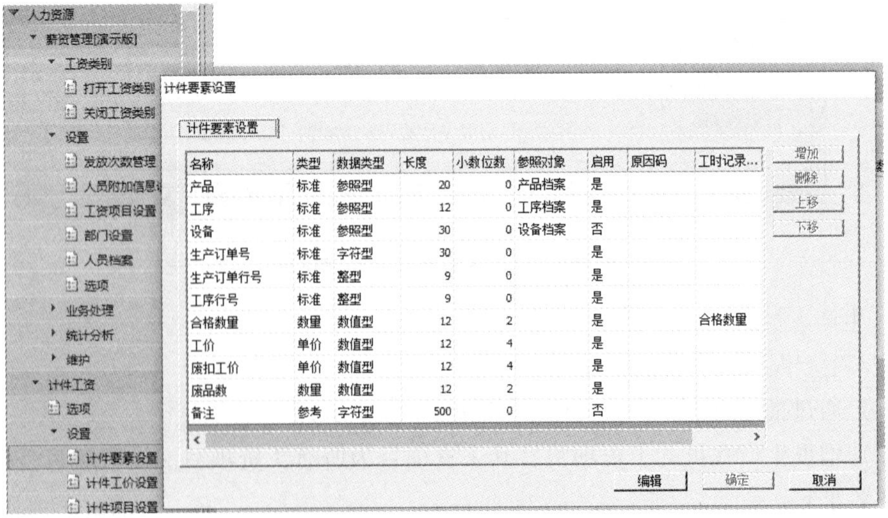

名称	类型	数据类型	长度	小数位数	参照对象	启用	原因码	工时记录...
产品	标准	参照型	20	0	产品档案	是		
工序	标准	参照型	12	0	工序档案	是		
设备	标准	参照型	30	0	设备档案	否		
生产订单号	标准	字符型	30	0		是		
生产订单行号	标准	整型	9	0		是		
工序行号	标准	整型	9	0		是		
合格数量	数量	数值型	12	2		是		合格数量
工价	单价	数值型	12	4		是		
废扣工价	单价	数值型	12	4		是		
废品数	数量	数值型	12	2		是		
备注	参考	字符型	500	0		否		

图 6-4　计件要素设置

2. 计件工价设置

执行“业务工作→人力资源→薪资管理→计件工资→设置→计价工价设置”指令，完成以下计件工价设置（如图6-5所示）。

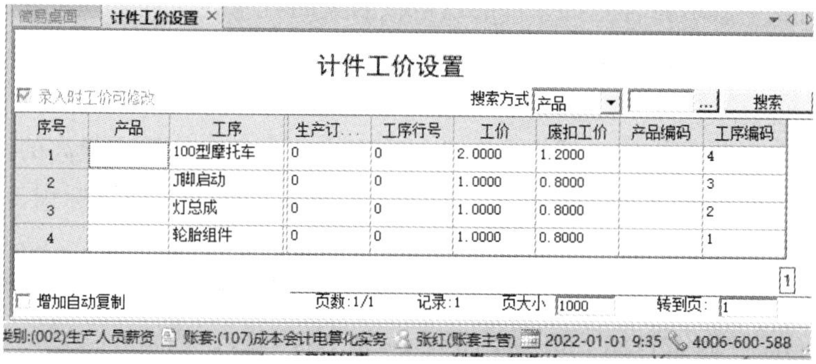

图6-5　计件工价设置

3. 计件项目设置

执行“业务工作→人力资源→薪资管理→计件工资→设置→计件项目设置”指令，完成以下计件项目设置（如图6-6所示）。

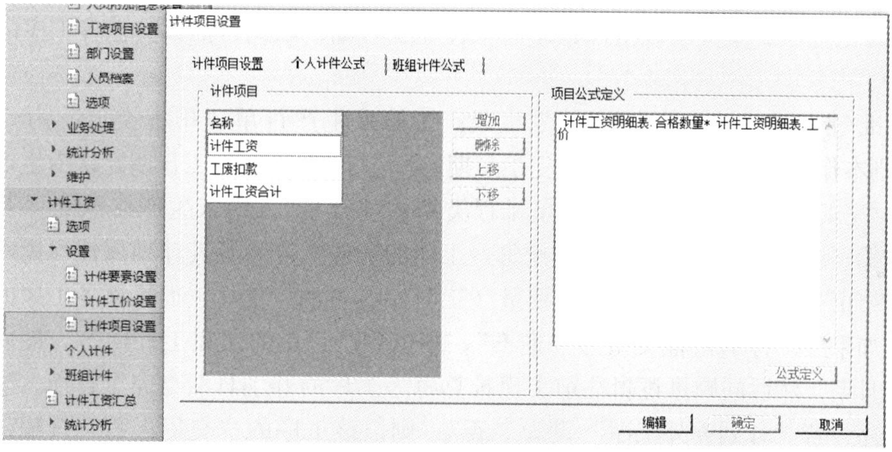

图6-6　计件项目设置

其中：计件工资=车间管理的计件工资明细表的合格数量×薪资管理的计件工资明细表中的工价

其他的取系统默认值。

第三节　计件工资归集

一、生产订单工序处理

（一）生产订单工序计划生成

将生产订单系统中已审核的生产订单，按照其工艺路线资料，生成各生产订单的工序计划等资料，包括生产订单工序开工/完工日期、工序资源需求和工序检验资料等。

在用友 ERP-U8V10.1 车间管理系统中，可通过输入过滤查询条件后，单击“过滤”按钮，列表中显示符合查询条件的已审核未关闭且未转车间管理系统的生产订单。在列表中选择生产订单，单击工具栏“生成”按钮，系统自动生成所选择的生成订单的工序计划。同一集合订单，列表中不可同时选择不同阶层的待处理生产订单行，如果单击工具栏“全选”按钮，系统自动选择列表中集合订单内阶层最高的生产订单行。

已审核生产订单必须事先指定主工艺路线版本或替代工艺路线标识，否则无法转入本系统。已转车间系统的生产订单不可利用本作业重复转入。

重复计划工序计划生成：①如果生产订单“排程类型”为“不排程”，则本作业不推算工序的开工/完工日期，每一工序开工/完工日期默认为生产订单的开工/完工日期。②如果生产订单排程类型为“顺推”，即依生产订单“首件开工/完工日期”和“加工天数”重推“末件开工/完工日期”，若生产订单排程类型为“逆推”则反之，此四个日期都考虑生产线的工作日历。再依以下逻辑推算工序日期：首先依生产订单的“首件开工日期”为第一工序的开工日期；其次依此生产订单工艺路线上各工序的“制造提前期百分比”及生产订单的单件制造提前期，计算其后各工序的开工日期；最后，工序的完工日期等于该生产订单的末件完工日期，以此再推算其他各工序的完工日期。

标准/非标准生产订单工序计划生成：①如果生产订单“排程类型”为“不排程”，则本作业不推算工序的开工/完工日期，每一工序开工/完工日期默认为生产订单的开工/完工日期。②如果生产订单排程类型为“顺推”，即依生产订单的“开工日期”为第一工序的开工日期，然后按每一工序的资源顺序号及其计划属性（是/否/同上工序结束/同下工序开始）、资源用量（工时）及资源产能比较而推算各工序的完工日期。如果生产订单排程类型为“逆推”，则依生产订单的“完工日期”为最后工序的完工日期，然后同顺推逻辑往前工序推算每一工序的开工日期与完工日期。③对于委外工序，若“计划委外工序”设为“否”，则以该工序的“交货天数”排程，以天为时间单位不考虑工作日历；反之，与非委外工序排程逻辑相同。

集合订单生成工序计划时，下阶直接生产订单工序计划自动生成或变更（指已转车间未关闭的直接生产订单开工/完工日期需要相应调整时）。

生产订单转入车间系统时，将生产订单的生产数量记入该生产订单首道工序的“加工”状态。

生产订单转入车间系统时，若生产制造参数“生产订单工序日期修改时更新生产订单”设为“是”，则将生产订单第一工序的开工日期改写为生产订单的开工日期、将末道工序的完工日期改写为生产订单的完工日期、各工序的开工日期改写为生产订单中相关工序上子件的需求日期。

生产订单转入车间系统时，将生产订单所指定的工艺路线的工序明细资料包括检验资料记入各生产订单工序，同时也将工艺路线工序的资源资料记入各生产订单工序并计算生产数量总耗用工时。

（二）生产订单工序资料维护

生产订单工序资料维护可针对转入本系统的个别生产订单，修改其工序日期、检验资料、资源需求等，可临时增加/删除生产订单工序资料，可分配各生产订单工序各班次、设备、员工的制造数量。

非标准生产订单可在本作业建立其工艺路线，即已审核的非标准生产订单可不转入车间系统而直接利用本作业新增其工艺路线资料。新增完成非标准生产订单的工艺路线资料后，视同该生产订单已转车间管理系统。

已转入车间系统的生产订单，若已有车间交易作业（工序转移单）发生，即不可整单被删除；转入车间系统的生产订单如果未有车间交易发生，可被删除，删除时系统视同该生产订单未转车间管理系统。删除集合生产订单工序资料（整单）时，其以上各阶生产订单的工序资料一并被删除。

已转入车间系统的生产订单，其某一工序若已有车间交易作业（工序转移单）或库存交易（领/退料单）发生，该工序即不可被删除；如果删除了某一工序，系统应将其物料需求（生产订单子件）重新分配给工艺路线中的第一道工序，如果工艺路线中没有其他工序，则会分配给工序 0000。

在查询状态单击工具栏“重排”按钮，在列表中如果选择“整单”，可对该生产订单行（状态为已审核、未关闭）重新生成工序计划。在列表中如果选择“中点”，则以表体中选定的生产订单（状态为已审核、未关闭）工序为中点工序，执行中点排程，即以该工序为结束工序，对以前各工序执行反向排程；同时，以该工序为起始工序，对以后各工序执行正向排程。

如果利用本作业修改/新增生产订单的工序日期，或重排工序计划时，则依“生产制造参数维护”作业中“生产订单工序日期修改时更新生产订单”的设置，而判定是否按生产订单的工序日期修改生产订单开工/完工日期，以及相关工序的子件的需求日期。

对集合订单重排工序计划或修改/新增生产订单工序开工/完工日期，若有调整生产订单开工/完工日期及相关工序子件的需求日期，应视同集合订单修改和集合订单工序计划生成，自动调整下阶直接生产订单的相关资料。

在工具栏单击“联查”按钮，可以查询该生产订单（生产订单+行号）所对应的生产订单工序转移单、生产订单工时记录单；还可定位在生产订单工序行，单击右键查询该生产订单（生产订单+行号+工序行号）所对应的生产订单工序转移单（移出或移入该工序的工序转移单）。

在查询状态下，在表体单击右键“维护工序转移单”，进入生产订单工序转移单维护程序且为新增状态（若有新增权限时），并将该生产订单的“生产订单号、行号、工序行号”分别默认到工序转移单的“生产订单、行号、移出工序”。

（三）重复计划工序资料维护

重复计划工序资料维护可针对转入本系统的个别重复计划，修改其工序日期、检验资料、资源需求等，可临时增加/删除重复计划工序资料，可分配各重复计划工序各班次、设备、员工的制造数量。

（四）工序派工资料维护

工序派工资料维护是指以工作中心角度对生产订单工序维护派工资料，即分配生产订单工序各班次、设备、员工的制造数量。

（五）工序资料整批处理

工序资料整批处理是指整批调整或自动重排生产订单工序计划，整批删除生产订单工序计划资料，整批删除工序转移单和工时记录单。

（六）工序计划产能检核

工序计划产能检核是指整批检查生产订单工序计划的产能可用性，协助进行有限能力排程。

二、报工处理

（一）订单报工

订单报工根据生产订单，以批量的方式进行报工。订单报工只能针对生产订单工序资料中未启用流转卡的生产订单进行报工。

（二）工序报工

工序报工可分为按工作中心报工和混报，按工作中心报工则工作中心必输入生产订单，混报则可对所有输入的生产订单进行完工汇报。

（三）转移报工

转移报工是指通过完工汇报单进行生产执行情况汇报，记录实际加工信息并反馈工序进度。该功能主要以转出工序为核心，进行生产状况汇报并能够自动生成工序转移单。

转移报工支持两种模式的操作：报工与转移。其目前只支持正向转移，不支持反向转移。

转移单生成：在报工界面输入数量审核后，按照下列规则自动生成工序转移单：输入合格数量、拒绝数量、报废数量，生成本序合格到下序合格的转移单（如果是第一道工序则是本序加工到本序合格的转移单）。

三、流转卡业务

（一）工序流转卡生成

工序流转卡生成是由生产订单工序计划生成工序流转卡。执行“生产制造-车间管理-流转卡业务-工序流转卡生成”指令，即可输入符合条件的生产订单，并输入拆分依据、流转卡批量及流转卡张数，单击工具栏“生成”按钮，自动产生表体工序流转卡资料，流转卡张数等于表头输入的张数，流转卡生产数量/辅助数量等于表头输入的流转卡批量，可再修改。

如果“报工基础设置”有启用工序流转卡条形码，则按设定的条形码生成规则自动产生工序流转卡的条形码。

生成工序流转卡时，系统自动产生流转卡的工序资料，其完全等同生产订单的各工序资料，并将流转卡的生产数量计入首道工序的“加工”状态数量。

（二）工序流转卡维护

工序流转卡维护自动生成的工序流转卡资料，并可执行工序报检、工序返工处理。

流转卡业务除能进行工序流转卡的生产和维护外，还可以进行工序流转卡拆分和合并、工序流转卡整批处理、工序流转卡完工单、流转卡完工单整批处理、流转卡在制状况统计、流转卡完工单明细统计、流转卡工序统计。

［实务案例］

飞跃摩托车制造公司车间管理工序报工资料如图 6-7 所示。

报工列表

选择	单据号码	生产订单	行号	物料编码	物料名称	生产数量	计	移	移出工序说明	合格数量	拒绝数量	报废数量	检验数量	班次代号	班次说明	员工代号	员工姓名	单件工时	工时
	0000000002	0000000005	1	02020101	轮胎组件-100普通	2,000.00	套	0010	轮胎组件	2,000.00	0.00	0.00	0.00	1	轮胎	0502003	丁红	1.0000	2,000.0000
	0000000003	0000000005	2	02020103	灯-125灯总成	2,000.00	套	0010	灯总成	2,000.00	0.00	0.00	0.00	2	灯总成	0502001	刘波	1.0000	2,000.0000
	0000000004	0000000005	3	02020104	100型发动机-J脚启动	2,000.00	台	0010	J脚启动	2,000.00	0.00	0.00	0.00	3	J脚启动	0502005	王兰	1.0000	2,000.0000
	0000000005	0000000005	4	0301001	100型摩托车-普通型	2,000.00	台	0040	100型摩托车	2,000.00	0.00	0.00	0.00	4	100型摩托车	0501004	陈江	2.0000	4,000.0000
	0000000002	0000000007	1	02020102	轮胎组件-100加宽	1,500.00	套	0010	轮胎组件	1,500.00	0.00	0.00	0.00	1	轮胎	0502004	黄浩	1.0000	1,500.0000
	0000000003	0000000007	2	02020103	灯-125灯总成	1,500.00	套	0010	灯总成	1,500.00	0.00	0.00	0.00	2	灯总成	0502002	曾家强	1.0000	1,500.0000
	0000000004	0000000007	3	02020104	100型发动机-J脚启动	1,500.00	台	0010	J脚启动	1,500.00	0.00	0.00	0.00	3	J脚启动	0502006	王铃	1.0000	1,500.0000
	0000000005	0000000007	4	0301002	100型摩托车-加强型	1,500.00	台	0040	100型摩托车	1,500.00	0.00	0.00	0.00	4	100型摩托车	0501001	赵兵	2.0000	3,000.0000
	0000000002	0000000019	1	02020102	轮胎组件-100加宽	996.00	套	0010	轮胎组件	996.00	0.00	0.00	0.00	1	轮胎	0502004	黄浩	1.0000	996.0000
	0000000003	0000000019	2	02020103	灯-125灯总成	996.00	套	0010	灯总成	996.00	0.00	0.00	0.00	2	灯总成	0502002	曾家强	1.0000	996.0000
	0000000004	0000000019	3	02020104	100型发动机-J脚启动	996.00	台	0010	J脚启动	996.00	0.00	0.00	0.00	3	J脚启动	0502007	刘江	1.0000	996.0000
	0000000005	0000000019	4	0301002	100型摩托车-加强型	996.00	台	0040	100型摩托车	996.00	0.00	0.00	0.00	4	100型摩托车	0501002	李新	2.0000	1,992.0000
	0000000002	0000000020	1	02020101	轮胎组件-100普通	1,945.00	套	0010	轮胎组件	1,945.00	0.00	0.00	0.00	1	轮胎	0502003	丁红	1.0000	1,945.0000
	0000000003	0000000020	2	02020103	灯-125灯总成	1,945.00	套	0010	灯总成	1,945.00	0.00	0.00	0.00	2	灯总成	0502001	刘波	1.0000	1,945.0000
	0000000004	0000000020	3	02020104	100型发动机-J脚启动	1,945.00	台	0010	J脚启动	1,945.00	0.00	0.00	0.00	3	J脚启动	0502007	刘江	1.0000	1,945.0000
	0000000005	0000000020	4	0301001	100型摩托车-普通型	1,945.00	台	0040	100型摩托车	1,945.00	0.00	0.00	0.00	4	100型摩托车	0501005	毛红	2.0000	3,890.0000
	0000000005	0000000021	1	0301002	100型摩托车-加强型	500.00	台	0040	100型摩托车	500.00	0.00	0.00	0.00	4	100型摩托车	0501003	王芳	2.0000	1,000.0000
	0000000002	0000000022	1	02020102	轮胎组件-100加宽	500.00	套	0010	轮胎组件	500.00	0.00	0.00	0.00	1	轮胎	0502004	黄浩	1.0000	500.0000
	0000000003	0000000022	2	02020103	灯-125灯总成	500.00	套	0010	灯总成	500.00	0.00	0.00	0.00	2	灯总成	0502002	曾家强	1.0000	500.0000
	0000000004	0000000022	3	02020104	100型发动机-J脚启动	500.00	台	0010	J脚启动	500.00	0.00	0.00	0.00	3	J脚启动	0502007	刘江	1.0000	500.0000
小计										27,764.00									34,705.0000
合计										27,764.00									34,705.0000

第1/1页 页大小: 500 转到页: 1 确定 首页 上一页 下一页 末页

工资类别:(002)生产人员薪资 账套:(107)成本会计电算化实务 张红(账套主管) 2022-01-03 11:36 4006-600-588

图 6-7 飞跃摩托车制造公司车间管理工序报工资料

要求：（1）依据生产订单生成生产订单工序计划。

（2）维护生产订单工序。

（3）进行工序资料整批处理。

（4）进行工序报工。

（5）查看报工列表数据是否正确。

第四节 薪资费用归集

薪资管理的日常处理主要是对职工工资数据进行计算和调整，如某个职工工资变动、个别数据修改、个人所得税的报税处理、银行代发等工作。其中有些项目是一次输入，有些项目是每月录入，还有的项目可通过计算公式来实现。

一、固定工资数据编辑

固定工资数据是指每月基本不变的工资项目，如基本工资、工龄工资、固定补贴、岗位工资等，这些工资项目的数据一般较为稳定，数值很少变动，在日常工作中只有待其发生变化时才重新调整，平时无须反复输入。固定工资数据可以在系统初始时输入，当月不需要进行修改，输入的途径有两种：一是通过“人员档案”对话框进入，二是通过“工资变动”窗口进入。

二、变动工资数据编辑

变动工资数据是指每月均要发生变化的项目，如奖金、请假天数、个人所得税等。这些工资项目的数据在发生变动时输入或修改。在变动数据中，有些变动数据的编辑必须通过手工逐项录入完成，如请假天数；有些变动数据则可以成批处理，如奖金；还有一些变动数据则由系统根据既定的公式自动计算生成，如请假扣款、个人所得税等。

（一）修改个别变动项目数据

在对某一个职工的数据修改调整时，可在“工资变动”窗口通过“定位”功能快速地定位需要修改的记录。

（二）人员增减的调整

由于人事调动、新进员工、员工辞职等原因会造成企业职员的增减变动，这时需在人员档案设置中进行相应的人员变动、增减的调整。

（三）成批替换工资数据

如果要对同一工资项目进行统一变动，则可通过“工资变动”窗口“替换”功能一次性地将所有满足条件的职工相关的工资项目数据进行调整。

三、工资计算与汇总

在修改了某些数据，重新设置了计算公式，或者进行了数据替换等操作后，必须调用工资变动中“重算工资”和“工资汇总”功能对个人工资数据重新计算汇总以保证工资数据正确。

［**实务案例**］

飞跃摩托车制造公司薪资资料如下：

1. 管理人员薪资信息（见表6-2）

表6-2 管理人员薪资信息一览表

人员编号	姓名	部门	人员类别	基本工资/元	岗位工资/元	事假天数/天	病假天数/天
01001	周兴华	总经理办公室	正式工	8 000.00	5 000.00		
01002	姚强	总经理办公室	正式工	6 000.00	4 800.00		
02001	陈晓	行政部	正式工	5 000.00	3 000.00		
02002	任辉	行政部	正式工	5 200.00	3 200.00		2
03001	王齐	财务部	正式工	5 100.00	3 500.00		
03002	罗梁	财务部	正式工	4 900.00	3 600.00		
03003	董小辉	财务部	正式工	4 500.00	3 700.00		
04001	赵小强	技术部	正式工	6 000.00	3 400.00		
04002	李明	技术部	正式工	6 100.00	3 900.00		
04003	张小风	技术部	正式工	6 200.00	4 000.00		
0601001	吴纤	原材料采购部	正式工	5 000.00	2 000.00		

表6-2(续)

人员编号	姓名	部门	人员类别	基本工资/元	岗位工资/元	事假天数/天	病假天数/天
0601002	何亮	原材料采购部	正式工	5 100.00	2 000.00		2
0601003	代方	原材料采购部	正式工	5 000.00	2 000.00		
0602001	黄强	配套件采购部	正式工	5 100.00	2 000.00		
0603001	赵红兵	其他采购	正式工	4 900.00	2 000.00		
0701001	于庆	西南办事处	正式工	4 500.00	2 200.00		
0701002	鲁志	西南办事处	正式工	4 600.00	2 200.00	2	2
0701003	何飞	西南办事处	正式工	4 500.00	2 200.00		
0702001	张全	西北办事处	正式工	4 400.00	2 200.00		
0703001	石海	北京办事处	正式工	4 700.00	2 200.00		
08001	李遥	仓管部	正式工	4 800.00	2 200.00	1	
09001	张小全	质检部	正式工	5 000.00	3 000.00		
09002	程双泉	质检部	正式工	5 000.00	3 000.00		
合计				119 600.00	67 300.00	3	6

在薪资管理系统中，打开管理人员工资类别，执行“业务处理→工资变动”指令，进入工资变动表，录入管理人员的基本工资、岗位工资、事假天数和病假天数，并计算和汇总。

2. 生产人员薪资信息（见表6-3）

表6-3　生产人员薪资信息一览表

人员编号	姓名	部门	人员类别	基本工资/元	岗位工资/元	事假天数/天	病假天数/天
0501001	赵兵	成车车间	正式工	5 000.00		1	
0501002	李新	成车车间	正式工	4 800.00			
0501003	王芳	成车车间	正式工	5 200.00			2
0501004	陈江	成车车间	正式工	6 000.00			
0501005	毛红	成车车间	正式工	5 800.00			
0502001	刘波	动力车间	正式工	6 500.00			
0502002	曾家强	动力车间	正式工	4 900.00			3
0502003	丁红	动力车间	正式工	5 000.00			
0502004	黄浩	动力车间	正式工	4 500.00		1	
0502005	王兰	动力车间	正式工	4 900.00			
0502006	王铃	动力车间	正式工	5 100.00			
0502007	刘江	动力车间	正式工	5 000.00			2
0503001	李飞	包装车间	正式工	4 800.00	2 000.00		
0503002	郑莹	包装车间	正式工	4 700.00	2 000.00		
合计				72 200.00	4 000.00	2	7

在薪资管理系统中，打开生产人员工资类别，执行“业务处理→工资变动”指令，进入工资变动表，录入生产人员的基本工资、岗位工资、事假天数和病假天数，并计算和汇总。生产人员薪资需要与车间管理部门核对计件工资数据是否正确。

第五节　薪资费用汇总与分配

一、工资类别汇总

工资类别汇总是指在多个工资类别中，以部门编号、人员编号、人员姓名为标准，将此三项内容相同人员的工资数据做合计。如需要统计所有工资类别本月发放工资的合计数，或某个工资类别所有发放次数的合计数，或某些工资类别中的人员工资都由一个银行代发，希望生成一套完整的工资数据传到银行，则可使用此项功能。

若要关闭所有打开的工资类别，执行“数据维护→工资类别汇总”指令，勾选管理人员薪资和生产人员薪资后，单击“确定”按钮即可。

二、薪资费用分配

新会计准则要求企业在每个自然月月末计提本月应付职工薪酬，包含工资、社保、住房公积金、职工教育经费、工会经费，然后分配到管理费用、制造费用、生产成本、销售费用等相关费用科目中。新会计准则下应付职工薪酬——工资、社保、住房公积金的会计分录如下：

借：管理费用——工资/社保/住房公积金（管理人员工资除车间管理人员）
　　制造费用——工资/社保（车间管理人员）
　　生产成本——工资/社保（车间工人）
　　销售费用——工资/社保（销售人员）
　贷：应付职工薪酬——工资/社保/住房公积金

注意：有些公司人事部提供的工资表中的应发工资为实际到银行提现的工资，但应付职工薪酬——工资科目核算的工资是全体人员的实际工资，即应该支付给全体员工的劳动所得，里面包含工资表中涉及的个人需要缴纳的社保、住房公积金和个人所得税等。如表6-4所示。

表6-4　×××有限公司2021年5月工资汇总

序号	日期	部门	工资总额/元	未领工资/元	社保金额/元	住房公积金/元
1	2021年5月	行政管理人员	10 707	10 182	500	25
2		车间管理人员	10 707	10 182	500	25
3		一车间	15 800	14 965	800	35
4		二车间	16 880	15 965	880	35

表6-4(续)

序号	日期	部门	工资总额/元	未领工资/元	社保金额/元	住房公积金/元
5		三车间	42 000	39 876	2 000	124
6		四车间	47 300	44 875	2 300	125
7		销售部	10 700	9 975	700	25
8		仓储物流科	5 350	4 980	350	20
合计			159 444	151 000	8 030	414

财务：　　　　　　　　　　人事：　　　　　　　　　　负责人：

注：此表中的数据只为举例，各项金额比例不准。

通过表6-4可以看出，本月工资总额为159 444元，未领工资为151 000元，即为本月实际需要从银行提现支付给职工的工资（已经扣除企业代扣代缴个人需要缴纳的保险和住房公积金）。然而企业本月发生的工资总额应该是：员工实际拿到手的工资+员工需要支付但在工资表中扣除的个人需缴纳的社保和住房公积金=151 000+8 030+414=159 444元。公司支付的社保为个人缴纳的三倍左右（此处暂定为三倍），因此公司承担的保险金额为：8 030×3=24 090元，公司承担的住房公积金和个人承担的住房公积金按1∶1的比例缴纳为414元（本文为举例只暂列414元的住房公积金）。因此，需要计提的应付职工薪酬——工资为159 444元，应付职工薪酬——社保为24 090元，应付职工薪酬——住房公积金为414元。

上面计提工资的会计分录为：

（1）计提工资、社保、住房公积。

借：管理费用——工资（管理人员工资+仓储物流科工资）　16 057
　　生产成本——工资（一、二、三、四车间工人）　121 980
　　制造费用——工资（车间管理人员工资）　10 707
　　销售费用——工资（销售人员工资）　10 700
　贷：应付职工薪酬——工资　159 444

（按照一定比例提取的单位承担部分）

借：管理费用——社保　2 550
　　生产成本——社保　17 940
　　制造费用——社保　1 500
　　销售费用——社保　2 100
　贷：应付职工薪酬——社保（养老、医疗、失业保险单位承担）　24 090

借：管理费用——住房公积金　414
　贷：应付职工薪酬——住房公积金（单位承担）　414

（2）从工资中收取代缴的工人住房公积金、社保。

借：应付职工薪酬——工资　8 444
　贷：其他应付款——社保（养老、医疗、失业保险个人承担）　8 030
　　　其他应付款——住房公积金（个人承担）　414

（3）发放工资。

借：应付职工薪酬——工资　　150 000

　贷：银行存款　　150 000

（4）缴纳公司承担的社保、住房公积金以及公司代个人收取代缴的社保、住房公积金。

借：应付职工薪酬——社保（养老、医疗、失业保险单位承担）　　24 090

　　应该职工薪酬——住房公积金（单位承担）　　414

　　其他应付款——社保（养老、医疗、失业保险个人承担）　　8 030

　　其他应付款——住房公积金（个人承担）　　414

　贷：银行存款　　32 948

（5）代扣个人所得税及其上缴。

借：应付职工薪酬——工资　　1 000

　贷：应交税费——应交个人所得税　　1 000

借：应交税费——应交个人所得税　　1 000

　贷：银行存款　　1 000

“五险一金”是指五种社会保险以及一个公积金，“五险”包括养老保险、医疗保险、失业保险、工伤保险和生育保险；“一金”是指住房公积金。其中养老保险、医疗保险和失业保险三种险是由企业和个人共同缴纳的保费；工伤保险和生育保险是由企业承担的，个人不需要缴纳。这里要注意的是“五险”是法定的，而“一金”不是法定的。

“五险一金”的缴纳比例每个地区的规定略有不同，基数是以工资总额为基数。

本案例“五险一金”计提基数为工资表中的“计提社保基数”，其比例如下：

养老保险缴费比例：单位 20%（全部划入统筹基金），个人 8%（全部划入个人账户）。

医疗保险缴费比例：单位 8%，个人 2%+3 元。

失业保险缴费比例：单位 0.8%，个人 1%。

工伤保险缴费比例：单位 1%，个人不用缴。

生育保险缴费比例：单位 1%，个人不用缴。

公积金缴费比例：单位和个人都是 12%。

要求：

（1）分别打开管理人员工资类别和生产人员工资类别，在“工资项目设置”的“公式设置”中，定义个人承担的养老保险、医疗保险、失业保险和公积金费计提公式。

（2）执行“业务处理→工资变动”指令，进入工资变动表，计算和汇总工资表。

（3）执行“业务处理→工资分摊”指令，对工资费用等进行分摊设置（如图 6-8 所示），并进行制单处理。

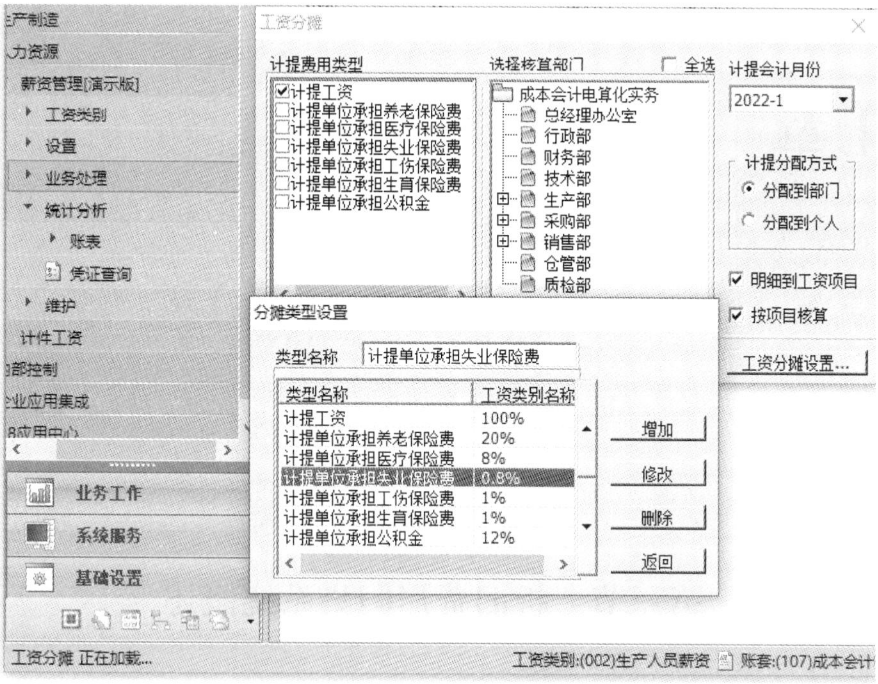

图 6-8　工资分摊设置

（4）到总账系统中查询工资及社保费计提的凭证（如图 6-9 所示）。

凭证共 14张　已审核 0 张　未审核 14 张　凭证号排序　制单日期排

制单日期	凭证编号	摘要	借方金额合计	贷方金额合计	制单人	审核人	系统名	备
2022-01-25	转 - 0012	计提单位承担工伤保险费	1,573.00	1,573.00	张红		薪资管理系统	
2022-01-25	转 - 0013	计提单位承担公积金	18,036.00	18,036.00	张红		薪资管理系统	
2022-01-25	转 - 0014	计提单位承担生育保险费	1,573.00	1,573.00	张红		薪资管理系统	
2022-01-25	转 - 0015	计提单位承担失业保险费	1,258.40	1,258.40	张红		薪资管理系统	
2022-01-25	转 - 0016	计提单位承担养老保险费	31,460.00	31,460.00	张红		薪资管理系统	
2022-01-25	转 - 0017	计提工资	157,300.00	157,300.00	张红		薪资管理系统	
2022-01-25	转 - 0018	计提单位承担医疗保险费	12,584.00	12,584.00	张红		薪资管理系统	
2022-01-25	转 - 0019	计提单位承担工伤保险费	1,415.05	1,415.05	张红		薪资管理系统	
2022-01-25	转 - 0020	计提单位承担公积金	16,980.60	16,980.60	张红		薪资管理系统	
2022-01-25	转 - 0021	计提单位承担生育保险费	1,415.05	1,415.05	张红		薪资管理系统	
2022-01-25	转 - 0022	计提单位承担失业保险费	1,132.04	1,132.04	张红		薪资管理系统	
2022-01-25	转 - 0023	计提单位承担养老保险费	28,301.00	28,301.00	张红		薪资管理系统	
2022-01-25	转 - 0024	计提单位承担医疗保险费	11,320.40	11,320.40	张红		薪资管理系统	
2022-01-25	转 - 0025	计提工资	141,505.00	141,505.00	张红		薪资管理系统	
		合计	425,853.54	425,853.54				

账套:(107)成本会计电算化实务　张红(账套主管)　2022-01-30 8:45　4006-600-588

图 6-9　查询工资及社保费计提凭证

第七章 折旧费用归集

第一节　折旧费用归集系统概述

用友 ERP-U8V10.1 系统用于归集产品成本折旧费的是固定资产管理系统。

一、固定资产管理系统概述

固定资产是企业的劳动手段，也是企业赖以生产经营的主要资产。它的管理和核算是企业经营管理和会计核算的一个重要组成部分，是改善企业经营管理的一个重要方面。固定资产在企业总资产中所占比重很大，数据结构规律性强，核算方法也比较规范。

（一）固定资产管理系统的特点

固定资产管理系统与其他系统相比有三个明显的特点：

（1）数据存储量大。在一般企业中，固定资产不仅价值高，而且数量也比较多，同时反映每一项资产的信息项目也比较多，根据管理的需要为每项固定资产建立卡片，所以数据存储量大。

（2）日常输入数据少。固定资产管理系统投入运行之后，一般只有在固定资产发生购入以及内部调动等情况下需要输入新数据。除此之外，需要输入的数据一般很少。这对于固定资产管理系统来说，减少了出错的可能性。

（3）输出数据多。在固定资产管理系统中，系统日常输出的数据比日常输入的数据要多。由于使用的目的不同，往往同一项固定资产数据要反映在不同的账表上。在手工方式上，这种账表编制的工作量不仅很大，而且受手工条件的限制，容易出现数据不一致的差错。采用计算机进行处理后，输出的速度不但可以提高，而且可以避免数据的不一致现象。

（二）固定资产管理系统的任务

固定资产管理系统的任务是：完成企业固定资产日常业务的核算和管理，生成固定资产卡片，按月反映固定资产的增加、减少、原值变化及其他变动，并输出相应的增减变动明细账，保证固定资产的安全完整并充分发挥其效能，同时按月自动计提折旧，生成折旧分配凭证，输出一些相关的报表和账簿。

二、固定资产管理系统数据处理流程

固定资产管理系统中资产的增加、减少以及原值和累计折旧的调整、折旧计提都要将有关数据通过记账凭证的形式传输到总账系统，同时通过对账保持固定资产账目与总账的平衡，并可以查询凭证。固定资产管理系统为成本管理系统提供折旧费用数据。UFO 报表系统可以通过使用相应的函数从固定资产系统中提取分析数据。

（一）固定资产手工业务流程

固定资产手工业务流程如图 7-1 所示。依据固定资产变动业务发生原始凭证填制并审核记账凭证，登记固定资产明细卡片和备查账簿，计提折旧；依据折旧计算表填制并审核折旧计提记账凭证，依据已审核的记账凭证登记总账和明细账。

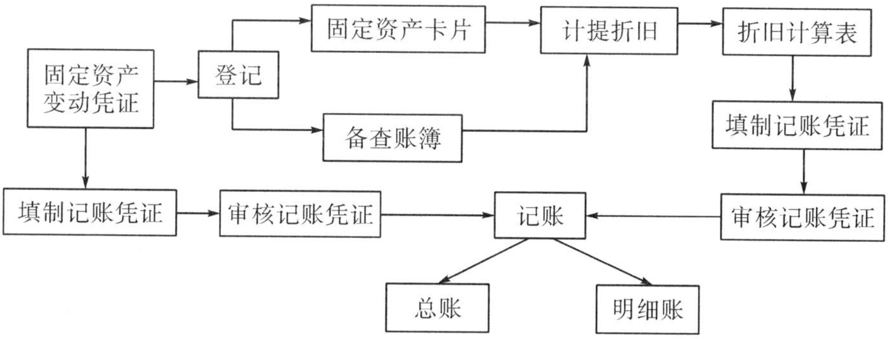

图 7-1　固定资产手工业务流程

（二）固定资产管理系统数据流程

固定资产管理系统的数据流程如图 7-2 所示。录入部门档案等基础信息后，输入固定资产明细卡片生成固定资产卡片文件，据此计算生成折旧文件，依据固定资产卡片文件生成输出固定资产变动表、固定资产明细账和固定资产总账，依据固定资产卡片文件和折旧文件生成输出固定资产折旧计算表、折旧记账凭证、固定资产统计表。

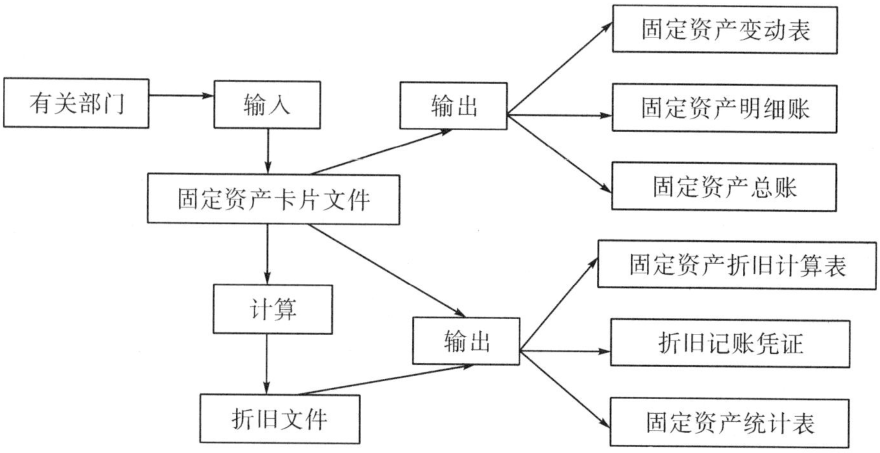

图 7-2　固定资产管理系统数据流程

三、固定资产管理系统基本功能简介

固定资产管理系统基本功能如图 7-3 所示。

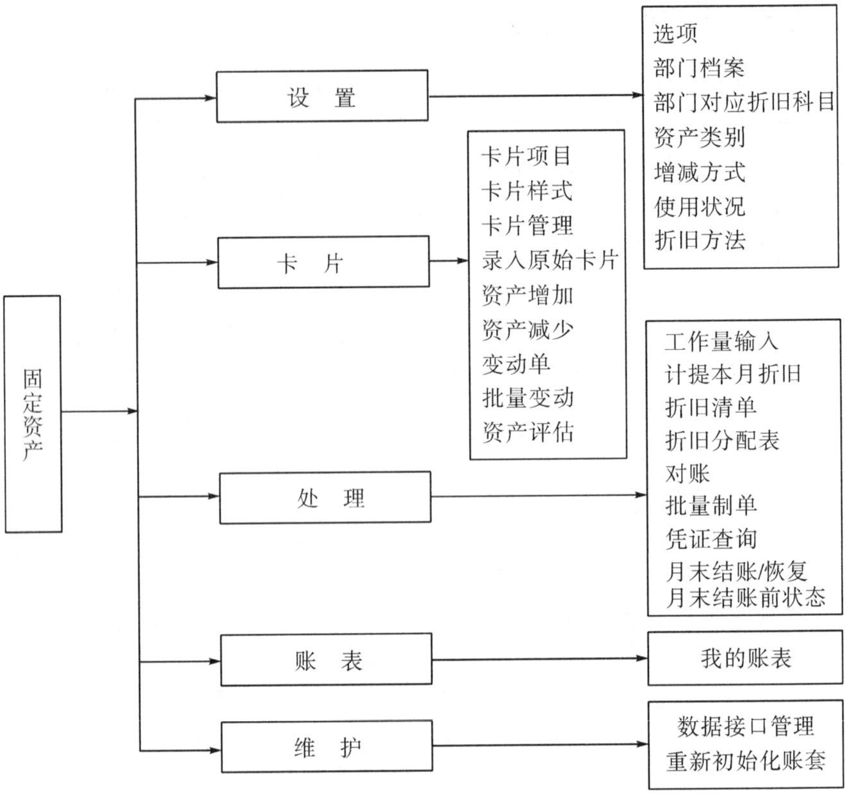

图 7-3　固定资产管理系统基本功能

（一）设置

（1）选项：包括在账套初始化中设置的参数和其他一些在账套运行中使用的参数或判断。

（2）部门档案：主要用于设置企业各个职能部门的信息。部门指某使用单位下辖的具有分别进行财务核算或业务管理要求的单元体，不一定是实际中的部门机构，按照已经定义好的部门编码级次原则输入部门编号及其信息，最多可分 5 级，编码总长 12 位。部门档案包含部门编码、名称、负责人、部门属性等信息。

（3）部门对应折旧科目：固定资产计提折旧后必须把折旧归入成本或费用，根据不同使用者的具体情况按部门或按类别归集。当按部门归集折旧费用时，某一部门所属的固定资产折旧费用将归集到一个比较固定的科目，所以部门对应折旧科目设置就是给部门选择一个折旧科目，录入卡片时，该科目自动显示在卡片中，不必一个一个输入，可提高工作效率。然后，在生成部门折旧分配表时每一部门按折旧科目汇总，生成记账凭证。在使用本功能前，必须已建立好部门档案，可在“基础设置”中进行设置，也可在本系统的“部门档案”中完成。

（4）资产类别：固定资产的种类繁多，规格不一，要强化固定资产管理，及时准确做好固定资产核算，必须建立科学的固定资产分类体系，为核算和统计管理提供依据。企业可根据自身的特点和管理要求，确定一个较为合理的资产分类方法。

（5）增减方式：包括增加方式和减少方式两类。增加的方式主要有直接购入、投资者投入、捐赠、盘盈、在建工程转入、融资租入等；减少的方式主要有出售、盘亏、投资转出、捐赠转出、报废、毁损、融资租出等。

（6）使用状况：从固定资产核算和管理的角度，需要明确资产的使用状况。这一方面可以正确地计算和计提折旧；另一方面便于统计固定资产的使用情况，提高资产的利用效率。

（7）折旧方法：折旧方法设置是系统自动计算折旧的基础。系统给出了常用的五种方法：不提折旧、平均年限法、工作量法、年数总和法、双倍余额递减法。这五种方法是系统设置的折旧方法，只能选用，不能删除和修改。另外，如果这五种方法不能满足企业的使用需要，系统提供了折旧方法的自定义功能，可以定义自己合适的折旧方法的名称和计算公式。

（二）卡片

（1）卡片项目：指固定资产卡片上显示的用来记录资产资料的栏目，如原值、资产名称、使用年限、折旧方法等卡片最基本的项目。用友 ERP-U8V10.1 固定资产系统提供了一些常用卡片必需的项目，称为系统项目，如果这些项目不能满足对资产特殊管理的需要，可以通过卡片项目定义来定义需要的项目，定义的项目称为自定义项目，这两部分构成卡片项目目录。

（2）卡片样式：指卡片的显示格式，包括格式（表格线、对齐形式、字体大小、字形等）、所包含的项目和项目的位置等。不同的企业使用的卡片样式可能不同，即使是同一企业内部对不同的资产也会由于管理的内容和侧重点不同而使用不同样式的卡片，所以本系统提供卡片样式自定义功能，充分体现了 ERP-U8V10.1 产品的灵活性。

（3）卡片管理：指对固定资产系统中所有卡片进行综合管理的功能操作。通过卡片管理可完成卡片修改、卡片删除、卡片打印。

（4）录入原始卡片：原始卡片是指卡片记录的资产开始使用日期的月份大于其录入系统的月份，即已使用过并已计提折旧的固定资产卡片。在使用固定资产系统进行核算前，必须将原始卡片资料录入系统，以保持历史资料的连续性。

（5）资产增加：即新增加固定资产卡片，在系统日常使用过程中，可能会购进或通过其他方式增加企业资产，该部分资产通过“资产增加”操作录入系统。当固定资产开始使用日期的会计期间=录入会计期间时，才能通过“资产增加”录入。

（6）资产减少：资产在使用过程中，总会由于各种原因，如毁损、出售、盘亏等，退出企业，该部分操作称为“资产减少”。本系统提供资产减少的批量操作，为同时清理一批资产提供方便。

（7）变动单：包括原值增加、原值减少、部门转移、使用状况变动、折旧方法调整、使用年限调整、工作总量调整、净残值（率）调整。

（8）批量变动：需批量变动的资产输入变动内容及变动原因后，可将需变动的资产成批生成变动单。

（9）资产评估：随着市场经济的发展，企业在经营活动中，根据业务需要或国家要求需要对部分资产或全部资产进行评估和重估，其中固定资产评估是资产评估很重要的部分。在本系统将固定资产评估简称资产评估，是本版新增的一个功能。本系统资产评估主要完成的功能是：将评估机构的评估数据手工录入或定义公式录入到系统；根据国家要求手工录入评估结果或根据定义的评估公式生成评估结果。本系统资产评估功能提供可评估的资产内容包括原值、累计折旧、净值、使用年限、工作总量、净残值率，可根据需要选择。

（三）处理

（1）工作量输入：当账套内的资产有使用工作量法计提折旧的时候，每月计提折旧前必须录入资产当月的工作量。本功能提供当月工作量的录入和以前期间工作量信息的查看。

（2）计提本月折旧：执行此功能后，系统将自动计提各个资产当期的折旧额，并将当期的折旧额自动累加到累计折旧项目。

（3）折旧清单：折旧清单显示所有应计提折旧的资产所计提折旧数额的列表，单期的折旧清单中列示了资产名称、计提原值、月折旧率、单位折旧、月工作量、月折旧额等信息。全年的折旧清单中同时列出了各资产在 12 个计提期间中月折旧额、本年累计折旧等信息。

（4）折旧分配表：是编制记账凭证，把计提折旧额分配到成本和费用的依据。什么时候生成折旧分配凭证根据在初始化或选项中选择的折旧分配汇总周期确定，如果选定的是一个月，则每期计提折旧后自动生成折旧分配表；如果选定的是三个月，则只有到三的倍数的期间，即第 3、6、9、12 期间计提折旧后才自动生成折旧分配凭证。折旧分配表有两种类型：部门折旧分配表和类别折旧分配表，只能选择一个制作记账凭证。

（5）对账：系统在运行过程中，应保证本系统管理的固定资产的价值和账务系统中固定资产科目的数值相等。而两个系统的资产价值是否相等，通过执行本系统提供的对账功能实现，对账操作不限制执行的时间，任何时候均可进行对账。系统在执行月末结账时自动对账一次，给出对账结果，并根据初始化或选项中的判断确定不平情况下是否允许结账。只有系统初始化或选项中选择了与账务对账，本功能才可操作。

（6）批量制单：在完成任何一笔需制单的业务的同时，可以通过单击“制单”按钮制作记账凭证并传输到账务系统，也可以在当时不制单（选项中制单时间的设置必须为“不立即制单”），而在某一时间（比如月底）利用本系统提供的“批量制单”功能完成制单工作。批量制单可同时将一批需制单业务连续制作凭证并传输到账务系统，避免了多次制单的繁琐。凡是业务发生当时没有制单的，该业务自动排列在批量制单表中，表中列示应制单而没有制单的业务发生的日期、类型、原始单据号，缺省借贷方科目和金额以及制单选择标志。

（7）凭证查询：本系统所制作传输到账务系统的记账凭证，可通过“凭证查询”功能查看和删除。即执行“处理→凭证”指令可调出系统制作传输到账务的所有凭证的列表；选定任一凭证行，单击工具栏的“查看”按钮，可查看已制作凭证的原始单据（卡片、变动单、分配表、评估单）；单击工具栏的“凭证”按钮，可查看该凭证。

（8）月末结账/恢复月末结账前状态：月末结账用于进行月末结账处理，一旦结账后，系统不允许再进行本月固定资产业务处理。恢复月末结账前状态又称反结账，是本系统提供的一个纠错功能。如果由于某种原因，在结账后发现结账前的操作有误，而结账后不能修改结账前的数据，可使用此功能恢复到结账前状态去修改错误。不能跨年度恢复数据，即本系统年末结转后，不能利用本功能恢复年末结转前状态。由于成本管理系统每月从本系统提取折旧费用数据，因此一旦成本管理系统提取了某期的数据，该期不能反结账。恢复到某个月月末结账前状态后，本账套内对该结账后所做的所有工作都无痕迹删除。

（四）账表

固定资产管理过程中，需要及时掌握资产的统计、汇总和其他各方面的信息。本系统根据企业日常操作和管理的需要，自动提供这些信息，以报表的形式提供给财务人员和资产管理人员。本系统提供的报表分为五类：分析表、减值准备表、统计表、账簿、折旧表。另外，如果所提供的报表不能满足要求，系统提供自定义报表功能，可以根据需要定义报表。

（1）分析表包含部门构成分析表、使用状况分析表、价值结构分析表、类别构成分析表。

（2）减值准备表包括减值准备总账、减值准备余额表、减值准备明细账。

（3）统计表包括评估汇总表、评估变动表、固定资产统计表、逾龄资产统计表、盘盈盘亏报告表、役龄资产统计表、固定资产原值一览表、固定资产变动情况表、固定资产到期提示表、采购资产统计表。

（4）账簿包括固定资产总账、单个固定资产明细账、固定资产登记簿、部门类别明细账。

（5）折旧表包括部门折旧计提汇总表、固定资产折旧清单表、固定资产折旧计算明细表、固定资产及累计折旧表。

（五）维护

（1）数据接口管理：具有卡片导入功能，可以将已有的固定资产管理系统的资产卡片自动写入本系统中，可以减少手工录入卡片的工作量。

（2）重新初始化账套：系统在运行过程中发现账错误很多或太乱，无法或不想通过“反结账”纠错，这种情况可以通过“重新初始化账套”将该账套的内容全部清空，然后从系统初始化开始重新建立账套。

四、固定资产管理系统接口

本系统与用友其他产品的接口主要涉及的是总账系统。本系统资产增加（录入新卡片）、资产减少、卡片修改（涉及原值或累计折旧时）、资产评估（涉及原值或累计折旧变化时）、原值变动、累计折旧调整、计提减值准备调整、转回减值准备调整、折旧分配、增值税调整都要将有关数据通过记账凭证的形式传输到总账系统，同时通过对账保持固定资产账目的平衡。固定资产管理系统与其他系统之间的接口关系如图 7-4 所示。

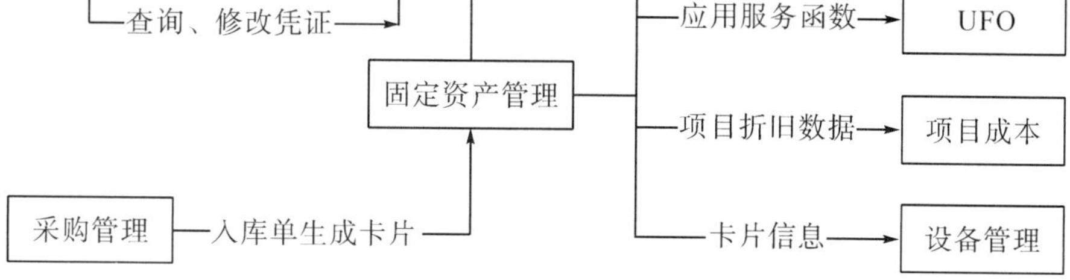

图 7-4 固定资产管理系统与其他系统之间的接口关系

五、固定资产管理系统基本操作流程

（一）新用户操作流程

用友 ERP-U8V10.1 固定资产系统新用户操作流程如图 7-5 所示。第一次使用固定资产管理系统时，首先需初始化系统，录入固定资产增减方式、使用状况、使用部门、资产类别等基础档案，录入固定资产期初原始卡片，再进行日常的固定资产增加、减少等业务的原始卡片录入处理，固定资产盘盈盘亏处理，月末计提折旧处理等。

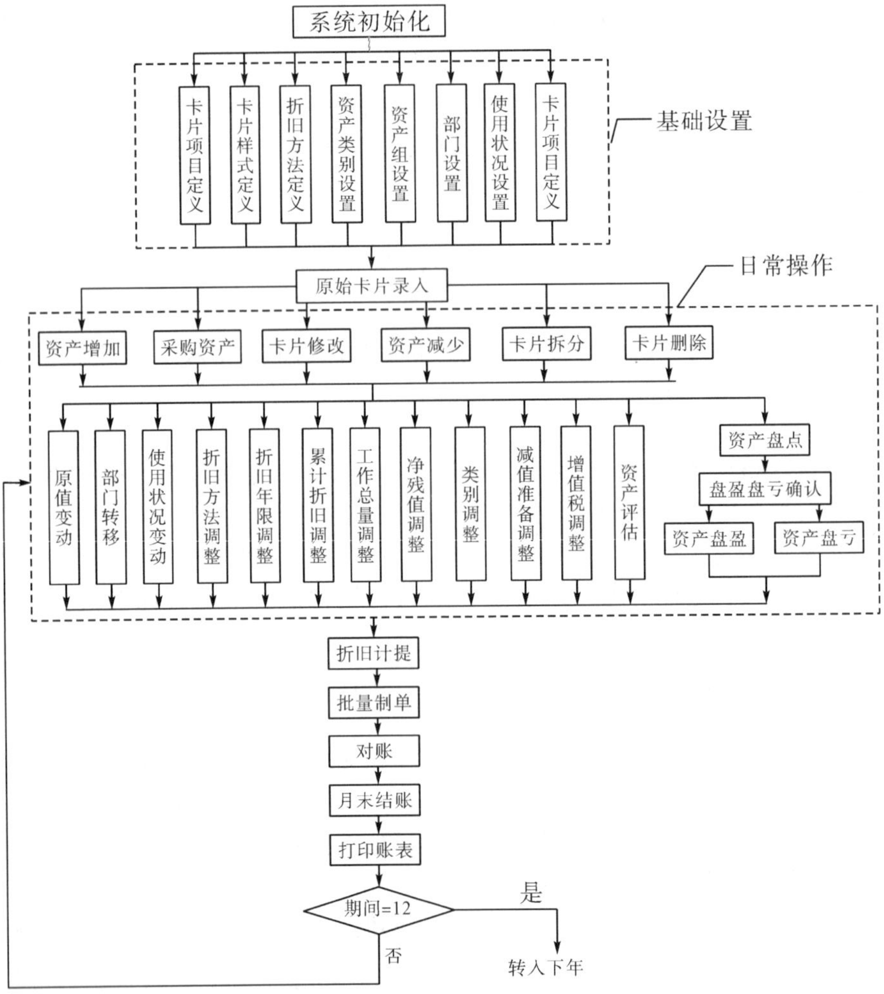

图 7-5　新用户操作流程

（二）老用户操作流程

用友 ERP-U8V10.1 固定资产系统老用户操作流程如图 7-6 所示。次年再次使用固定资产管理系统时，首先结转上年余额，调整选项和固定资产增减方式、使用状况、使用部门、资产类别等基础档案，再进行日常的固定资产增加、减少等业务的原始卡片录入处理，固定资产盘盈盘亏处理，月末计提折旧处理等。

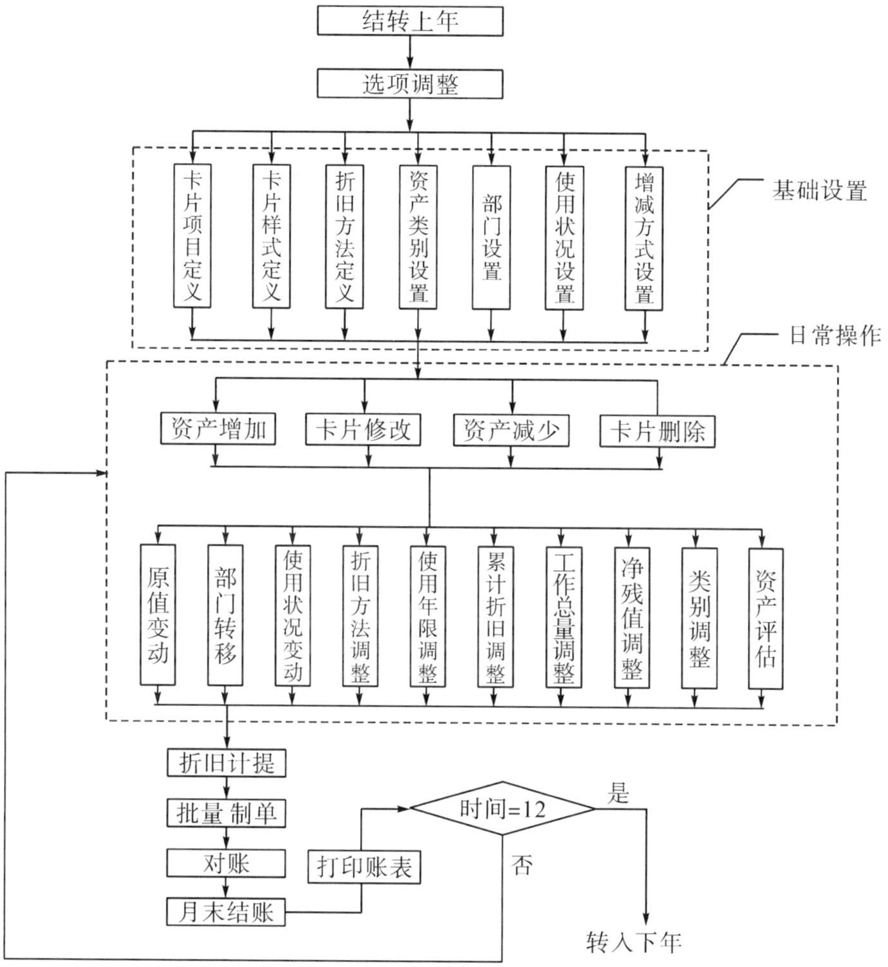

图 7-6 老用户操作流程

企业会计制度中，不同性质的企业，固定资产的会计处理方法不同。固定资产管理系统提供企业单位应用方案和行政事业单位应用方案两种选择。行政事业单位应用方案与企业单位应用方案的差别在于行政事业单位整个账套不提折旧。从操作流程来看，所有与折旧有关的操作环节在行政事业单位操作流程中均不体现。

第二节 折旧费用系统初始设置

[实务案例]

飞跃摩托车制造公司固定资产期初资料如下：

(1) 部门及对应折旧科目（见表 7-1)。

表 7-1 部门及对应折旧科目一览表

部门编码	部门名称	折旧科目
01	总经理办公室	660204
02	行政部	660204
03	财务部	660204
04	技术部	660204
05	生产部	510101
0501	成车车间	510101
0502	动力车间	510101
0503	包装车间	510101
06	采购部	660204
0601	原材料采购部	660204
0602	配套件采购部	660204
0603	其他采购	660204
07	销售部	660108
0701	西南办事处	660108
0702	西北办事处	660108
0703	北京办事处	660108
0704	东北办事处	660108
0705	东南办事处	660108
08	仓管部	660204
09	质检部	660204

（2）资产类别（见表 7-2）。

表 7-2 资产类别一览表

类别编码	类别名称	计提属性	折旧方法	净残值率
01	房屋及建筑物	正常计提	平均年限法（一）	4%
02	专用设备	正常计提	平均年限法（一）	4%
03	通用设备	正常计提	平均年限法（一）	4%
04	交通运输设备	正常计提	平均年限法（一）	4%
05	其他	正常计提	平均年限法（一）	4%

（3）增减方式（见表 7-3）。

表 7-3　增减方式一览表

增加方式			减少方式		
编码	方式	对应科目	编码	方式	对应科目
101	直接购入	100201	201	出售	1606
102	投资者投入	4001	202	盘亏	1901
103	捐赠	6301	203	投资转出	1511
104	盘盈	1901	204	捐赠转出	6711
105	在建工程转入	1604	205	报废	1606
106	融资租入	2701	206	毁损	1606
			207	融资租出	1531
			208	拆分减少	1606

（4）2022 年 1 月初固定资产使用及折旧情况资料（见表 7-4）。

表 7-4　2022 年 1 月初固定资产使用及折旧情况资料

名称	原值/元	所属类别	部门	累计折旧/元	开始使用日期	使用年限/月	已计提折旧月份数/月	来源
厂房	5 057 200. 00	1	动力车间、成车车间各占用 40%，包装车间 20%	77 666. 00	2014-01-20	360	95	在建工程转入
办公楼	12 000 000. 00	1	行政部、财务部、技术部、仓管部、质检部各 20%	500 000. 00	2014-01-02	360	95	在建工程转入
电脑	10 000. 00	3	办公室	1 920. 00	2020-12-18	60	12	购入
大众迈腾 2. 0	240 000. 00	4	办公室		2021-12-20	120	0	购入
生产线	400 000. 00	2	动力车间、成车车间各占用 40%，包装车间 20%	12 000. 00	2021-09-25	96	3	在建工程转入
焊机	46 000. 00	2	动力车间	5 520. 00	2020-12-18	96	12	购入
电脑	10 000. 00	3	北京办事处		2021-12-26	60	0	购入
货车	230 000. 00	4	仓管部		2021-12-26	120	0	购入
电脑	10 000. 00	3	财务部	480. 00	2021-09-26	60	3	购入
合计	18 003 200. 00			597 586. 00				

【操作步骤】

第一步：在固定资产系统中，执行“设置→部门对应折旧科目”指令，可进入部门对应折旧科目增加界面，逐一设置各部门的对应科目。（资产类别和增减方式也在“设置”下完成）

第二步：在固定资产系统中，执行“卡片→录入原始卡片”指令，可进入固定资产卡片增加界面，逐一输入月初固定资产。

第三节 折旧费用系统日常业务处理

一、固定资产增加核算

资产增加即新增加固定资产卡片，在系统日常使用过程中，可能会购进或通过其他方式增加企业资产，该部分资产通过“资产增加”操作录入系统。当固定资产开始使用日期的会计期间等于录入会计期间时，才能通过“资产增加”录入。新增固定资产卡片第一个月不提折旧，折旧额为空或零。

[实务案例]

1 月 28 日，购入电脑一台，单位售价 4 000 元，价税合计 4 680 元，进项税额可以抵扣，预计使用 5 年，以转账支票（票号 003398）方式支付，已交付原材料采购部使用。由固定资产模块生成 1 张凭证传递到总账系统。

【操作步骤】

第一步：在企业应用平台中，执行“业务工作→财务会计→固定资产→卡片→资产增加”指令，进入固定资产增加界面，单击“增加”按钮，输入相关信息后再保存，并审核固定资产卡片。

第二步：在固定资产系统中，执行“处理→批量制单”指令，选择制单的卡片后，在“制单设置”中补充相关信息后单击“凭证”进行制单。在凭证界面补填“进项税”科目及金额后保存凭证，并到总账系统中查阅凭证。

二、采购资产增加核算

“采购资产”是指根据入库单中的存货结转生成的固定资产卡片。在采购管理系统存在业务类型是由于录入固定资产采购的入库单时，其数据可以直接传递到固定资产系统的“采购资产”功能点，可以选择入库单结转生成卡片。

在固定资产系统中，执行“卡片→采购资产”指令，进入后分订单、入库单上下列表显示。选择一条订单记录，入库单列表自动显示与订单号、存货编号相对应的入库单记录。单击“增加”按钮进入采购资产分配设置界面，设置资产类别、开始使用日期、存货数量、抵扣增值税。在采购资产分配设置中通过快捷键“Ctrl+Alt+G”激活修改状态就可以对采购订单的单价进行修改。单击“确定”按钮进入资产卡片界面，补充资产信息并保存。

可结转生成固定资产卡片的入库单须满足：①业务类型为固定资产采购；②必有订单；③结转生成卡片的存货已经全部结算。与选中订单对应的入库单必须一次结转完毕，不允许分次结转。采购资产卡片不在固定资产制单，在应付管理系统制单。

[实务案例]

1 月 30 日，本公司通过采购资产购入起亚智跑一辆，买价 370 000 元，进项税 48 100 元，价税已用银行存款支付。

三、固定资产折旧处理

自动计提折旧是固定资产系统的主要功能之一。系统每期计提折旧一次，根据录入系统的资料自动计算每项资产的折旧，并自动生成折旧分配表，然后制作记账凭证，将本期的折旧费用自动登账。

（一）折旧计提和分配的基本原则

若选项中的“新增资产当月计提折旧”选项被选中，则本月计提新增资产的折旧；反之，本月不计提新增资产的折旧，下月计提。系统提供的直线法计算折旧时是以净值作为计提原值，以剩余使用年限为计提年限计算折旧。

本系统影响折旧计算的因素包括原值变动、累计折旧调整、净残值（率）调整、折旧方法调整、使用年限调整、使用状况调整、工作总量调整、减值准备期初、计提减值准备调整、转回减值准备调整。

本系统发生与折旧计算有关的变动后，以前修改的月折旧额或单位折旧的继承值无效；如加速折旧法在变动生效的当期以净值为计提原值，以剩余使用年限为计提年限计算折旧；平均年限法还以原公式计算。

当发生原值调整，若变动单中的“本变动单当期生效”选项被选中，则该变动单本月计提的折旧额按变化后的值计算折旧；反之，本月计提的折旧额不变，下月按变化后的值计算折旧。

当发生累计折旧调整，若选项中的“累计折旧调整当期生效”选项被选中，则本月计提的折旧额按变化后的值计算折旧；反之，本月计提的折旧额不变，下月按变化后的值计算折旧。

当发生净残值（率）调整时，若选项中的“净残值（率）调整当期生效”选项被选中，则本月计提的折旧额按变化后的值计算折旧；反之，本月计提的折旧额不变，下月按变化后的值计算折旧。

折旧方法调整、使用年限调整、工作总量调整、减值准备期初当月按调整后的值计算折旧。

使用状况调整、计提减值准备调整、转回减值准备调整，本月计提的折旧额不变，下月按变化后的值计算折旧。

本系统各种变动后计算折旧采用未来适用法，不自动调整以前的累计折旧，采用追溯调整法的企业只能手工调整累计折旧。

折旧分配：部门转移和类别调整当月计提的折旧分配，分配到变动后的部门和类别。

报表统计：将当月折旧和计提原值汇总到变动后的部门和类别。

如果选项中“当月初使用月份=使用年限×12-1 时是否将折旧提足”的判断结果为“是”，则除工作量法外，本月月折旧额=净值-净残值，并且不能手工修改；如果选项中“当月初使用月份=使用年限×12-1 时是否将折旧提足”的判断结果为“否”，则该月不提足，并且可手工修改，但如以后各月按照公式计算的月折旧率或折旧额是负数时，认为公式无效，令月折旧率=0，月折旧额=净值-净残值。

[实务案例]

1 月 31 日，按部门计提本月累计折旧。

【操作步骤】

在固定资产系统中，执行“处理→计提本月折旧”指令计提本月折旧，本月计提折旧分配表见图 7-7 所示。

部门编号	部门名称	项目编号	项目名称	科目编号	科目名称	折旧额
01	总经理办公			660204	折旧费	2,080.00
02	行政部			660204	折旧费	6,480.00
03	财务部			660204	折旧费	6,647.00
04	技术部			660204	折旧费	6,480.00
0501	成车车间			510101	折旧费	7,061.78
0502	动力车间			510101	折旧费	7,521.78
0503	包装车间			510101	折旧费	3,530.88
0703	北京办事处			660108	折旧费	160.00
08	仓管部			660204	折旧费	8,320.00
09	质检部			660204	折旧费	6,480.00
合计						54,761.44

图 7-7　折旧分配表

（二）计提折旧凭证制作

在固定资产系统中，执行“处理→折旧分配表”指令，可进入折旧分配表界面，单击工具栏“凭证”按钮进入联查凭证进行填制（如图 7-8 所示），选择凭证类别后保存。

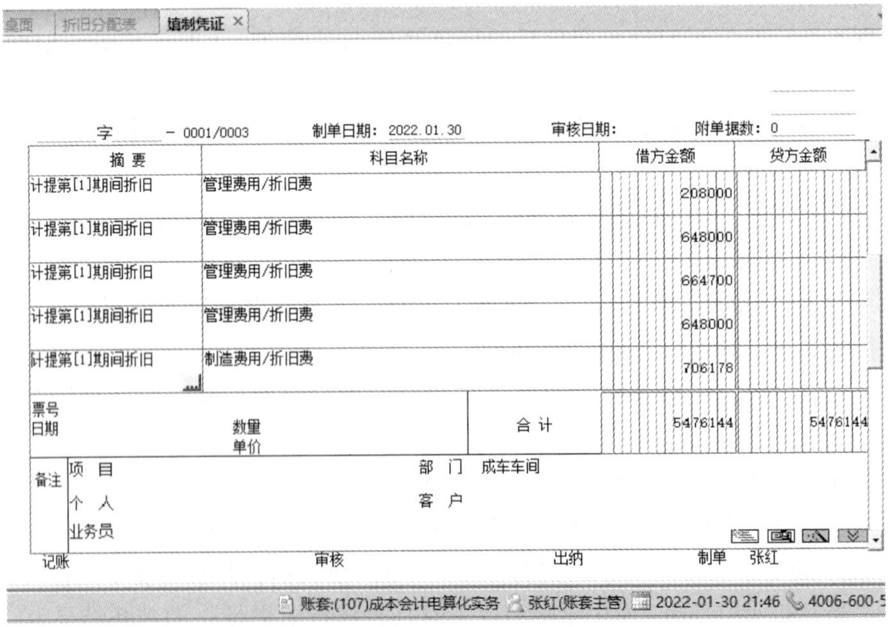

图 7-8　折旧分配会计凭证界面

四、固定资产减少核算

资产在使用过程中，总会由于各种原因，如毁损、出售、盘亏等，退出企业，该部分操作称为“资产减少”。因此固定资产系统提供资产减少的功能，以满足该操作。本系统提供资产减少的批量操作，为同时清理一批资产提供方便。

［实务案例］

1月31日，本公司出售不需用的一辆大众迈腾和一辆货车，其大众迈腾原值为240 000元，已提折旧为1 920元；货车原值为230 000元，已提折旧为1 840元，两者的公允价值均为其账面净值。

【操作步骤】

第一步：在固定资产系统中，执行“卡片→资产减少”指令，增加要减少的两辆车，补充相关信息后，按“确定”按钮进行保存。

第二步：执行“处理→批量制单”指令，补填科目保存后单击“凭证”按钮进行制单。

撤销已减少资产：资产减少的恢复是一个纠错的功能，当月减少的资产可以通过本功能恢复使用。通过资产减少的资产只有在减少的当月可以恢复。从卡片管理界面中，选择“已减少的资产”，选中要恢复的资产，单击“恢复减少”按钮即可。如果资产减少操作已制作凭证，必须删除凭证后才能恢复。

五、固定资产变动核算

资产在使用过程中，除发生下列情况外，价值不得任意变动：根据国家规定对固定资产重新估价；增加补充设备或改良设备；将固定资产的一部分拆除；根据实际价值调整原来的暂估价值；发现原记固定资产价值有误的；本系统原值发生变动通过“原值变动”功能实现。原值变动包括原值增加和原值减少两部分。执行“卡片→原值增加”指令，可进入固定资产变动单——原值增加界面，如图7-9所示。

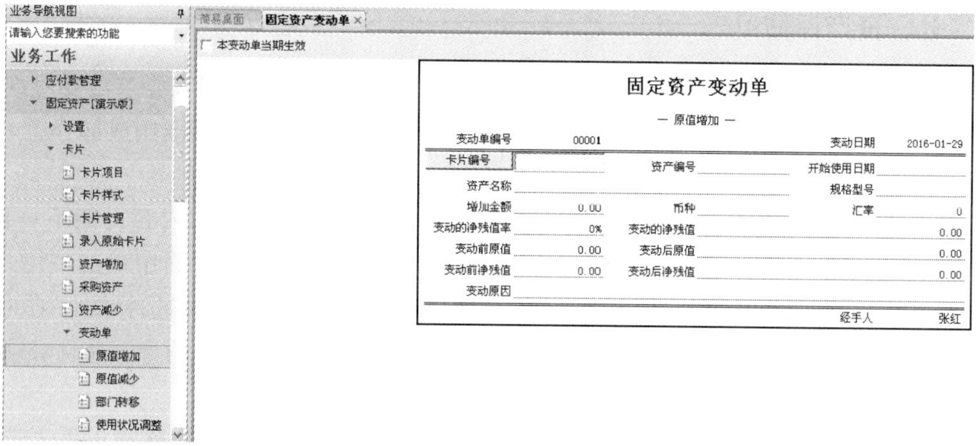

图7-9 固定资产变动单——原值增加界面

原值减少、部门转移、使用状况调整、折旧方法调整、累计折旧调整、使用年限调整、工作总量调整、净残值（率）调整、类别调整、减值准备期初、计提减值准备、转回减值准备、增值税调整以及位置调整的操作与前类似。

六、批量变动

因政策变更或其他原因需要批量变动一些固定资产的信息，可执行“卡片→批量变动”指令，进入“批量变动单”界面，在“变动类型”下拉列框中选择需变动的类型。

选择批量变动的资产有手工选择和条件选择两种方法。

手工选择：如果需批量变动的资产没有共同点，则可在“批量变动单”界面内，直接输入卡片编号或资产编号，也可使用参照按钮，将资产一个一个的增加到批量变动表内进行变动。

条件选择：指通过一些查询条件，将符合该条件集合的资产挑选出来进行变动。如果要变动的资产有共同之处，可以通过条件选择的方式选择资产，而不用一个资产一个资产的增加。单击“条件筛选”按钮，则屏幕显示条件筛选界面。在该界面中输入筛选条件集合后，单击“确定”按钮，则批量变动表中自动列示按条件筛选出的资产。

生成变动单：输入变动内容及变动原因后，单击右键选择“保存”菜单，可将需变动的资产生成变动单。

填充数据：可以对以下数据项统一填充变动后数据，具体包括变动原因、原值增加调整单中的增加金额、原值减少调整单中的减少金额、部门转移调整单中的变动后部门和新存放地点、使用状况调整单中的变动后使用状况、折旧方法调整单中的变动后折旧方法、使用年限调整单中的使用年限、工作总量调整单中的变动后工作总量、净残值（率）调整单中的净残值率、类别调整单中的类别、计提减值准备调整单中的减值准备金额、转回减值准备调整单中的转回减值准备和变动后累计折旧、期初减值准备调整单中的期初减值准备金额。先将焦点定位于可填充列，在“填充数据”后输入要统一变动的内容，单击“填充数据”按钮即可。

七、资产评估

随着市场经济的发展，企业在经营活动中，根据业务需要或国家要求需要对部分资产或全部资产进行评估和重估，其中固定资产评估是资产评估的重要组成部分。

进行资产评估时包括以下三个步骤：

第一步：选择要评估的项目。进行资产评估时，每次要评估的内容可能不一样，可以根据需要从系统给定的可评估项目中选择。在资产评估管理界面中单击“增加”按钮，进入“评估资产选择”窗口，在左侧的“可评估项目”列表中选择要评估的项目。用友 ERP-U8V10.1 系统中原值、累计折旧和净值三个中只能选两个，并且必须选择两个，另一个通过公式“原值-累计折旧=净值”推算得到。

第二步：选择要评估的资产。每次要评估的资产可能不同，可以选择以手工选择方式，或以条件选择方式，挑选出要评估的资产。

第三步：制作资产评估单。选择评估项目和评估资产后，必须录入评估后数据或通过自定义公式生成评估后数据，系统才能生成评估单，评估单显示评估资产所评估的项目在评估前和评估后的数据。评估单填完后，单击“保存”按钮。卡片上的数据根据评估单而改变。

当评估变动表中评估后的原值和累计折旧的合计数与评估前的数据不同时，单击“凭证”按钮，通过记账凭证将变动数据传输到总账系统。

如何定义公式生成评估数据：选择要定义公式的区域，选中后该区域背景是蓝色（所选的区域只能是评估后数据区域，并且选中的只能是一列）；单击“计算公式”按钮，屏幕显示定义公式界面。双击评估项目将该项目添加到公式中，同时使用键盘输入计算符和数字，定义出评估公式。单击“确定”按钮，则选中的区域的数据是按公式计算出的数据。

八、资产盘点

企业要定期对固定资产进行清查，至少每年清查一次，清查通过盘点实现。本系统将固定资产盘点简称为资产盘点，是在对固定资产进行实地清查后，将清查的实物数据录入固定资产系统与账面数据进行比对，并由系统自动生成盘点结果清单的过程。

（一）资产盘点

进行资产盘点时包括以下三个步骤：

第一步：选择要盘点的范围。进行资产盘点时，每次要进行盘点的范围可能不同，可以根据需要从系统给定盘点范围中选择。在资产盘点管理界面中单击“增加”按钮，进入“新增盘点单-数据录入”窗口，单击“范围”按钮，进入“资产盘点”窗口，选择实际盘点的发生日期，再选中要进行盘点的方式及对应该方式的明细分类。

第二步：进行项目设置。每次盘点的侧重点不同，要录入的盘点数据与要核对的数据也不尽相同，系统提供相关卡片项目供选，单击工具栏“栏目”可将其调出。

核对项目：生成盘点结果清单时要与系统内卡片进行核对的项目。

录入项目：实际盘点数据需要录入的项目。

核对项目与录入项目的供选项目完全一致，均为系统内相关卡片项目。选中核对项目则相应的录入项目自动选中，若单独选中录入项目，则对应核对项目可以不选。

第三步：录入盘点数据并生成盘点结果清单。根据所选盘点范围以及项目设置，录入盘点数据，生成盘点结果清单供企业对比分析。

录入数据：单击“增行”，系统新增一行，录入对应各项目的实际盘点数据。

生成盘点结果清单：单击“核对”按钮，系统将根据当前盘点单中的数据同系统内盘点日期的卡片数据相比较生成结果清单，可以查看固定资产是与实际相符还是出现了盘盈盘亏，也可选中“过滤掉相符情况”单独查看盘盈及盘亏的资产清单。

保存盘点单：要将本次录入的盘点单保存在系统内供查询，单击工具栏上的“保存”按钮。

（二）盘点盈亏确认

企业进行资产的盘点之后，要对盘盈盘亏结果进行审核。盘点记录审核，先选择需要审核的盘点单；对需要审核的盘盈或盘亏记录进行审核，选择“同意”或“不同意”，录入处理意见。

盘点记录批量处理，批量填充意见，在需要审核记录的“选择”栏打上“Y”标记；在“批量填充”后的文字录入框中输入处理意见；单击“批量填充”按钮可将意见填入所选行记录作为处理意见。批量审核方法同前。盘点单关闭，所有的审核同意记录都进行了盘盈或盘亏处理后，该盘点单自动关闭。不需要再进行盘盈或盘亏资产操作的盘点单，可以手工关闭。已关闭的盘点单不能进行后续盘盈或盘亏操作。已进行盘盈或盘亏资产操作的记录，系统自动标记为已处理。

（三）资产盘盈

资产盘盈处理，执行“卡片→资产盘盈”指令，可进入资产盘盈处理界面，选择需要进行盘盈处理的盘点单，录入待盘盈资产的开始使用日期及资产类别，单击“盘盈资产”按钮进入所选记录的资产卡片补充资产信息并保存。盘盈资产的操作是增加资产卡片的操作，要求先录入开始使用日期及资产类别才能进行资产增加。

盘点记录批量盘盈，在需要盘盈记录的“选择”栏打上“Y”标记，在“日期”和“资产类别”中录入相应信息；单击“批量填充”按钮将开始使用日期及资产类别填入所选记录的对应栏目；单击“盘盈资产”按钮对所选记录的资产逐张补充资产信息并保存。

（四）资产盘亏

资产盘亏处理，执行“卡片→资产盘亏”指令，可进入资产盘亏处理界面，选择需要处理的盘点单，在需要审核记录的“选择”栏打上“Y”标记，再选择需要进行盘亏处理的盘点单，单击“盘亏资产”按钮进入资产减少对所选记录的资产进行减少处理。盘亏资产将进行资产减少操作，应先计提折旧才可进行。

九、报表

固定资产管理过程中，需要及时掌握资产的统计、汇总和其他各方面的信息。用友固定资产系统可根据日常业务处理情况，自动提供这些信息，以报表的形式提供给财务人员和资产管理人员。本系统提供的报表分为五类：账簿、折旧表、汇总表、分析表、减值准备表。另外，如果所提供的报表不能满足要求，系统提供自定义报表功能，企业可以根据需要定义符合自己要求的报表。

（1）账簿包括固定资产总账、单个固定资产明细账、固定资产登记簿和部门类别明细账。

（2）分析表包括部门构成分析表、使用状况分析表、价值结构分析表和类别构成分析表。

（3）统计表包括评估汇总表、评估变动表、固定资产统计表、逾龄资产统计表、盘盈盘亏报告表、役龄资产统计表、固定资产原值一览表、固定资产变动情况表、固定资产到期提示表和采购资产统计表。

（4）折旧表包括部门折旧计提汇总表、固定资产折旧清单表、固定资产折旧计算明细表、固定资产及累计折旧表。

（5）减值准备表包括减值准备总账、减值准备余额表和减值准备明细账。

第八章 产品成本归集与分配

第一节 成本归集与分配系统概述

用友 ERP-U8V10.1 系统中进行产品成本归集与分配核算的是成本管理系统。

一、成本管理系统简介

企业生存和发展的关键，在于不断提高经济效益，主要通过增收和节支来实现。增收靠创新，节支靠成本控制。而成本控制的基础是成本核算工作。目前在企业的财务工作中，成本核算往往是工作量最大、占用人员最多的工作，用友 ERP-U8V10.1 系统能帮企业更加准确、及时地完成成本核算工作。

二、成本管理系统的主要功能

（一）成本核算功能

成本管理系统根据对定义的物料清单，选择成本的核算方法和各种费用的分配方法，自动对从其他系统读取的数据或企业手工录入的数据进行汇总计算，输出企业需要的成本核算结果及其他统计资料。

（二）成本计划功能

通过费用标准单价和单位产品费用耗量生成标准成本，成本的计划功能主要是为成本预测和分析提供数据。

（三）成本预测功能

系统运用一次移动平均和年度平均增长率法以及计划（历史）成本数据对成本中心总成本和任意产量的产品成本进行预测，以满足企业经营决策需要。

（四）成本分析功能

系统可以对分批核算的产品进行追踪分析，计算成本中心的内部利润；对历史数据进行对比分析，分析标准成本与实际成本差异，以及产品的成本项目构成比例。

三、成本管理系统与其他系统的主要关系

成本管理系统与其他系统的主要关系如图 8-1 所示。

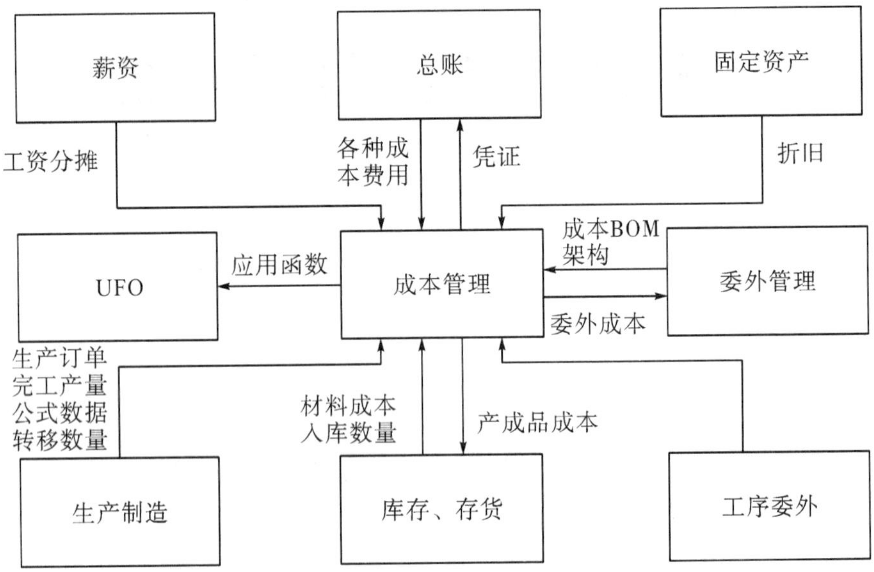

图 8-1 成本管理系统与其他系统的主要关系

（一）成本管理系统与存货核算系统的关系

成本管理系统引用存货核算系统提供的以出库类别和会计期间划分的领料单（出库单）汇总表，包括领料部门、成本对象（产品）、批号、领用量、领料额、实际单价。

存货核算系统可以从成本管理系统中取产品单位成本数据。

分批的专用材料：领料部门+期间+出库类别+成本对象（成本对象与产品的对应关系须在项目档案管理中预先定义）。

采用全月平均计价方式的存货必须在存货核算系统对其所在仓库进行了月末处理之后才能向成本管理系统传递数据。采用计划价计价方式的存货必须在存货系统对其所在仓库进行了差异率计算和分摊之后才能向成本系统传递材料的实际价格数据，否则为计划价格。

采用卷积运算时，系统自动完成存货计价核算、提取材料及半成品数据、分配产成品成本等操作过程。

（二）成本管理系统与薪资管理系统的关系

成本管理系统引用薪资管理系统提供的，以人员类别划分并且按部门和会计期间汇总的应计入生产成本的直接人工费用和间接人工费用。

（三）成本管理系统与固定资产系统的关系

成本管理系统引用固定资产系统提供的按部门和会计期间汇总的折旧费用分配表。

（四）成本管理系统与总账系统的关系

成本管理系统引用总账系统提供的应计入生产成本的间接费用（制造费用）或其他费用数据。如果成本管理系统未与固定资产系统与工资系统集成使用，也可以引用总账系统中应计入生产成本的人工费用及折旧费用数据。成本管理系统将成本核算结果自动生成转账凭证，传递到总账系统。

（五）成本管理系统与生产制造系统的关系

如果企业启用了生产制造系统，并且在成本系统的“选项”中选择了“启用生产制造数据来源”或“按订单核算”选项，则只有企业在“生产制造”系统制定了生产订单的产品，并且该产品已经符合投产日期条件后，方能进行该产品及其相关子项产品的日常成本资料录入工作。

四、成本管理系统业务流程

（一）日常成本核算流程

用友 ERP-U8V10.1 系统日常成本核算流程如图 8-2 所示。首先录入成本资料；其次进行成本自动或分步计算，生成会计凭证；最后对当期成本进行分析和对未来成本进行预测。

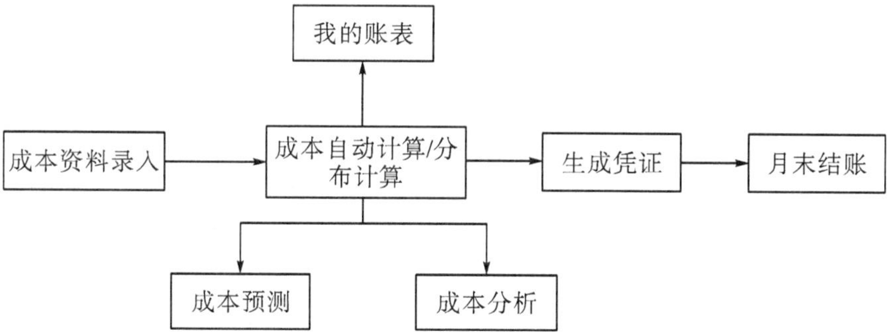

图 8-2　日常成本核算流程

（二）材料费用核算流程

用友 ERP-U8V10.1 系统材料费用核算流程如图 8-3 所示。在库存管理系统中填制材料出库单，在存货核算系统中进行材料出库成本核算，在成本管理系统中归集各产品的专用材料费和共用材料费，再依据完工产品和在产品数分配计算完工产品成本和在产品成本。

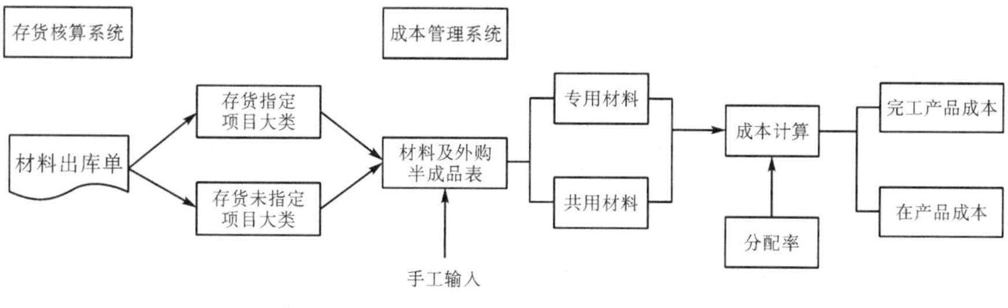

图 8-3　材料费用核算流程

（三）其他费用核算流程

用友 ERP-U8V10.1 系统其他费用核算流程如图 8-4 所示。人工费用、制造费用和其他费用可手工直接在成本管理系统中录入，也可在总账系统中填制记账凭证后传递到成本管理系统。人工费用还可由薪资管理系统分摊处理后传递到成本管理系统，制造费用还可由固定资产系统计提折旧和薪资系统分摊车间管理人员薪资后传递到成本管理系统。

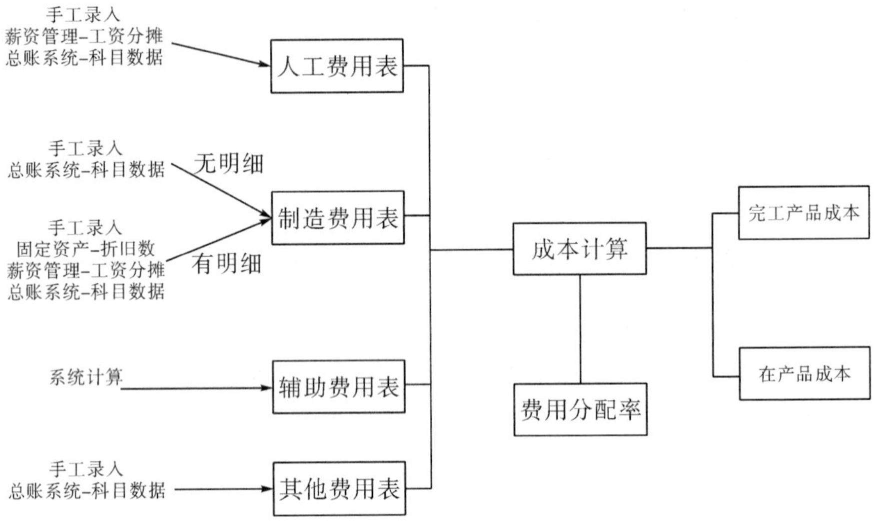

图 8-4 其他费用核算流程

（四）成本计算的基本模型

成本计算的基本模型如图 8-5 所示。成本计算的基本线索是"产品结构（或物料清单）"，基本算法是以品种法为基础的逐步结转分步法，并辅助以生产批号来实现按批次归集成本费用的分批法核算。

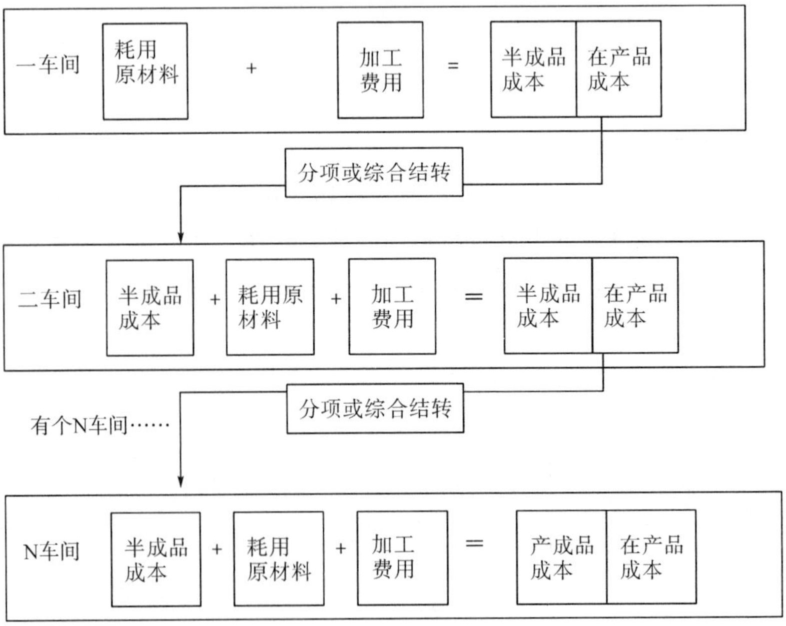

图 8-5 成本计算的基本模型

五、成本管理系统操作流程

（一）初始使用流程

用友 ERP-U8V10.1 系统成本管理初始使用流程如图 8-6 所示。初始成本管理系统时，需先设置成本中心档案、产品结构（或物料清单），再进行成本核算方法选择，定义材料费用、制造费用、折旧费用、人工费用及其他费用来源等，定义成本中心对应关系，定义产品属性，定义费用明细与总账接口，定义分配率和定额分配标准，录入期初在产品费用明细。

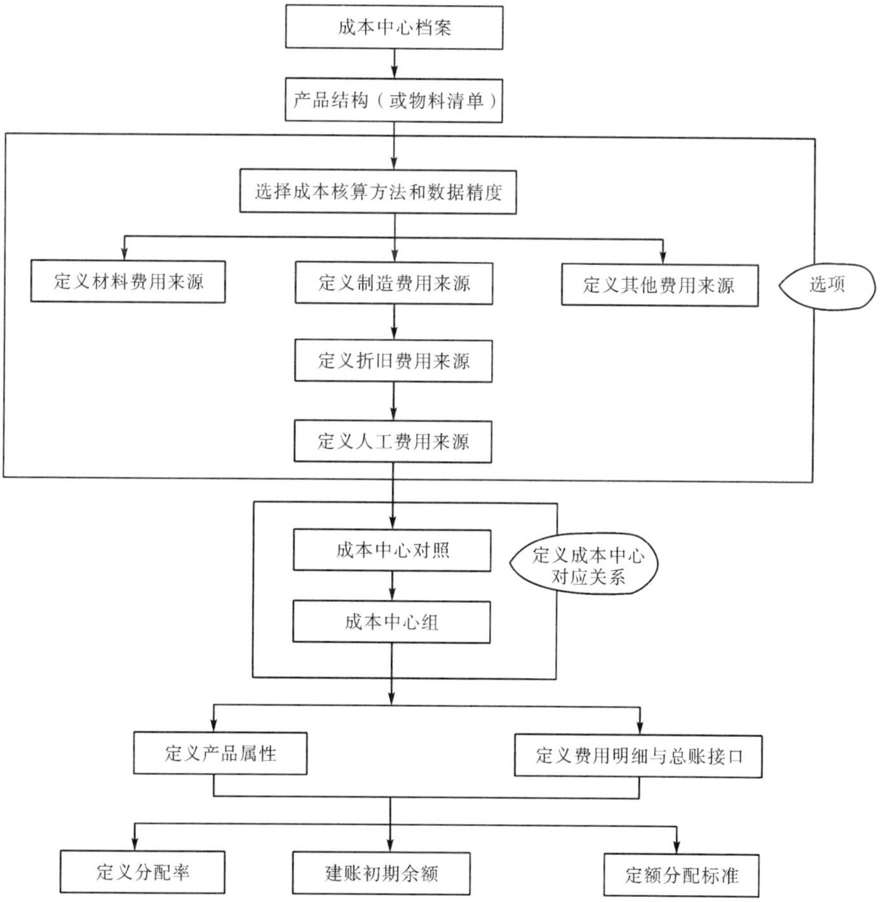

图 8-6　成本管理初始使用流程

（二）日常操作流程（非卷积）

用友 ERP-U8V10.1 系统日常操作流程（非卷积）如图 8-7 所示。在非卷积运算模式下，成本计算依据生产批号、期初在产品调整数据，本期共耗费用、人工费用、制造费用、折旧费用、其他费用、辅助费用和委外加工费，期末完工产品和在产品数，以及在产品费用分配标准，直接进行产品成本归集和分配，计算完工产品、在产品总成本和单位成本。

（三）日常操作流程（卷积）

用友 ERP-U8V10.1 系统日常操作流程（卷积）如图 8-8 所示。在卷积运算模式下，

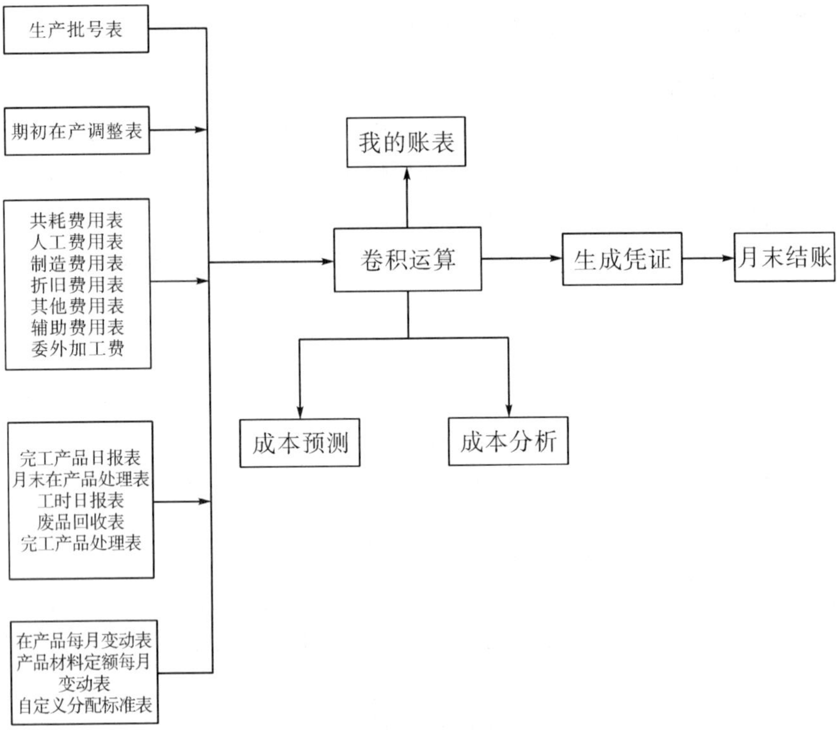

图 8-7　日常操作流程（非卷积）

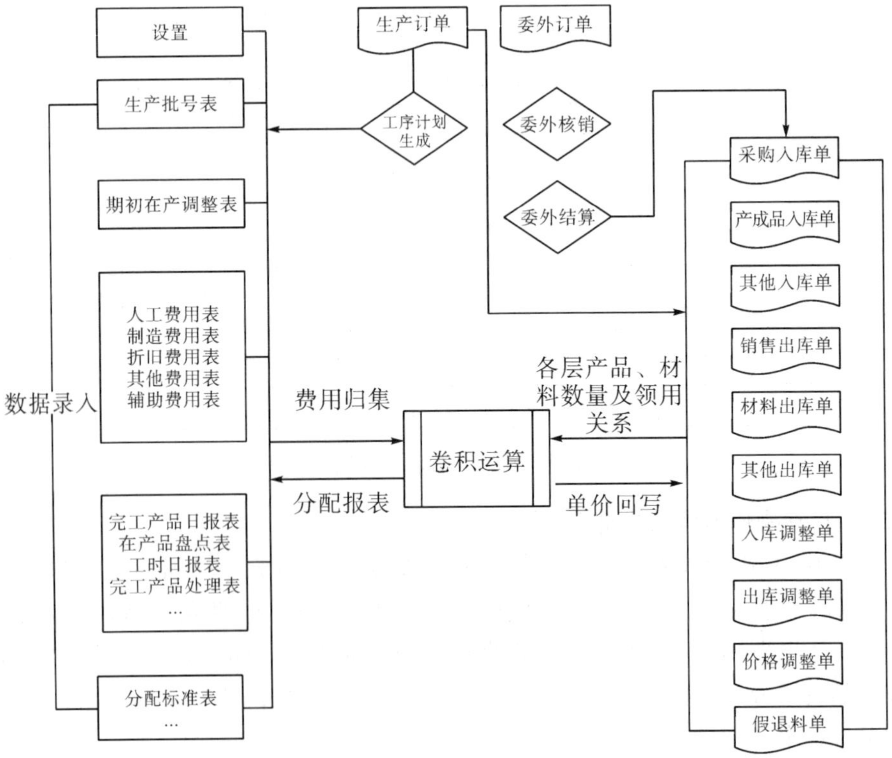

图 8-8　日常操作流程（卷积）

成本计算依据生产批号、生产订单和工序等，对期初在产品调整数据，本期共耗费用、人工费用、制造费用、折旧费用、其他费用、辅助费用和委外加工费，进行分层次分卷级归集其产品生产费用，期末按各层次各卷级完工产品和在产品数，以及各层次各卷级在产品费用分配标准，进行各层次各卷级产品成本归集和分配，计算各层次各卷级完工产品、在产品总成本和单位成本。

第二节 成本管理系统初始设置

进行正常的成本核算之前，首先要进行“选项”的定义，其次必须进行成本中心、产品、定额、费用明细、分配率、期初余额的设置工作。

一、选项参数设置

成本系统选项包括成本核算方法、存货数据来源、人工费用来源、制造费用来源、折旧费用来源、其他费用来源等。

（一）成本核算方法设置

用友 ERP-U8V10.1 成本管理系统中，成本核算方法设置参数选项如图 8-9 所示。

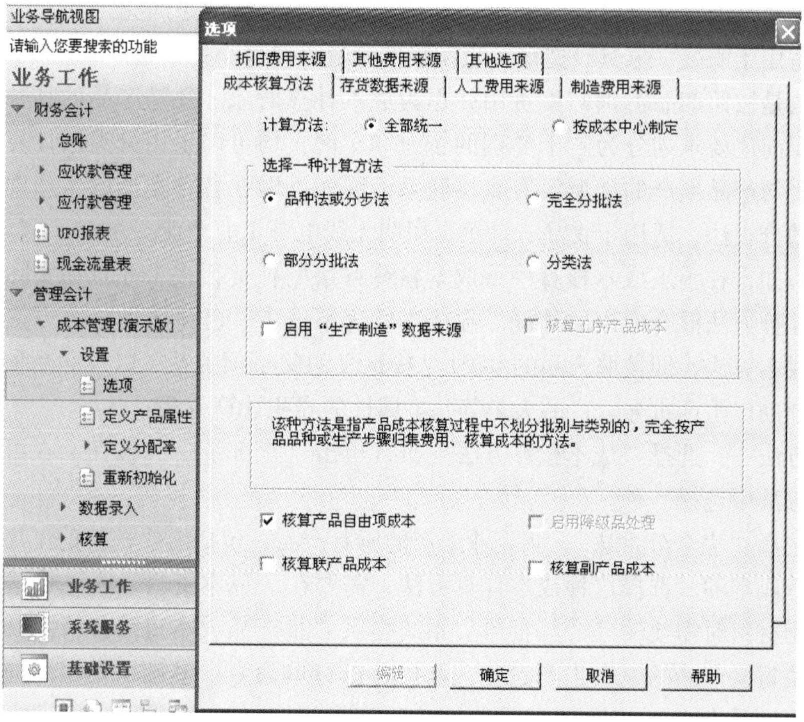

图 8-9 成本核算方法参数选项设置界面

手工核算成本的基本方法有品种法、分步法、分类法、分批法。下面介绍手工核算成本的基本方法在成本管理系统中的应用。

品种法是以产品的品种作为成本计算对象。其主要适用于大批量的单步骤生产，如发电、采掘等生产。在大批量多步骤生产中，如生产规模小，或生成车间按封闭式车间设置，生产按流水线组织，不要求按生产步骤计算成本，则可以采用品种法计算产品成本。它的特点是：以产品的品种作为计算对象，在管理上不需要分步骤计算产品成本；月末有在产品，需要将生产费用在完工产品和在产品间进行分配；对应软件中的品种法或分步法；适用于煤炭、食品、制药等单品种大批量生产企业。

分步法是按照产品的生产步骤作为成本计算对象（即各工序产品为成本计算对象）。其适用于连续加工式多步骤生产和大批量生产，生产过程划分为若干个生产步骤，在管理上需要掌握各加工步骤成本。它的特点是：以产品的各生产步骤的半成品和最后的产成品为成本计算对象；月末在产品与完工产品之间需要分配生产费用；对应软件中的品种法或分步法；适用于钢铁、印染、纺织、石油、化工、造纸、水泥、印刷、汽车制造、机械加工、家电等连续加工式生产企业。

分批法是以产品的批别或订单作为成本计算对象。其适用于小件单批的多步骤或单步骤生产。当生产按小批或单件组织时，一批产品往往同时完工，有可能按照产品的批别归集费用和计算成本。为了考核、分析各批产品成本水平，也有必要分批计算产品成本。分批法适用于企业完全按照订单生产产品的情况，可以将一个订单定义为一个批号，通过系统提供的按批号核算成本的方法，对订单完成情况进行管理。它的特点是：以产品批号或订单作为成本计算对象；一般这种方法生产不会有在产品，所以月末不需在完工和在产品中分摊生产费用，但需对应软件中的完全分批法或者部分分批法；适用于服装、家具、造船、重型机器制造等单件小批量生产企业。

分类法是按照产品类别归集费用并作为成本计算对象。凡是产品的品种繁多，而且可以按照前述要求划分为若干类别的企业和车间，均可以采用分类法计算成本。它的特点是：与产品生产的类型没有直接联系，因而可以在各种类型的生产中应用；对应软件中的分类法；适用于食品、针织、照明无线电等工业企业。

如上所知，在手工成本核算中，成本核算方法的种类很多，并且在实际工作中往往会出现几种方法混合应用的情况。在成本管理系统中，已将多种核算方法抽象为一种基本的成本算法，即按照产品的 BOM 结构定义的父子项关系，以产品品种为基本核算对象，辅助以生产批号、产品大类等基本属性的卷积计算方法。

设置方法一：选择“成本核算方法”页，单击“全部统一”按钮，在可供选择的四种计算方法中选择一种。

如果选择“完全分批法”，指企业生产的所有产品，包括需要核算的工序产品都是按批号计算成本的。选择这种成本计算方法，需要在“成本资料录入”中输入生产批号，在领用材料时需要输入产品批号。系统提供“批产品成本追踪分析”功能，可以完整地反映每批产品的整个生产过程。所以，以订单为生产基础以销定产的生产企业都可以采用这种方法。

如果选择“部分分批法”，指企业有一部分产品采用分批法进行核算，同时也有不采用分批法核算的情况。采用这种成本计算方法，需要在“成本资料录入”中输入生产批号，在分批核算成本的产品直接领用材料时需要输入产品批号。系统提供“批次产品成本追踪分析”功能，可以完整地反映每批产品的整个生产过程。系统自动根据成本资料，计算出批产品和非批产品的成本。

如果选择“分类法”，指以产品类别作为成本核算对象，归集生产费用，计算产品成本。采用这种计算方法，在“定义产品属性”时，可以为每种产品定义产品大类。

如果选择“品种法或分步法”，指产品成本核算过程中不划分批别与类别，完全按产品品种和核算步骤归集费用，计算产品成本，并可以计算出每一步骤的产品成本。在软件中最终的产成品和半成品均视为产品。所以，企业选择了这种方法后还要注意在存货档案和产品结构中要定义半成品。这种方法适合所有手工成本采用品种法或分步法的企业。

设置方法二：如果启用了“生产订单”模块，选择“成本核算方法”页，单击“按成本中心制定”按钮，显示企业进行了成本归集对照的所有成本中心，针对每一个成本中心，都可以从“品种法或分步法”或“按订单核算”中选择一种。选择“品种法或分步法”，规则等同按“全部统一”中选择“品种法或分步法”；选择“按订单核算”，等同按“全部统一”中选择“启用生产制造数据来源”。

（二）存货数据来源设置

在成本管理系统中，存货数据可以定义来源于手工输入，也可以定义来源于存货系统，系统将依据其定义选择判断存货数据的取值依据。

如选择来源手工输入，将手工输入每月成本核算所需的费用数据，且“材料及外购半成品耗用表”“完工产品处理表”的录入中“取数”按钮将置灰。

若选择来源存货系统，每个会计期间只需进入“数据录入”中的“材料及外购半成品耗用表”和“完工产品处理表”，系统将自动从存货系统读取成本核算所需的材料消耗数据和产成品入库数据，无须手工输入。因此，选择“来源于存货系统”，还需要定义哪些出库类别记入直接材料费用，哪些入库类别记入入库数量。“材料及外购半成品耗用表”中数据取值于界面中“记入直接材料费用”的出库类别，因此，设置时需从左边的列表中选择出库类别项目到右边的列表框中。“完工产品处理表”中的入库数量取值于界面中“记入入库数量”的入库类别，因此，也需从左边的列表内选择入库类别项目到右边的列表框中，系统根据所选入库类别从存货系统取完工入库数量。

如果存货系统未启用，则“来源于存货系统”的选项为暗，不能选择，需要先启用存货系统并重新启动本系统后，才可以选择。

如果选择“启用生产制造数据来源”，在“完工产品处理表”中能够取数的前提条件是必须启用库存系统。

从存货系统取数的约束条件：采用全月平均计价方式的存货必须在存货系统对其所在仓库进行了月末处理之后才能向成本系统传递数据。采用计划价计价方式的存货必须在存货系统对其所在仓库进行了差异率计算和分摊之后才能向成本系统传递材料的实际价格数据，否则为计划价格。

材料出库单取数规则：专用材料取数要求部门必须为成本中心对照中的部门；材料出库期间与成本的取数期间一致；出库类别与成本设置时存货来源选项中定义的出库类别一致。

如不选中“启用生产制造数据来源”或按成本中心制定选择“品种法或分步法”，

专用材料则应选择成本对象项目大类中的项目（参照生产订单领料时，系统可以自动带出项目档案中的项目信息，不需要再手动录入。另注：基础档案中项目目录可以在构建物料清单后自动带入或批量引入）。如成本核算方法采用分批法时，还应输入生产批号。

如选项中“启用生产制造数据来源”或按成本中心制定选择“按订单核算”但未核算到工序，专用材料则须对应相应的生产订单号信息；核算工序产品成本的专用材料则须对应相应的生产订单中工序信息。

成本系统检查条件（材料出库单）：

不分批的共用材料：领料部门+期间+出库类别。

分批的共用材料：领料部门+期间+出库类别+批号。

分批的专用材料：领料部门+期间+出库类别+成本对象（成本对象与产品的对应关系须在项目档案中预先定义）。

不分批的专用材料（选项中不“启用生产制造数据来源”或按成本中心制定选择“品种法或分步法”）：领料部门+期间+出库类别+成本对象（成本对象与产品的对应关系须在项目档案中预先定义，存货材料出库单上的“项目”字段须在单据设计中预先增加）。

不分批的专用材料（选项中“启用生产制造数据来源”或按成本中心制定选择“按订单核算”但未核算到工序）：领料部门+期间+出库类别+生产订单信息。

产成品入库数量取数规则：取数要求同材料出库单取数要求相同。

选项中不“启用生产制造数据来源”或按成本中心制定选择“品种法或分步法”：须对应选择成本对象项目大类中的项目（如果成本对象大类的项目档案编码在“项目档案”设置中与存货编码一致，此条成本对象在产品入库单可以不录入对应的项目编码，未与存货编码保持一致的其他 BOM 版本成本对象仍需要在产品入库单录入项目编码；否则，系统自动把所有入库数量全部取到存货编码与项目编码一致的成本对象上）。

如成本核算方法采用分批法时，还应输入生产批号。

选项中“启用生产制造数据来源”或按成本中心制定选择“按订单核算”但未核算到工序须对应生产订单号信息（启用库存系统）。

成本系统检查条件（产成品入库单）：

分批的产品：部门+期间+入库类别+批号+成本对象（成本对象与产品的对应关系须在项目档案中预先定义，存货产成品入库单上的“项目”字段须在单据设计中预先增加）。

不分批的产品（选项中不“启用生产制造数据来源”或按成本中心制定选择“品种法或分步法”）：部门+期间+入库类别+成本对象（成本对象与产品的对应关系须在项目档案中预先定义，产品入库单上的“项目”字段须在单据设计中预先增加）。

不分批的产品（选项中“启用生产制造数据来源”或按成本中心制定选择“按订单核算”但未核算到工序）：部门+期间+入库类别+生产订单信息。

（三）人工费用来源设置

在成本管理系统中，可以定义人工费用的数据“来源于手工输入”还是“来源于总账系统”或者“来源于薪资管理系统”，系统将依据定义的选择进行人工费用的取值，并进行成本计算。

选择“来源于手工输入”，将要求手工输入每月成本核算所需的人工费用数据。此项其他页签选项相同。

选择“来源于总账系统”，每个会计期间只需进入“数据录入”→“人工费用表”，系统将从总账系统读取成本核算所需的人工费用数据，无须手工输入。此项其他页签选项相同。

选择“来源于薪资管理”系统，每个会计期间只需进入“成本核算”→“成本资料录入”→“人工费用表”，系统将自动从薪资管理系统读取成本核算所需的人工费用数据，无须手工输入。选择“来源于薪资管理系统”时，需要选择工资类别、人员类别和工资分摊类型。

其中，数据“来源于薪资管理系统”的人员类别定义：界面中“记入直接人工费用的人员类别”列表和“记入制造费用的人员类别”列表中的数据，都是从“人员类别”中选取，并且一种人员类别只能属于一个列表。

核算计件工资：选择“核算计件工资”，“计件工资”可以直接从薪资管理系统取出数据，同时成本管理中“人工费用表”从薪资管理系统取数时，将扣减符合条件的“计件工资”金额；未选择“核算计件工资”，“人工费用表”直接取出符合对应条件的人工费用金额。

系统特别说明：

如果薪资管理系统未启用，则“来源于薪资管理系统”的选项置灰，不能选择，需要先启用薪资管理系统并重新启动本系统后，才可以选择。

如果总账系统未启用，则“来源于总账系统”的选项置灰，不能选择，需要先启用总账系统并重新启动本系统后，才可以选择。

如果已经选择“制造费用无明细”选框，则“记入制造费用的人员类别”选项置灰，不可激活。

从总账系统取数的条件：总账为成本核算提供的人工费用数据，必须在这些相关的费用凭证记账后才能传递到成本核算系统。此项其他页签选项相同。

从薪资管理系统取数的条件：为了避免工资多次分摊造成工资最终分摊数据与成本读取的数据不符的情况，只有在工资分摊并生成分摊凭证后，成本系统才能从薪资管理系统提取人工费用数据。

（四）制造费用来源设置

在成本管理系统中，可以定义制造费用的数据“来源于手工输入”还是“来源于总账系统”，系统将依据设置的选择进行制造费用的取值，并进行成本计算。这两种来源选项中，只能选择一种。“制造费用无明细”是一个开关，决定了本系统中制造费用是否要定义明细项目。确认了“选项”以后，就不允许改变此项。

如果存在产品完全报废业务，可选择“产品完全报废时是否按制造费用摊销”。选择“是”，系统自动在制造费用明细中增加“废品分摊”项目，并且按制造费用所定义的分配率在报废产品所在成本中心内分摊报废成本到此项目中；选择“否”，计算检查及计算时进行提示控制。

（五）折旧费用来源设置

在成本管理系统中，可以定义折旧费用的数据“来源于手工输入”还是“来源于总账系统”或者“来源于固定资产系统”，系统将依据定义的选择进行折旧费用的取值，并进行成本计算。

选择“来源于固定资产系统”，每个会计期间只需进入“数据录入”→“折旧费用表”，系统将自动从固定资产系统读取成本核算所需的折旧费用数据，无须手工输入。

如果已经选择“制造费用无明细”选框，则“折旧费用来源”页签置灰，不可激活。

从固定资产系统取数的条件：固定资产系统计提折旧后就可以向成本系统提供数据，且成本系统取数后即在数据库做好取数标志，如固定资产系统需要再次计提折旧，系统则提示成本系统已取数，不能重新计提。所以必须在成本系统执行恢复月初状态功能，取消该标志后，再重新进行折旧计提，然后成本系统再读取折旧数据。

（六）其他费用来源设置

在成本管理系统中，可以定义其他费用的数据“来源于手工输入”还是“来源于总账系统”，系统将依据定义的选择进行其他费用的取值，并进行成本计算。

选择“无此数据项”，则成本费用项目中将仅包括材料费用、人工费用、制造费用、辅助费用四项费用大类。

选框“其他费用无明细”是一个开关选项，选择此项，则成本项目中的其他费用不划分明细。

如果已经确认了选项，则数据只允许在“来源于手工系统”和“来源于总账系统”之间转换，如果定义的是“无此数据项”或选择了“其他费用无明细”项，则不允许再改变。

（七）其他选项设置

在成本管理系统中，除定义成本的计算方法、数据来源之外，还需定义废品分摊公共料费、共用半成品构建 BOM 以及成本的数据精度。

废品分摊公共料费：当存在报废产品，在进行公共材料费用分摊时，系统提供废品产量参与或不参与的选择，可以根据企业产品报废的实际情况进行不同选择。如打钩选择，在“完工产品日报表”录入的“废品”产量，在成本计算时，会与完工产量一道作为“负担产品的数量”分摊共用材料、人工费用、制造费用、共耗费用；未打钩选择，系统只按完工产品产量参与分配。

共用半成品构建 BOM：当非采购件作为共用材料被成本取数时，系统在构建成本 BOM 时提供灵活的处理方法，根据实际情况自主选择是否把共用半成品同步架构。如果打钩选择，系统依据共用半成品所在成本中心内各实际成本对象对其领用及实际成本对象对材料及相互领用关系构建成本 BOM。如果未打钩选择，自动卷积或分层卷积时，按共用材料循环领用处理：计算检查时提示企业手工填写单价（警告型提示），如果企业未录入单价，进行成本计算时，先按零成本出库选项选择；仍无，按参考成本取数；再无，按零成本处理。

此选项仅对卷积运算时选择“自动卷积”或“分层卷积”有效，只要做过任何一层计算，此选项选择后不能修改，选择“分层卷积”恢复到0阶或选择“自动卷积”恢复后方可修改。

如果打钩选择，必须先在“产品材料定额每月变动表”中进行“全展”；否则，效果等同未打钩选择，成本计算检查时也会自动提示做出相应操作。

［实务案例］

飞跃摩托车制造公司成本管理系统初始信息如下：

1. 基础档案

（1）成本中心（见表8-1）。

表8-1 成本中心一览表

序号	成本中心编码	成本中心名称	生产属性
1	0501	成车车间	基本生产
2	0502	动力车间	基本生产
3	0503	辅助车间	辅助生产

（2）成本中心对照表（见表8-2）。

表8-2 成本中心对照表

序号	成本中心编码	成本中心名称	部门编码	部门名称	成本中心组
1	0501	成车车间	0501	成车车间	成本核算中心
2	0502	动力车间	0502	动力车间	
3	0503	辅助车间	0503	辅助车间	

【操作步骤】

执行“基础设置→基础档案→财务→成本中心”指令，可进行成本中心设置。其他相似。

2. 系统参数信息

（1）成本核算方法：全部统一采用品种法。

（2）数据来源：生产制造、核算工序产品成本。

（3）存货数据来源：存货系统。

计入直接材料费用：生产领料出库。

计入入库数量：产成品入库、自制件入库。

（4）人工费用来源：薪资管理。

工资类别：生产人员工资类别、核算计件工资。生产人员薪资记入直接人工费，技术人员和辅助生产人员薪资记入制造费用。

工资分摊类型：计提工资、养老保险、医疗保险、失业保险、工伤保险、生育保险和公积金。

（5）折旧费用来源：固定资产系统。

（6）其他费用来源：总账系统。

（7）制造费用来源：总账系统。

（8）浮动换算率计算基准：主计量产量。

【操作步骤】

在成本管理系统中，执行“设置→选项”指令，就可进行参数设置。

二、定义产品属性

定义产品属性指确认每月成本核算系统的产品核算范围。即已在“产品结构或物料清单”或生产订单中定义过的产品。

定义产品属性的作用：确认每月成本核算系统的产品核算范围；定义产品的所属大类；在成本报表查询中，按产品的大类进行查询范围的细分。

成本对象类型主要分为“基本成本对象”“计划成本对象”“实际成本对象”，不同的成本对象类型，其应用范围不同。

基本成本对象：主要应用范围为“设置”部分-定义分配率、产品权重系数。

计划成本对象：主要应用范围为“设置”部分-定额管理、标准成本部分。如果是多成本中心生产，按订单核算需要提前制定相应定额工时、标准成本或按品种核算无法制定多成本中心的计划成本对象，可以单击“增加”按钮，在现有成本中心下生成另外成本中心下的计划成本对象；如果是非多成本中心生产，且选项中选择“启用生产制造数据来源”或“按订单核算”或“按工序核算”，也不需要提前制定相应定额工时、标准成本，可以不需要在物料清单中指定领料部门，系统自动按生产订单中生产部门同步计划成本对象部门。

实际成本对象：主要应用范围为期初余额调整、数据录入各表、成本计算、报表、预测、分析、凭证处理、UFO 函数，可以按期间查询各历史实际成本对象。

栏目说明：

产出类型：显示实际成本对象在物料清单或生产订单中产出品属性为“联产品”或“副产品”。

产品大类：可以手工输入，也可以参照输入，如果成本核算方法未选择“分类法”，则不能够定义“产品大类”。

如果对所有的产品未确定领料或生产部门，或进入界面后未单击“刷新”按钮，即在“定义产品属性”界面中未显示任何一种产品的信息，则本系统不能继续执行下面的功能。

对于上述两种情况的产品，均可以到产品结构或物料清单或生产订单、车间管理相关菜单中重新定义其生产部门或工作中心，或者到成本中心档案、成本中心对照中将其生产部门定义为“基本生产”成本中心，则可以核算该产品成本。

如果数据录入表各菜单不能进行操作或无相应的生产订单信息，请在过滤条件

"成本对象类型"中选择"实际成本对象"，进入界面后单击"刷新"按钮，确认是否有所需要的产品信息。

启用生产制造数据来源，本月实际成本对象刷新条件如下：

生产订单在成本计算期间本月或本月以前被审核（核算到工序时，必须同时完成工序计划生成）。

生产订单部门与成本中心对照中的部门相对应（核算到工序时，产品工艺路线的工作中心或工作中心所对应的部门与成本中心相对应）。

成本计算期间的生产订单在上月或以前未被关闭。

［**实务案例**］

飞跃摩托车制造公司产品属性实际成本对象如图 8-10 所示。

	成本中心编码	成本中心名称	产品编码	产品名称	订单号	订单行号	工序行号	BOM版本号	替代标识号	规格型号	停用标志	工序属性	订单状态	维修订单标识	订单审核日期
1	0502	动力车间	02020101	轮胎组件-100普通	0000000020	1	10	1			启用	自制	正常	否	2022-01-01
2	0502	动力车间	02020101	轮胎组件-100普通	0000000005	1	10	1			启用	自制	正常	否	2022-01-01
3	0502	动力车间	02020102	轮胎组件-100加宽	0000000019	1	10	2			启用	自制	正常	否	2022-01-01
4	0502	动力车间	02020102	轮胎组件-100加宽	0000000022	1	10	2			启用	自制	正常	否	2022-01-01
5	0502	动力车间	02020102	轮胎组件-100加宽	0000000007	1	10	2			启用	自制	正常	否	2022-01-01
6	0502	动力车间	02020103	灯-125灯总成	0000000007	2	10	3			启用	自制	正常	否	2022-01-01
7	0502	动力车间	02020103	灯-125灯总成	0000000019	2	10	3			启用	自制	正常	否	2022-01-01
8	0502	动力车间	02020103	灯-125灯总成	0000000020	2	10	3			启用	自制	正常	否	2022-01-01
9	0502	动力车间	02020103	灯-125灯总成	0000000022	2	10	3			启用	自制	正常	否	2022-01-01
10	0502	动力车间	02020103	灯-125灯总成	0000000005	2	10	3			启用	自制	正常	否	2022-01-01
11	0502	动力车间	02020104	100型发动机-J脚启动	0000000007	3	10	4			启用	自制	正常	否	2022-01-01
12	0502	动力车间	02020104	100型发动机-J脚启动	0000000019	3	10	4			启用	自制	正常	否	2022-01-01
13	0502	动力车间	02020104	100型发动机-J脚启动	0000000020	3	10	4			启用	自制	正常	否	2022-01-01
14	0502	动力车间	02020104	100型发动机-J脚启动	0000000022	3	10	4			启用	自制	正常	否	2022-01-01
15	0502	动力车间	02020104	100型发动机-J脚启动	0000000005	3	10	4			启用	自制	正常	否	2022-01-01
16	0501	成车车间	0301001	100型摩托车-普通型	0000000005	4	40	5			启用	自制	正常	否	2022-01-01
17	0501	成车车间	0301001	100型摩托车-普通型	0000000020	4	40	5			启用	自制	正常	否	2022-01-01
18	0501	成车车间	0301002	100型摩托车-加强型	0000000007	4	40	6			启用	自制	正常	否	2022-01-01
19	0501	成车车间	0301002	100型摩托车-加强型	0000000019	4	40	6			启用	自制	正常	否	2022-01-01
20	0501	成车车间	0301002	100型摩托车-加强型	0000000021	1	40	6			启用	自制	正常	否	2022-01-01

图 8-10　飞跃摩托车制造公司产品属性实际成本对象

三、定义费用明细及与总账接口

如果在"选项"中选择制造费用、其他费用、折旧、人工费用、共耗费用的数据来源于总账系统，则需要在此定义制造费用、其他费用、折旧、人工费用、共耗费用的明细与总账接口的公式。

［**实务案例**］

飞跃摩托车制造公司成车车间制造费用与总账接口如图 8-11 所示，其他车间相似。

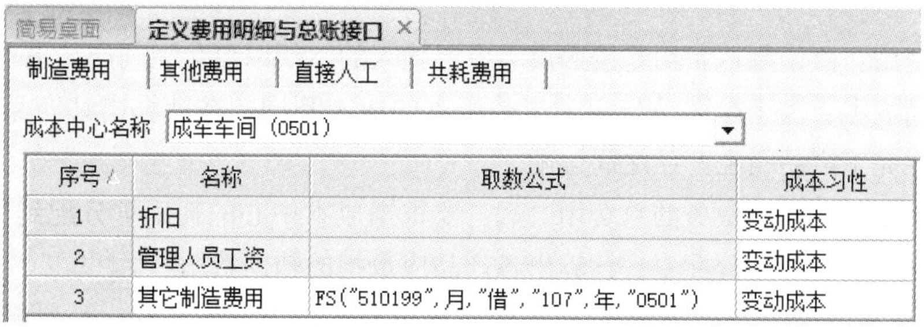

序号	名称	取数公式	成本习性
1	折旧		变动成本
2	管理人员工资		变动成本
3	其它制造费用	FS("510199",月,"借","107",年,"0501")	变动成本

图 8-11　飞跃摩托车制造公司成车车间制造费用与总账接口

飞跃摩托车制造公司将以前分布在各车间的质检人员，归拢单独成立了一个质检部门；归属各车间的技术人员在技术部统一办公，现将质检部和技术部的费用作为共耗费用在各产品中分摊，其分摊设置如图 8-12 所示。

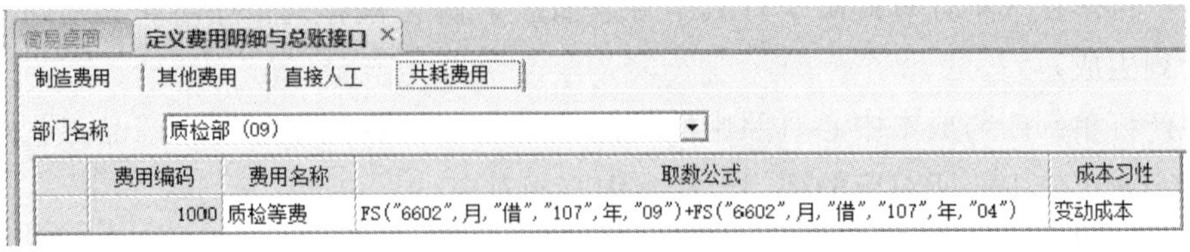

图 8-12　质检部与技术部费用分摊设置

飞跃摩托车制造公司无其他费用，折旧费用来源于固定资产系统，此处不用设置；人工费用来源于薪资系统，此处也不用设置。

四、定义分配率

经过对料、工、费的来源进行设置，已基本完成了成本费用的初次分配和归集，即将大部分专用费用归集到各产品名下，将其他间接成本费用归集到各成本中心范围内。为了计算最终产成品的成本，还必须将按成本中心归集的成本费用在成本中心内部各产品之间、在产品和完工产品之间进行分配，因此，在成本管理系统中，需要定义各种分配率，为系统自动计算产品成本提供计算依据。

所谓费用分配率，其实质是计算“权重”，即某一待分配费用值在各个应负担对象中分摊的比例。目前，成本管理系统中共有六类分配率，每一类中又对应多种分配方法，比较复杂，但这是为了尽可能满足不同企业的需要而设计，归纳其实质，分为两种情况：在成本中心内部各产品间的分配、在完工产品和在产品间的分配。分配方法共 6 种，其中包括一种自定义分配方法，理论上可以定义任何一种分配方法，可以根据需要进行选择，并允许随时修改。

共耗费用：由于共耗费用是成本中心以外的费用，所以要按一定比例先分配到各成本中心，再分配到产品中去或跨越各成本中心直接分配到产品中去。

共用材料：指由成本中心领用的材料，若来源于存货系统，则在存货系统填制的领料单上的“成本对象”或“生产订单”信息为空。

直接人工费用：由于直接人工费用是按照成本中心输入的，所以要分配到产品中去。

制造费用：由于制造费用是按照成本中心输入的，所以要分配到产品中去。

在产品成本：由于在产品与完工产品所占的成本不同，在计算出某产品的总费用后，还要在完工产品与在产品之间分配。

辅助费用：计算出服务的总费用之后，要根据成本中心的耗用量分配到成本中心，然后还要根据辅助费用分配率，计算出各产品应负担的辅助费用。

辅助部门分配率：当一个辅助成本中心提供两种以上的服务时，需要将成本中心总费用按一定的比率分配到服务中。

联产品：联合产品中定义为联产品的，其成本要根据一定分配率从主副联产品中分摊出来。

副产品：联合产品中定义为副产品的，其成本要根据一定分配率从主副联产品中直接扣除。

［实务案例］

飞跃摩托车制造公司相关分配率如下：

共耗费用分配率：按产品产量。

共用材料分配率：按产品产量。

直接人工分配率：按产品产量。

制造费用分配率：按产品产量。

辅助费用分配率：按产品产量。

在产品成本分配率：只计算材料费。

五、定义分配范围

共用材料及公共费用可以在选定成本对象范围内进行分配，适用更广泛的业务场景，以进一步满足成本分配精确性要求。如包装材料只在最终产成品之间分摊。

［实务案例］

飞跃摩托车制造公司相关分配范围如图 8-13 所示。

费用分配范围

	成本中心名称	分摊方式	成本对象类型	费用类型	存货分类编码	存货分类名称	费用编码	费用名称	收发类别编码	收发类别名称	自动标识范围
1	成车车间	在范围内分配	按实际核算对象	共用材料	05	包装物					
2	成车车间	在范围内分配	按实际核算对象	人工费用				直接人工			
3	成车车间	在范围内分配	按实际核算对象	制造费用							
4	动力车间	在范围内分配	按实际核算对象	共用材料	05	包装物					
5	动力车间	在范围内分配	按实际核算对象	人工费用				直接人工			
6	动力车间	在范围内分配	按实际核算对象	制造费用							
7	成车车间	在范围内分配	按实际核算对象	共耗费用			1000	质检等费			
8	动力车间	在范围内分配	按实际核算对象	共耗费用			1000	质检等费			

	标识	成本中心编码	成本中心名称	BOM版本号	替代标识号	工序行号	订单号	订单行号	产品编码	产品名称	规格型号	批号	是否委外工序	是否返工返修
1	√	0501	成车车间	5		40	0000000005	4	0301001	100型摩托车-普通型			否	否
2	√	0501	成车车间	6		40	0000000007	4	0301002	100型摩托车-加强型			否	否
3	√	0501	成车车间	6		40	0000000019	4	0301002	100型摩托车-加强型			否	否
4	√	0501	成车车间	5		40	0000000020	4	0301001	100型摩托车-普通型			否	否
5	√	0501	成车车间	6		40	0000000021	1	0301002	100型摩托车-加强型			否	否

图 8-13　飞跃摩托车制造公司相关分配范围

六、定额分配标准

企业为了核算或考核的需要，一般均制定了产品的各种定额（计划）指标数据。其包括产品的定额单位生产工时、产品的定额单位材料消耗数量，等等，这些数据可以用作成本费用的分配依据和成本预测的数据基础。在成本管理系统中，可以在“定额分配标准”中制定产品的定额工时和定额材料数据。描述如下：

定额工时：该数据主要用于费用分配，如果在定义分配率使用了按定额工时的方法，则要定义产品的定额工时，否则该数据可以不录入。

定额材料：初次进入该界面时，系统自动读取产品结构（或物料清单）中已定义的材料消耗数量。该数据主要用于费用分配，如果在定义分配率使用了按定额材料的方法，则要定义产品的定额材料，否则该数据可以不录入。定额材料数据读取后允许修改，但如果单击［取数］按钮，系统将重新取数，并根据选择方式决定是否覆盖修改结果。

作用：成本费用的分配依据、成本计算的数据来源、成本预测的数据基础。

七、期初余额调整

在开始日常使用系统之前，要手工输入成本的初始余额。为了完成从手工账向计算机的转接，要认真做好本项工作，盘点好在产品的数据，结合手工账，把正确的数据输入。系统启用以后，进入新月份后，自动将上月初始余额转入本月，同时，系统允许对上月结转过来的成本对象明细数据进行手工调整，调整后的差异根据系统提供的辅助数据，在总账中生成调整凭证。

期初余额的录入记账是系统核算的起点，用友 ERP-U8V10.1 系统的期初余额是指上一期间的在产品成本。其重点描述如下：

在此处录入的期初余额必须还原为明细成本费用的消耗数据，如果有车间剩余的材料，建议先办理假退料或计算摊入在产品成本。

如果采用分批法核算，在此处可以录入某批次产品的期初数据，但在后面的“生产批号表”中必须补充定义该批号，否则无法核算该批号。

如果企业同时使用了总账系统，录入期初数据后可以和总账核对数据，一般期初数据应与“生产成本”科目的借方余额相同，具体科目根据企业的实际情况确定。

期初数据核对无误后，可以单击“记账”按钮，但一经记账将不允许修改期初数据。只有进行期初记账后，才能录入本期数据。

八、重新初始化

系统在运行过程中发现账套错误很多或太乱，无法或不想通过“恢复结账前状态”纠错，这种情况可通过“重新初始化”将该账套的内容全部清空，然后从初始化开始重新建立账套。

系统提供了五个选项：“定义费用明细与总账接口、产品权重系数、产品约当系数-固定比率、定额分配标准-定额工时、定义公共费用分配范围-按基本产品”，让企业选择其要“重新初始化”的选项。只有账套主管才具有“重新初始化”功能权限。

第三节　产品成本归集与分配

一、数据录入

在定义完选项以及基础设置工作完成后，为了计算成本，要输入每个会计期间的成本资料，包括料、工、费的数据。根据事先的定义，这些数据有不同的来源，但要求每个会计期间必须运行这些功能，才能实现数据的（自动）输入。

（一）材料成本归集

“材料及外购半成品耗用表”用于材料消耗数据录入或从存货出库单读取数据，是非卷积运算时必须录入的数据表（卷积运算时此表自动取数）。

［实务案例］

飞跃摩托车制造公司专用材料取数结果如图 8-14 所示。

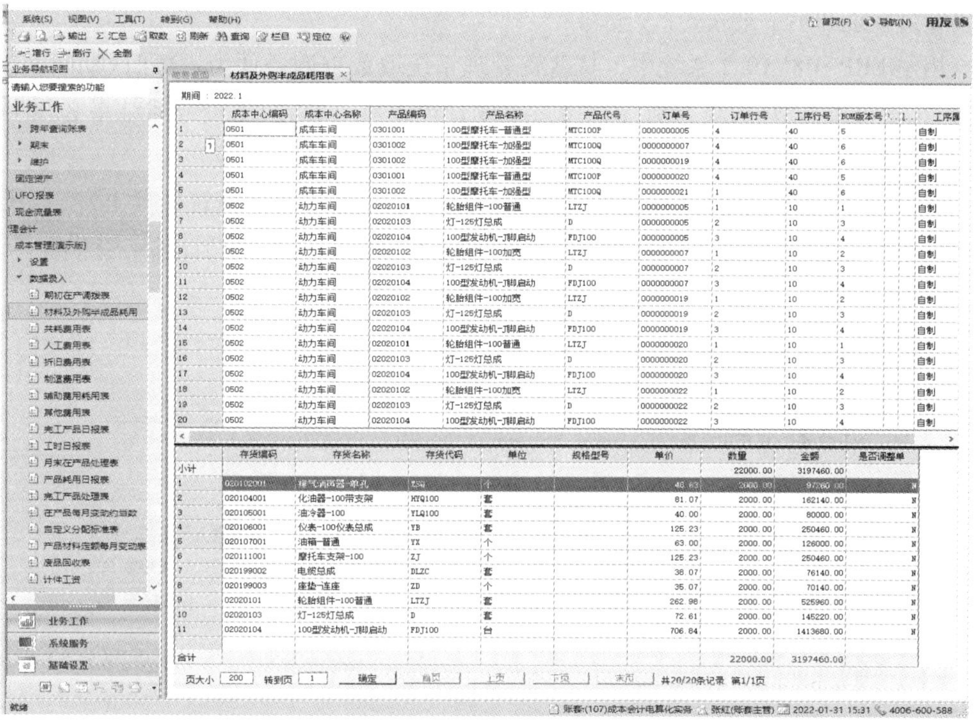

图 8-14　飞跃摩托车制造公司专用材料取数结果

（二）共耗费用归集

“共耗费用表”用于输入在一个会计期间成本中心所耗用的共耗费用。数据可以通过工具栏的“取数”按钮来读取其他系统的数据，也可以手工录入，如果共耗费用有明细，要分别按明细输入各部门的共耗费用。

［实务案例］

飞跃摩托车制造公司共耗费用为“管理费用-质检部”和“管理费用-技术部”借方发生额，取数结果如图 8-15 所示。

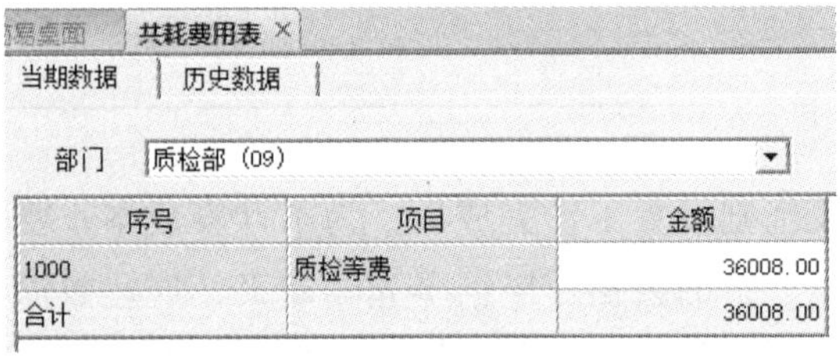

序号	项目	金额
1000	质检等费	36008.00
合计		36008.00

图 8-15　飞跃摩托车制造公司共耗费用取数结果

（三）人工费用归集

“人工费用表”用于录入各成本中心的人工费用消耗数据，或从薪资管理系统读取工资分摊结果数据。即用于输入在一个会计期间成本中心所耗用的直接人工费用和计入制造费用的管理人员工资。根据在“选项”中的定义，数据可以来源于总账系统、薪资管理系统和手工录入。

用友 ERP-U8V10.1 系统中，从薪资管理系统取数查询条件为：部门+期间+工资类别+工资分摊类型+人员类别（直接人工或管理人员工资）。工资分摊结果必须生成凭证后，数据才可以读取过来。

如果在“选项”下拉选项中的“人工费用来源”中选择“核算计件工资”，从薪资系统中取出的部门人工费用=符合条件的部门人工费用总额-部门计件工资总额。

［实务案例］

飞跃摩托车制造公司人工费用取数结果如图 8-16 所示。

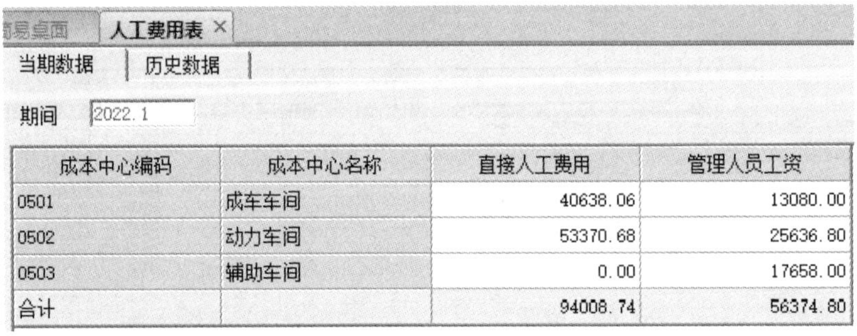

成本中心编码	成本中心名称	直接人工费用	管理人员工资
0501	成车车间	40638.06	13080.00
0502	动力车间	53370.68	25636.80
0503	辅助车间	0.00	17658.00
合计		94008.74	56374.80

图 8-16　飞跃摩托车制造公司人工费用取数结果

（四）计件工资归集

“计件工资表”用于录入各部门的计件人工费用消耗数据，或从计件工资系统读取工资分摊结果数据。需要启用车间管理系统后才能从薪资管理系统取出计件工资数据。计件工资为成本对象的专属人工费用，不需要再进行分配。

［实务案例］

飞跃摩托车制造公司计件工资取数结果如图 8-17 所示。

	成本中心编码	成本中心名称	产品编码	产品名称	订单号	订单行号	工序行号	BOM版本号	金额
小计									34705.00
1	0501	成车车间	0301001	100型摩托车-普通型	0000000005	4	40	5	4000.00
2	0501	成车车间	0301002	100型摩托车-加强型	0000000007	4	40	6	3000.00
3	0501	成车车间	0301002	100型摩托车-加强型	0000000019	4	40	6	1992.00
4	0501	成车车间	0301001	100型摩托车-普通型	0000000020	4	40	5	3890.00
5	0501	成车车间	0301002	100型摩托车-加强型	0000000021	1	40	6	1000.00
6	0502	动力车间	02020101	轮胎组件-100普通	0000000005	1	10	1	2000.00
7	0502	动力车间	02020103	灯-125灯总成	0000000005	2	10	3	2000.00
8	0502	动力车间	02020104	100型发动机-J脚启动	0000000005	3	10	4	2000.00
9	0502	动力车间	02020102	轮胎组件-100加宽	0000000007	1	10	2	1500.00
10	0502	动力车间	02020103	灯-125灯总成	0000000007	2	10	3	1500.00
11	0502	动力车间	02020104	100型发动机-J脚启动	0000000007	3	10	4	1500.00
12	0502	动力车间	02020102	轮胎组件-100加宽	0000000019	1	10	2	996.00
13	0502	动力车间	02020103	灯-125灯总成	0000000019	2	10	3	996.00
14	0502	动力车间	02020104	100型发动机-J脚启动	0000000019	3	10	4	996.00
15	0502	动力车间	02020101	轮胎组件-100普通	0000000020	1	10	1	1945.00
16	0502	动力车间	02020103	灯-125灯总成	0000000020	2	10	3	1945.00
17	0502	动力车间	02020104	100型发动机-J脚启动	0000000020	3	10	4	1945.00
18	0502	动力车间	02020102	轮胎组件-100加宽	0000000022	1	10	2	500.00
19	0502	动力车间	02020103	灯-125灯总成	0000000022	2	10	3	500.00
20	0502	动力车间	02020104	100型发动机-J脚启动	0000000022	3	10	4	500.00
合计									34705.00

图 8-17　飞跃摩托车制造公司计件工资取数结果

（五）折旧费用归集

“折旧费用表”用于输入在一个会计期间成本中心所耗用的折旧费用，即用于录入各成本中心的折旧费用消耗数据，或从固定资产系统读取固定资产计提结果数据。用友 ERP-U8V10.1 系统如果在“选项”中选择“制造费用无明细”，则本菜单不显示。从固定资产取数查询条件为：部门+期间。注意：必须是固定资产系统计提折旧的，数据才可以读取。

[实务案例]

飞跃摩托车制造公司折旧费用取数结果如图 8-18 所示。

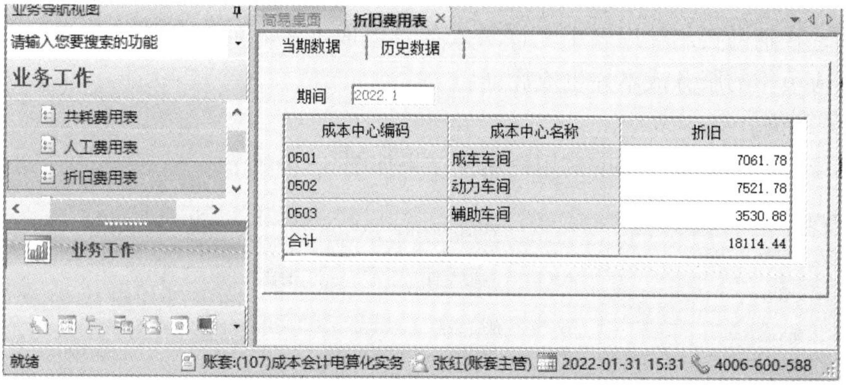

成本中心编码	成本中心名称	折旧
0501	成车车间	7061.78
0502	动力车间	7521.78
0503	辅助车间	3530.88
合计		18114.44

图 8-18　飞跃摩托车制造公司折旧费用取数结果

（六）制造费用归集

“制造费用表”用于输入在一个会计期间成本中心所耗用的制造费用，即用于录入各成本中心的制造费用消耗数据，或从总账系统读取科目数据。必须是已记账凭证，数据才可以读取。根据“选项”中没有选择“制造费用无明细”，其中“折旧”和

"管理人员工资"两栏目的数据分别来自"人工费用表"和"折旧费用表"且不允许修改，如果要修改，必须到上述两表中去修改。制造费用表允许录入负数，以解决按成本中心统计的废品回收费用分配问题。

[实务案例]

飞跃摩托车制造公司成车车间制造费用取数结果如图8-19所示。

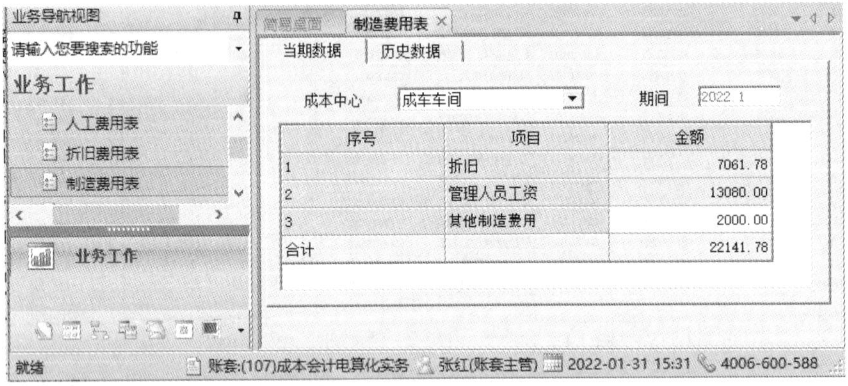

图8-19　飞跃摩托车制造公司成车车间制造费用取数结果

（七）辅助费用耗用量归集

"辅助费用耗用表"用于录入辅助服务的消耗数量。如果未定义辅助成本中心，则本表不可使用。在每个会计期间要输入各个成本中心耗用辅助成本中心提供的服务的数量，如果辅助费用分配方法选择"按实际耗量"，要输入每个产品的服务耗用数量。由系统根据在"设置"中的定义，进入相应的输入界面。

用友ERP-U8V10.1系统中，如果在"选项"中选择成本核算方法为"完全分批法"，则未定义"生产批号表"之前本表不能操作；如果在"成本中心对照"中未定义"辅助生产成本中心"，则本表不能操作；根据"辅助费用分配率"中是否选择"按实际耗量分配"而定；如果选择了该分配方法，则要求录入各产品的消耗数据作为计算依据；在辅助费用耗用表中允许录入各管理成本中心的服务消耗数量，系统将计算分配其应负担的服务成本并生成凭证。

[实务案例]

飞跃摩托车制造公司辅助费用耗用量结果如图8-20所示。

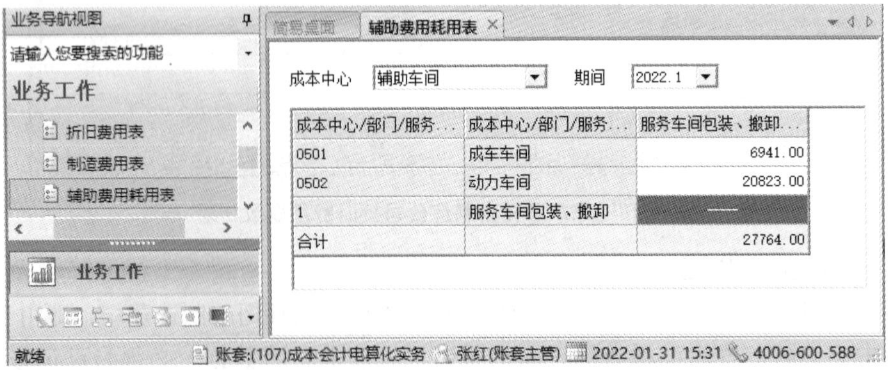

图8-20　飞跃摩托车制造公司辅助费用耗用量结果

（八）其他费用归集

其他费用是指费用发生时就可以指定其成本对象的费用，如季节性临时人员工资、某产品的特殊加工费等。用友 ERP-U8V10.1 系统的其他费用是指可以直接计入产品又不包括材料费用、人工费用、制造费用及辅助费用的费用。

“其他费用表”根据所定义的其他费用明细，每个会计期间要输入本期的其他费用；根据在“选项”中的定义，数据可以来源于“手工输入”，也可以来源于“总账系统”，如果选择“无此数据项”，则此表不显示。

飞跃摩托车制造公司产品成本无其他费用。

（九）完工产品统计

“完工产品日报表”用于录入各产品的实际完工数量统计数据，即用于统计在一个会计期间内，各个基本生产成本中心所生产完工的产品数量，以及统计每种产品的废品数。此表是日报表，由系统自动汇总成月报表。本表数据为计算成本所必须，如果未录入完工数量可能无法进行计算。（完工数量通过在库存管理系统中增加产成品入库单来输入）

［**实务案例**］

飞跃摩托车制造公司本月完工产品结果如图 8-21 所示。

完工产品日报表

日期：2022-01-01 至 2022-01-31

	成本中心编码	成本中心名称	产品编码	产品名称	订单号	订单行号	工序行号	BOM版本号	完工产量(辅计量)	废品(辅计量)	完工净产量(辅计量)	入库产量(辅计量)	工序属性
小计									27764.00	0.00	27764.00	27764.00	
1	0501	成车车间	0301001	100型摩托车-普通型	0000000005	4	40	5	2000.00	0.00	2000.00	2000.00	自制
2	0501	成车车间	0301002	100型摩托车-加强型	0000000007	4	40	6	1500.00	0.00	1500.00	1500.00	自制
3	0501	成车车间	0301002	100型摩托车-加强型	0000000019	4	40	6	996.00	0.00	996.00	996.00	自制
4	0501	成车车间	0301001	100型摩托车-普通型	0000000020	4	40	5	1945.00	0.00	1945.00	1945.00	自制
5	0501	成车车间	0301002	100型摩托车-加强型	0000000021	1	40	6	500.00	0.00	500.00	500.00	自制
6	0502	动力车间	02020101	轮胎组件-100普通	0000000005	1	10	1	2000.00	0.00	2000.00	2000.00	自制
7	0502	动力车间	02020103	灯-125灯总成	0000000005	2	10	3	2000.00	0.00	2000.00	2000.00	自制
8	0502	动力车间	02020104	100型发动机-J脚启动	0000000005	3	10	4	2000.00	0.00	2000.00	2000.00	自制
9	0502	动力车间	02020102	轮胎组件-100加宽	0000000007	1	10	2	1500.00	0.00	1500.00	1500.00	自制
10	0502	动力车间	02020103	灯-125灯总成	0000000007	2	10	3	1500.00	0.00	1500.00	1500.00	自制
11	0502	动力车间	02020104	100型发动机-J脚启动	0000000007	3	10	4	1500.00	0.00	1500.00	1500.00	自制
12	0502	动力车间	02020102	轮胎组件-100加宽	0000000019	1	10	2	996.00	0.00	996.00	996.00	自制
13	0502	动力车间	02020103	灯-125灯总成	0000000019	2	10	3	996.00	0.00	996.00	996.00	自制
14	0502	动力车间	02020104	100型发动机-J脚启动	0000000019	3	10	4	996.00	0.00	996.00	996.00	自制
15	0502	动力车间	02020101	轮胎组件-100普通	0000000020	1	10	1	1945.00	0.00	1945.00	1945.00	自制
16	0502	动力车间	02020103	灯-125灯总成	0000000020	2	10	3	1945.00	0.00	1945.00	1945.00	自制
17	0502	动力车间	02020104	100型发动机-J脚启动	0000000020	3	10	4	1945.00	0.00	1945.00	1945.00	自制
18	0502	动力车间	02020102	轮胎组件-100加宽	0000000022	1	10	2	500.00	0.00	500.00	500.00	自制
19	0502	动力车间	02020103	灯-125灯总成	0000000022	2	10	3	500.00	0.00	500.00	500.00	自制
20	0502	动力车间	02020104	100型发动机-J脚启动	0000000022	3	10	4	500.00	0.00	500.00	500.00	自制
合计									27764.00	0.00	27764.00	27764.00	

页大小 100 转到页 1 确定 首页 上页 下页 末页 共20/20条记录 第1/1页

图 8-21 飞跃摩托车制造公司本月完工产品结果

（十）工时归集

“工时日报表”用于录入各产品的实际生产工时统计数据。用友 ERP-U8V10.1 系统可以按天录入或一次录入，系统最后会汇总所有日期的工时之和。如果在分配率中采用了“按实际工时”计算，则每个会计期间，必须输入工时日报表。如果在分配率定义时未选择按实际工时分配，则本表可以不录入数据。

如启用了“生产订单”和“车间管理”子系统，“工时日报表”可从车间管理系统的“生产订单工时记录表”取到产品实际工时数据，允许修改。

（十一）在产品约当数

分配资料表包括在产品每月变动约当系数表、联副产品每月折算系数表、自定义分配标准表、产品材料定额每月变动表。

“在产品每月变动约当系数表”用于录入各产品的在产品约当系数。只有企业在在产品分配率定义中选择了“只计算材料成本（按原材料占用）”或“按产品约当产量”中的“每月变动”方法，才可以录入本表数据，否则不显示录入成本中心。

“联副产品每月折算系数表”用于每月录入各联、副产品的折算比率。只有企业在“定义联副折算系数”中选择了“每月变动”方法，才可以显示并录入本表数据。

二、成本计算概述

（一）成本计算流程

第一步，对直接费用进行归集，将直接费用归集到各产品下。

第二步，对间接费用在各成本中心内进行归集。

第三步，对归集到成本中心下的费用，依据分配率在不同产品间进行分配。

第四步，在完工产品与在产品间进行分配。

（二）成本计算

完成了每月的成本资料录入工作后，可以说成本核算工作已基本完成，剩下的计算工作只需要单击“计算”按钮，系统将自动完成成本计算。

成本管理提供成本计算（手动卷积）与卷积运算（自动卷积）两种方式计算各层半成品成本，以满足不同使用需要。卷积运算是自动卷积的一种，可一次性按顺序由低层到高层完成所有成本 BOM 层次的成本计算，包含各层入库单、出库单记账、期末处理、材料及外购半成品耗用表取数、成本计算、产成品成本分配，在计算过程中无交互操作。卷积运算时可支持存货的计价方式主要有移动平均、全月平均、先进先出、计划价。成本计算可控制各卷积层次的计算顺序及操作步骤，分为“自动完成”和“分步完成”两种模式，其计算的算法和结果是完全相同的，只是在“分步完成”状态下，计算的过程可控制进行，允许查询计算分配的中间结果，以便于及时发现问题，重新修正数据或设置分配率。

成本计算完毕后，企业可以到“账表”中查看计算结果。如果计算时选择了“分层卷积”，每层计算完毕后，可以在“完工产品成本汇总表”“在产品成本汇总表”“产品成本汇总表”中按成本 BOM 层次进行查询、核对。

[**实务案例**]

飞跃摩托车制造公司辅助费用分配计算结果如图 8-22 所示。

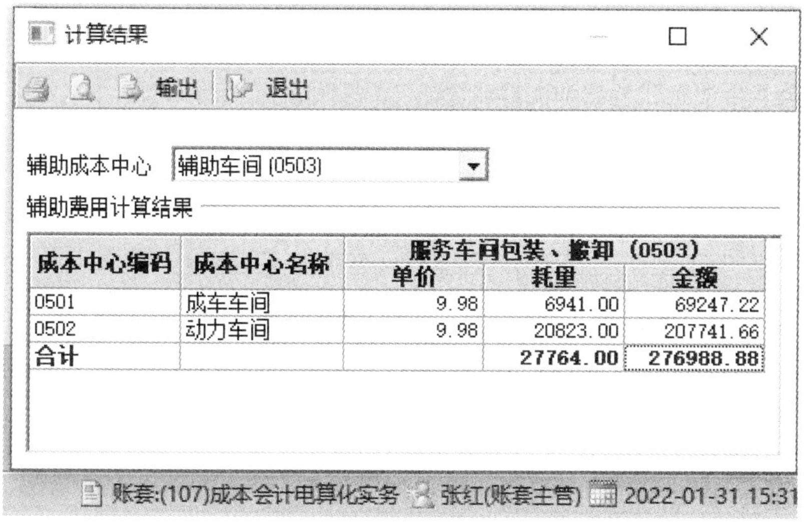

计算结果

输出　退出

辅助成本中心　辅助车间 (0503)

辅助费用计算结果

成本中心编码	成本中心名称	服务车间包装、搬卸（0503）		
		单价	耗量	金额
0501	成车车间	9.98	6941.00	69247.22
0502	动力车间	9.98	20823.00	207741.66
合计			27764.00	276988.88

账套:(107)成本会计电算化实务　张红(账套主管)　2022-01-31 15:31

图 8-22　飞跃摩托车制造公司辅助费用分配计算结果

［实务案例］

飞跃摩托车制造公司成车车间成本费用分配计算结果如图 8-23 所示。

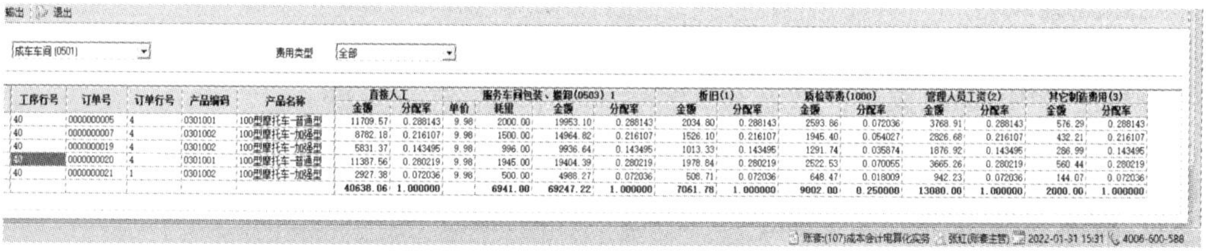

输出　退出

成车车间 (0501)　费用类型　全部

工序行号	订单号	订单行号	产品编码	产品名称	直接人工		服务车间包装、搬卸(0503) 1				折旧(1)		质检等费(1000)		管理人员工资(2)		其它制造费用(3)	
					金额	分配率	单价	耗量	金额	分配率	金额	分配率	金额	分配率	金额	分配率	金额	分配率
40	0000000005	4	0301001	100型摩托车-普通型	11709.57	0.288143	9.98	2000.00	19953.10	0.288143	2034.80	0.288143	2593.86	0.072036	3768.91	0.288143	576.29	0.288143
40	0000000007	4	0301002	100型摩托车-加强型	8782.18	0.216107	9.98	1500.00	14964.82	0.216107	1526.10	0.216107	1945.40	0.054027	2826.68	0.216107	432.21	0.216107
40	0000000019	4	0301002	100型摩托车-加强型	5831.37	0.143495	9.98	996.00	9936.64	0.143495	1013.33	0.143495	1291.74	0.035874	1876.92	0.143495	286.99	0.143495
40	0000000020	4	0301001	100型摩托车-普通型	11387.56	0.280219	9.98	1945.00	19404.39	0.280219	1978.84	0.280219	2522.53	0.070055	3665.26	0.280219	560.44	0.280219
40	0000000021	1	0301002	100型摩托车-加强型	2927.38	0.072036	9.98	500.00	4988.27	0.072036	508.71	0.072036	648.47	0.018009	942.23	0.072036	144.07	0.072036
					40638.06	1.000000		6941.00	69247.22	1.000000	7061.78	1.000000	9002.00	0.250000	13080.00	1.000000	2000.00	1.000000

账套:(107)成本会计电算化实务　张红(账套主管)　2022-01-31 15:31　4006-600-588

图 8-23　飞跃摩托车制造公司成车车间成本费用分配计算结果

［实务案例］

飞跃摩托车制造公司完工产品成本计算结果如表 8-3 所示。

表 8-3　飞跃摩托车制造公司完工产品成本计算结果一览表

序号	产品名称	存货大类名称	主计量产量/件(台)	材料费用/元	人工费用/元	辅助费用/元	制造费用/元	总成本/元	主计量单位成本/元
1	轮胎组件-100 普通	自制件	2 000	492 560.00	7 126.13	19 953.10	5 922.73	525 561.96	262.78
2	轮胎组件-100 普通	自制件	1 945	478 917.02	6 930.16	19 404.39	5 759.86	511 011.43	262.73
3	轮胎组件-100 加宽	自制件	1 500	384 420.00	5 344.60	14 964.82	4 442.06	409 171.48	272.78
4	轮胎组件-100 加宽	自制件	996	255 254.88	3 548.81	9 936.64	2 949.52	271 689.85	272.78
5	轮胎组件-100 加宽	自制件	500	128 137.26	1 781.53	4 988.27	1 480.69	136 387.75	272.78
6	灯-125 灯总成	自制件	2 000	112 140.00	7 126.13	19 953.10	5 922.73	145 141.96	72.57
7	灯-125 灯总成	自制件	1 500	84 105.00	5 344.60	14 964.82	4 442.06	108 856.48	72.57
8	灯-125 灯总成	自制件	996	55 845.72	3 548.81	9 936.64	2 949.52	72 280.69	72.57
9	灯-125 灯总成	自制件	1 945	109 056.15	6 930.16	19 404.39	5 759.86	141 150.56	72.57
10	灯-125 灯总成	自制件	500	27 961.53	1 781.53	4 988.27	1 480.69	36 212.02	72.42

表8-3(续)

序号	产品名称	存货大类名称	主计量产量/件(台)	材料费用/元	人工费用/元	辅助费用/元	制造费用/元	总成本/元	主计量单位成本/元
11	100 型发动机-J 脚启动	自制件	2 000	1 381 800.00	7 126.12	19 953.10	5 922.73	1 414 801.95	707.40
12	100 型发动机-J 脚启动	自制件	1 500	1 036 350.00	5 344.60	14 964.82	4 442.06	1 061 101.48	707.40
13	100 型发动机-J 脚启动	自制件	996	688 136.40	3 548.81	9 936.64	2 949.52	704 571.37	707.40
14	100 型发动机-J 脚启动	自制件	1 945	1 343 800.50	6 930.16	19 404.39	5 759.86	1 375 894.91	707.40
15	100 型发动机-J 脚启动	自制件	500	345 467.29	1 781.53	4 988.27	1 480.69	353 717.78	707.44
16	100 型摩托车-普通型	产成品	2 000	3 197 520.00	15 709.57	19 953.10	8 973.86	3 242 156.53	1 621.08
17	100 型摩托车-普通型	产成品	1 945	3 109 665.63	15 277.56	19 404.39	8 727.08	3 153 074.66	1 621.12
18	100 型摩托车-加强型	产成品	1 500	2 453 670.00	11 782.17	14 964.82	6 730.39	2 487 147.38	1 658.10
19	100 型摩托车-加强型	产成品	996	1 629 236.88	7 823.37	9 936.64	4 468.98	1 651 465.87	1 658.10
20	100 型摩托车-加强型	产成品	500	817 896.60	3 927.39	4 988.27	2 243.47	829 055.73	1 658.11
	合计		27 764	18 131 940.86	128 713.74	276 988.88	92 808.36	18 630 451.84	671.03

材料费用合计为“库存管理”出库单列表合计数，即“50010101 直接材料”借方发生额。

人工费用合计为“500102 薪资费用分配”借方发生额。

辅助费用合计为“500104 辅助生产成本”借方发生额（辅助车间领用包装材料）255 000+“5101 制造费用”借方发生额（辅助车间）21 988.88。

④制造费用合计为“5101 制造费用”借方发生额（成车车间）22 141.78+“5101 制造费用”借方发生额（动力车间）34 658.58+“6602 管理费用”借方发生额（质检部门、技术部）

三、凭证处理

（一）科目设置

用友 ERP-U8V10.1 成本核算系统结转制造费用、结转辅助生产成本、结转盘点损失、结转产品耗用、结转直接人工，可以选择按业务类型、成本中心、订单类型、订单类别灵活定义各费用的借方科目、贷方科目及摘要。

【操作步骤】

（1）选择过滤条件，单击“确定”按钮。

（2）单击“增行”按钮。

（3）从五种业务类型中下拉选择一种。

（4）输入借方科目、贷方科目、摘要（也可以按成本中心、订单类型、订单类型自由组合进行设置）。

[**实务案例**]

飞跃摩托车制造公司成本核算所需会计科目如表 8-4 所示。

表 8-4　飞跃摩托车制造公司成本核算所需会计科目一览表

序号	业务类型	成本中心编码	成本中心名称	费用编码	费用名称	借方科目	贷方科目	摘要
1	结转制造费用	0501	成车车间	1	折旧	50010103	510101	结转制造费用
2	结转制造费用	0501	成车车间	2	管理人员工资	50010103	510102	结转制造费用
3	结转制造费用	0501	成车车间	3	其他制造费用	50010103	510199	结转制造费用
4	结转制造费用	0502	动力车间	1	折旧	50010103	510101	结转制造费用
5	结转制造费用	0502	动力车间	2	管理人员工资	50010103	510102	结转制造费用
6	结转制造费用	0502	动力车间	3	其他制造费用	50010103	510199	结转制造费用
7	结转制造费用	0501	成车车间	1000	质检等费	50010103	660204	分配质检等费用
8	结转制造费用	0502	动力车间	1000	质检等费	50010103	660204	分配质检等费用
9	结转直接人工	0501	成车车间			50010102	500102	结转直接人工费
10	结转直接人工	0502	动力车间			50010102	500102	结转直接人工费
11	结转辅助生产成本	0503	辅助车间	1	服务车间包装、搬卸	50010103	500104	分摊辅助费用
12	结转产品耗用	0501	成车车间			140501	500103	转产品耗用
13	结转产品耗用	0502	动力车间			140303	500103	转产品耗用

（二）定义凭证

“定义凭证”按期间及业务类型自动显示各成本对象需要结转的金额、借方科目、贷方科目、摘要，企业也可以手工修改所需要的信息。

（三）自动生成凭证

“自动生成凭证”将需要生成凭证的记录汇总，企业通过选择凭证生成的方式决定如何生成凭证，系统根据企业的需要，按总账规定的凭证格式生成凭证，并向总账系统传递数据。

（四）凭证查询

“凭证查询”可以查看成本系统传输到总账系统的凭证，能对查到的凭证进行修改、删除、冲销等处理，并可以联查原始业务单据。

[实务案例]

飞跃摩托车制造公司成本核算产生的会计凭证如图 8-24 所示，其中结转产品耗用在存货核算系统中产生会计凭证。

凭证共 9张　已审核 0 张　未审核 9 张　凭证号排序　制单

制单日期	凭证编号	摘要	借方金额合计	贷方金额合计	制单人	审核人	系统名
2022-01-31	转 - 0043	结转直接人工费	74,193.68	74,193.68	张红		成本管理系统
2022-01-31	转 - 0044	分摊薪资费用	54,520.06	54,520.06	张红		成本管理系统
2022-01-31	转 - 0045	结转辅助车间制造费用	21,988.88	21,988.88	张红		成本管理系统
2022-01-31	转 - 0046	结转制造费用	61,664.58	61,664.58	张红		成本管理系统
2022-01-31	转 - 0047	结转制造费用 （成车车间）	31,143.78	31,143.78	张红		成本管理系统
2022-01-31	转 - 0048	结转辅助生产成本	207,741.66	207,741.66	张红		成本管理系统
2022-01-31	转 - 0049	结转辅助生产成本	69,247.22	69,247.22	张红		成本管理系统
2022-01-31	转 - 0050	完工成本对应结转	11,362,900.17	11,362,900.17	张红		成本管理系统
2022-01-31	转 - 0051	完工成本对应结转	7,267,551.67	7,267,551.67	张红		成本管理系统
		合计	19,150,951.70	19,150,951.70			

账套:(107)成本会计电算化实务　张红(账套主管)　2022-01-31 13:06　4006-600-588

图 8-24　飞跃摩托车制造公司成本核算产生的会计凭证

成本管理系统和存货核算系统凭证生成完后，可执行“总账→账表→项目辅助账→项目成本多栏明细账”指令，查询“项目成本多栏明细账”结果如图 8-25（a）、图 8-25（b）所示。

项目成本多栏明细账

月份：2022.01-2022.01

项目代码	项目名称	2022年 月	日	凭证号	摘要	成本支出 直接材料	直接人工	制造费用	生产成本结转	冲减后余额
01	100型摩托车-普通型	1	31	转-0036	成车车间/产成品入库/成品仓库/成品入				-6,395,231.17	-6,395,231.17
		1	31	转-0040	0000000020/100型摩托车-普通型/成车	2,193,643.20				-4,201,587.97
		1	31	转-0042	0000000020/100型摩托车-普通型/成车	4,113,542.43				-88,045.54
		1	31	转-0044	分摊薪资费用		30,987.12			-57,058.42
		1	31	转-0047	结转制造费用（成车车间）			17,700.93		-39,357.49
		1	31	转-0049	结转辅助生产成本			39,357.49		
		1	31	转-0050	完工成本对应结转	-6,307,185.63				-6,307,185.63
		1	31	转-0050	完工成本对应结转		-30,987.12			-6,338,172.75
		1	31	转-0050	完工成本对应结转			-57,058.42		-6,395,231.17
		1	31	转-0050	完工成本对应结转				6,395,231.17	
					当前合计					
					本年累计					
02	100型摩托车-加强型	1	31	转-0036	成车车间/产成品入库/成品仓库/成品入				-4,967,669.00	-4,967,669.00
		1	31	转-0039	0000000021/100型摩托车-加强型/成车	1,746,794.24				-3,220,874.76
		1	31	转-0041	0000000021/100型摩托车-加强型/成车	3,154,009.24				-66,865.52
		1	31	转-0044	分摊薪资费用		23,532.94			-43,332.58
		1	31	转-0047	结转制造费用			13,442.85		-29,889.73
		1	31	转-0049	结转辅助生产成本			29,889.73		
		1	31	转-0050	完工成本对应结转	-4,900,803.48				-4,900,803.48
		1	31	转-0050	完工成本对应结转		-23,532.94			-4,924,336.42
		1	31	转-0050	完工成本对应结转			-43,332.58		-4,967,669.00
		1	31	转-0050	完工成本对应结转				4,967,669.00	
					当前合计					
					本年累计					
03	轮胎组件-100普通	1	31	转-0035	动力车间/自制件入库/自制件仓库/成品				-1,036,573.39	-1,036,573.39
		1	31	转-0038	0000000020/轮胎组件-100普通/动力车	971,477.02				-65,096.37
		1	31	转-0043	结转直接人工费		14,056.29			-51,040.08
		1	31	转-0046	结转制造费用			11,682.59		-39,357.49
		1	31	转-0048	结转辅助生产成本			39,357.49		
		1	31	转-0051	完工成本对应结转	-971,477.02				-971,477.02
		1	31	转-0051	完工成本对应结转		-14,056.29			-985,533.31
		1	31	转-0051	完工成本对应结转			-51,040.08		-1,036,573.39
		1	31	转-0051	完工成本对应结转				1,036,573.39	
					当前合计					
					本年累计					

账套:(107)成本会计电算化实务　张红(账套主管)　2022-01-31 13:06　4006-600-588

图 8-25（a）　项目成本多栏明细账（一）

项目成本多栏明细账

月份：2022.01-2022.01

项目代码	项目名称	2022年		凭证号	摘要	成本支出				冲减后余额
		月	日			直接材料	直接人工	制造费用	生产成本结转	
					本年累计					
04	轮胎组件-100加宽	1	31	转-0035	动力车间/自制件入库/自制件仓库/成品				-817,249.08	-817,249.08
		1	31	转-0037	0000000C22/轮胎组件-100加宽/动力车	767,812.14				-49,436.94
		1	31	转-0043	结转直接人工费		10,674.94			-38,762.00
		1	31	转-0046	结转制造费用			8,872.27		-29,889.73
		1	31	转-0048	结转辅助生产成本			29,889.73		
		1	31	转-0051	完工成本对应结转	-767,812.14				-767,812.14
		1	31	转-0051	完工成本对应结转		-10,674.94			-778,487.08
		1	31	转-0051	完工成本对应结转			-38,762.00		-817,249.08
		1	31	转-0051	完工成本对应结转				817,249.08	
					当前合计					
					本年累计					
05	灯-125灯总成	1	31	转-0034	0000000C22/灯-125灯总成/动力车间/	389,108.40				389,108.40
		1	31	转-0035	动力车间/自制件入库/自制件仓库/成品				-503,641.71	-114,533.31
		1	31	转-0043	结转直接人工费		24,731.23			-89,802.08
		1	31	转-0046	结转制造费用			20,554.86		-69,247.22
		1	31	转-0048	结转辅助生产成本			69,247.22		
		1	31	转-0051	完工成本对应结转	-389,108.40				-389,108.40
		1	31	转-0051	完工成本对应结转		-24,731.23			-413,839.63
		1	31	转-0051	完工成本对应结转			-89,802.08		-503,641.71
		1	31	转-0051	完工成本对应结转				503,641.71	
					当前合计					
					本年累计					
06	100型发动机-J脚启动	1	31	转-0033	0000000C22/100型发动机-J脚启动/动	4,795,554.19				4,795,554.19
		1	31	转-0035	动力车间/自制件入库/自制件仓库/成品				-4,910,087.49	-114,533.30
		1	31	转-0043	结转直接人工费		24,731.22			-89,802.08
		1	31	转-0046	结转制造费用			20,554.86		-69,247.22
		1	31	转-0048	结转辅助生产成本			69,247.22		
		1	31	转-0051	完工成本对应结转	-4,795,554.19				-4,795,554.19
		1	31	转-0051	完工成本对应结转		-24,731.22			-4,820,285.41
		1	31	转-0051	完工成本对应结转			-89,802.08		-4,910,087.49
		1	31	转-0051	完工成本对应结转				4,910,087.49	
					当前合计					
					本年累计					
					合计					

账套:(107)成本会计电算化实务 张红(账套主管) 2022-01-31 13:06 4006-600-588

图 8-25（b） 项目成本多栏明细账（二）

四、月末处理

在每个会计期末，做完所有的工作后，包括成本计算、生成凭证等，就要进行月末结账处理，做完月末结账后，表示本月已经结账，不允许再做有关本月的业务处理。如果企业发现已结账月份数据有误，可以通过执行“恢复结账”的功能，修改并重新计算已结账月份的数据。

成本系统在计算过程中需要引用其他系统的数据，为保证成本计算结果的准确性，系统将“所有成本系统读取数据的系统均已结账（总账除外）”，作为判断成本计算数据有效性的依据，并将“成本计算数据有效”的系统状态称为“成本计算”。如果某会计期间的状态为“已经结账”，将不能再进行本月的业务处理工作，如果某会计期间的状态为“成本计算”，将不能再执行其他相关系统的“恢复结账”功能。对于上述两种状态，均可以通过执行“恢复结账”功能，重新核算本月成本。

第九章 成本报表编制与分析

第一节 成本报表的种类、特征和编制要求

一、编制成本报表的意义

成本报表是用以反映企业生产费用与产品成本的构成及其升降变动情况，以考核各项费用与生产成本计划执行结果的会计报表。成本报表是会计报表体系的重要组成部分。从实质上看，成本报表是企业内部成本管理的报表，是为企业内部管理需要而编制的，对加强成本管理、提高经济效益有着重要的作用。编制成本报表具有以下几方面的意义：

（1）综合反映企业的成本情况。可以反映企业成本情况的报表有产品生产成本表、产品生产成本及销售成本表、主要产品生产成本表、责任成本表、质量成本表等。这类报表侧重于揭示企业为生产一定种类和数量产品所花费的成本是否达到了预定的目标，通过分析比较，找出差距，明确薄弱环节，从而进一步采取有效措施，为挖掘降低成本的内部潜力提供有效的资料。

（2）据以进行成本分析。通过成本报表资料的分析，可以揭示成本差异对产品成本升降的影响程度以及发现产生差异的原因和责任，从而可以有针对性地采取措施，把注意力放在解决那些属于不正常的、对成本有重要影响的关键性差异上，这样对于加强日常成本的控制和管理就有了明确的目标。

（3）可作为制订成本计划的依据。企业要制订成本计划，必须明确成本计划目标。这个目标是建立在报告年度产品成本实际水平的基础上，结合报告年度成本计划执行的情况，考虑计划年度中可能变化的有利因素和不利因素，来制订新年度的成本计划。所以说本期成本报表所提供的资料，是制订下期成本计划的重要参考资料。同时，管理部门也根据成本报表资料来对未来时期的成本进行预测，为企业制定正确的经营决

策和加强成本控制与管理提供必要的依据。

（4）可据此评价考核员工业绩。利用成本报表上所提供的资料，经过有关指标计算、对比，可以明确各有关部门和人员在执行成本计划、费用预算过程中的成绩和差距，以便总结工作的经验和教训，奖励先进，鞭策后进，调动广大职工的积极性，为全面完成和超额完成企业成本费用计划预算而努力奋斗。

二、成本报表的种类

成本报表是企业内部成本管理的报表，因此国家对报表的种类、报送对象、格式以及编报时间都没有统一规定。成本报表基本都是各企业根据内部管理的需要，目的在于满足日常、临时、特殊任务而编制的。依据不同的分类标准，成本报表有以下不同分类：

（1）按反映的主要经济内容划分，成本报表种类成本报表可分为反映成本执行情况的报表、反映费用支出情况的报表和反映生产经营情况的报表。①反映成本执行情况的报表主要有产品生产成本表和主要产品单位成本表。②反映费用支出情况的报表主要有制造费用明细表、管理费用明细表和销售费用明细表等。③反映生产经营情况的报表主要有生产情况表、材料耗用表和材料价格差异分析表等。

（2）成本报表根据管理上的要求一般可按月、季、年编报。但对内部管理的特殊需要，也可以按日、旬、周，甚至工作班来编报。因此，成本报表按编制时间可分为日报、周报、月报、季报、年报等。

（3）成本报表按编制范围可分为本厂成本报表、分厂成本报表、车间成本报表、班组成本报表等。

三、成本报表的特征

成本报表与财务报表相比较，主要有以下几个特征：

（1）服务于企业内部管理。在市场经济模式下，成本报表主要为企业内部管理服务，满足企业管理者、成本责任者对成本信息的需求，有利于观察、分析、考核成本的动态，有利于控制计划成本目标的实现，也有利于预测工作。

（2）报表内容灵活。财务报表内容由国家统一规定，强调完整性。成本报表主要是围绕成本管理需要反映的内容，没有明确规定统一的内容和范围，不强调成本报告内容的完整性，往往从管理出发对某一问题或某一侧面进行重点反映，揭示差异，找出原因，分清责任。因此，成本报表的成本指标可以多样化，以适应不同使用者和不同管理目的对成本信息的需求，使成本报表真正为企业成本管理服务。

（3）报表适应性强。财务报表的格式与内容一样，都由国家统一规定，企业不能随意改动。成本报表的格式是根据反映的具体内容，可以自己设计，允许不同内容可以有不同格式，同一内容在不同时期也可以有不同格式。总之，只要有利于为企业成本管理服务，可以拟订不同报表格式进行反映和服务。

（4）报表具有不定时性。财务报表一般都是定期编制和报送，并规定在一定时间内必须报送。成本报表主要是为企业内部成本管理服务，所以，内部成本报表可以根据内部管理的需要适时地、不定期地进行编制，使成本报表及时地反映和反馈成本信息，揭示存在的问题，促使有关部门和人员及时采取措施，改进工作，提高服务效率，控制费用的发生，达到节约的目的。

（5）报表体系具有差异性。财务报表一般是按时间编报的，主要是报送财政、银行和主管部门。成本报表是根据企业生产经营组织体系逐级上报，或者是为解决某一特定问题的权责在范围内进行传递，使有关部门和成本责任者及时掌握成本计划目标执行的情况，揭示差异，查找原因和责任，评价内部环节和人员的业绩。

四、编制成本报表的基本要求

为了提高成本信息的质量，充分发挥成本报表的作用，成本报表的编制应符合下列基本要求：

（1）真实性。成本报表的指标数字必须真实可靠，能如实地集中反映企业实际发生的成本费用。

（2）重要性。对于重要的项目（如重要的成本、费用项目），在成本报表中应单独列示，以显示其重要性；对于次要的项目，可以合并反映。

（3）正确性。成本报表的指标数字要计算正确；各种成本报表之间、主表与附表之间、各项目之间，凡是有钩稽关系的数字，应相互一致；本期报表与上期报表之间有关的数字应相互衔接。

（4）完整性。编制的各种成本报表必须齐全；应填列的指标和文字说明必须全面；表内项目和表外补充资料不论根据账簿资料直接填列，还是分析计算填列，都应当准确无缺，不得随意取舍。

（5）及时性。按规定日期报送成本报表，保证成本报表的及时性，以便各方面利用和分析成本报表，充分发挥成本报表的作用。

五、编制成本报表的依据

编制成本报表的主要依据有：①报告期的成本账簿资料；②本期成本计划及费用预算等资料；③以前年度的会计报表资料；④企业有关的统计资料和其他资料等；⑤收集同行业代表企业的成本信息资料。

第二节　成本报表编制

成本报表是根据日常成本核算资料及其他有关资料编制的，反映企业一定时期内产品成本水平和费用支出情况，据以分析企业成本计划执行情况和结果的报告文件。

用友 ERP-U8V10.1 成本管理系统提供了完工产品成本、在产品成本、入库产品成本等汇总表和明细报表的模板，可利用报表模板自动生成相关汇总表和明细报表，也可通过单击工具栏“格式”按钮后自行进行格式和取数公式设计。如果需要进行还原查询，一定要先进行“还原运算”操作；明细报表（完工、在产、入库）可以进行动态还原。

如果启用联副产品核算，单击界面“其他”按钮或鼠标右键可选择“联查联合体成本明细表”。

如果需要在报表中区分专用材料与共用材料，必须在“产品材料定额每月变动表”中进行“全展”，并单击“重置材料属性”按钮（如果已进行过成本计算，不需要重新进行计算）。

如果选择“单独列示制造费用”选项，如加工费，则应从汇总的制造费用数据中扣除该“加工费”制造费用的明细数据。例如：制造总费用为 100，加工费费用为 20，则报表中应列示：制造费用“80”，加工费费用“20”。

一、成本汇总报表编制

（一）完工产品成本汇总报表编制

在用友 ERP-U8V10.1 成本管理系统中，执行“账表→成本汇总表→完工产品成本汇总表”指令，进入完工产品汇总表界面，可单击工具栏“格式”按钮进入报表定义编辑界面，自行设计栏目和取数公式，如图 9-1 所示。格式和取数公式编辑保存后，可自动编制生成当前系统中账套的完工产品成本汇总表，如图 9-2 所示。

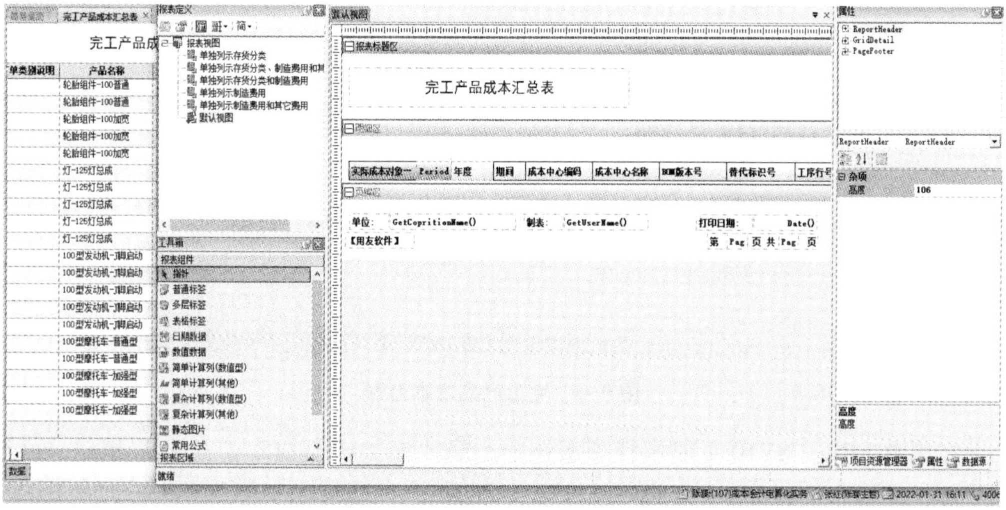

图 9-1　完工产品成本汇总报表格式编制界面

完工产品成本汇总表

产品名称	计量单位	主计量产量	废品（主计量	废品（辅计量	材料费用	人工费用	辅助费用	制造费用	其他费用	总成本	主计量单位成
轮胎组件-100普通	套	2,000.00	0.00	0.00	492,560.00	7,126.13	19,953.10	5,922.73	0.00	525,561.96	262.78
轮胎组件-100普通	套	1,945.00	0.00	0.00	478,917.02	6,930.16	19,404.39	5,759.86	0.00	511,011.43	262.73
轮胎组件-100加宽	套	1,500.00	0.00	0.00	384,420.00	5,344.60	14,964.82	4,442.06	0.00	409,171.48	272.78
轮胎组件-100加宽	套	996.00	0.00	0.00	255,254.88	3,548.81	9,936.64	2,949.52	0.00	271,689.85	272.78
轮胎组件-100加宽	套	500.00	0.00	0.00	128,137.26	1,781.53	4,968.27	1,480.69	0.00	136,387.75	272.78
灯-125灯总成	套	2,000.00	0.00	0.00	112,140.00	7,126.13	19,953.10	5,922.73	0.00	145,141.96	72.57
灯-125灯总成	套	1,500.00	0.00	0.00	84,105.00	5,344.60	14,964.82	4,442.06	0.00	108,856.48	72.57
灯-125灯总成	套	996.00	0.00	0.00	55,845.72	3,548.81	9,936.64	2,949.52	0.00	72,280.69	72.57
灯-125灯总成	套	1,945.00	0.00	0.00	109,056.15	6,930.16	19,404.39	5,759.86	0.00	141,150.56	72.57
灯-125灯总成	套	500.00	0.00	0.00	27,961.53	1,781.53	4,968.27	1,480.69	0.00	36,212.02	72.42
100型发动机-J脚启动	台	2,000.00	0.00	0.00	1,381,800.00	7,126.13	19,953.10	5,922.73	0.00	1,414,801.96	707.40
100型发动机-J脚启动	台	1,500.00	0.00	0.00	1,036,350.00	5,344.59	14,964.82	4,442.06	0.00	1,061,101.47	707.40
100型发动机-J脚启动	台	996.00	0.00	0.00	688,136.40	3,548.81	9,936.64	2,949.52	0.00	704,571.37	707.40
100型发动机-J脚启动	台	1,945.00	0.00	0.00	1,343,800.50	6,930.16	19,404.39	5,759.86	0.00	1,375,894.91	707.40
100型发动机-J脚启动	台	500.00	0.00	0.00	345,467.29	1,781.53	4,968.27	1,480.69	0.00	353,717.78	707.44
100型摩托车-普通型	台	2,000.00	0.00	0.00	3,197,520.00	15,709.56	19,953.10	8,973.86	0.00	3,242,156.52	1,621.08
100型摩托车-普通型	台	1,945.00	0.00	0.00	3,109,665.63	15,277.56	19,404.39	8,727.07	0.00	3,153,074.65	1,621.12
100型摩托车-加强型	台	1,500.00	0.00	0.00	2,453,670.00	11,782.18	14,964.82	6,730.40	0.00	2,487,147.40	1,658.10
100型摩托车-加强型	台	996.00	0.00	0.00	1,629,236.88	7,823.37	9,936.64	4,468.98	0.00	1,651,465.87	1,658.10
100型摩托车-加强型	台	500.00	0.00	0.00	817,896.60	3,927.39	4,968.27	2,243.47	0.00	829,055.73	1,658.11
		27,764.00	0.00	0.00	18,131,940.86	128,713.74	276,968.88	92,808.36	0.00	18,630,451.84	671.03

数据　共20条　共1页

账套:(107)成本会计电算化实务　张红(账套主管)　2022-01-31 16:11　4006-600-588

100型摩托车-加强型	台		1,500.00	1.00	1,500.00	0.00	0.00	2,453,670.00	11,782.18	14,964.82	6,
100型摩托车-加强型	台		996.00	1.00	996.00	0.00	0.00	1,629,236.88	7,823.37	9,936.64	4,·
100型摩托车-加强型	台		500.00	1.00	500.00	0.00	0.00	817,896.60	3,927.39	4,968.27	2,:
			27,764.00		27,764.00	0.00	0.00	18,131,940.86	128,713.74	276,968.88	92,

账套:(107)成本会计电算化实务　张

图 9-2　完工产品成本汇总表

（二）完工产品成本台账编制

完工产品成本台账提供按期间查询的任意产品成本数据，包含季度小计、分费用项目统计的单位成本数据。在用友 ERP-U8V10.1 成本管理系统中，执行“账表→成本汇总表→完工产品成本台账”指令，进入完工产品成本台账统计条件设置界面，按需输入条件后，可自动编制生成当前系统中账套的完工产品成本台账，如图 9-3 所示。

完工产品成本台账

成本中心:[0501] 产品:[0301001]
名称:[100型摩托车-普通型]规格型号:[]工序行号[40]订单号[0000000005]订单行号[4]订单类别代号[ ]订单类别说明[]BOM版本号[5]

日期	产量	材料费用	人工费用	制造费用	辅助费用	其他费用	总成本
2022.1月　总成本	2000.00	3197520.00	:5709.56	8973.86	19953.10		3242156.52
2022.1月　单位成本	2000.00	1598.76	7.85	4.49	9.98		1621.08
(2022)一季度　总成本	2000.00	3197520.00	:5709.56	8973.86	19953.10		3242156.52
(2022)一季度　单位成本	2000.00	1598.76	7.85	4.49	9.98		1621.08
合　计　总成本	2000.00	3197520.00	:5709.56	8973.86	19953.10		3242156.52
合　计　单位成本	2000.00	1598.76	7.85	4.49	9.98		1621.08

账套:(107)成本会计电算化实务　张红(账套主管)　2022-01-31 16:11　4006-600-588

图 9-3　完工产品成本台账

在用友 ERP-U8V10.1 成本管理系统中，同“完工产品成本汇总表”相似，可编辑“在产品成本汇总表”“入库产品成本汇总表”“产品成本汇总表”“批次成本汇总表”“材料及外购半成品耗用统计表”“辅助服务成本汇总表”的格式和取数公式，以及自动生成相关报表。

二、成本明细报表

（一）完工产品成本明细表编制

完工产品成本明细表提供完工产品的成本明细数据。在用友 ERP-U8V10.1 成本管理系统中，执行“账表→成本汇总表→完工产品成本明细表”指令，进入完工产品明细表界面，可单击工具栏“格式”按钮进入报表定义编辑界面，自行设计栏目和取数公式，格式和取数公式编辑保存后，可自动编制生成当前系统中账套的完工产品成本明细表，如图 9-4 所示。

完工产品成本明细表

号	订单类别说明	存货名称	单位	产量	费用类型	费用编码	费用名称	规格型号(子件	单位(子件)	成本习性	单价	数量	单位耗量	金额	单位成本	占总成本比例	占成本项目比
		100型摩托车-普通型	台	2,000.00	材料费用	020102001	排气消声器-单孔		个	变动	48.63	2,000.00	1.00	97,260.00	48.63	3.00%	3.04%
		100型摩托车-普通型	台	2,000.00	材料费用	020104001	化油器-100带支架		套	变动	81.07	2,000.00	1.00	162,140.00	81.07	5.00%	5.07%
		100型摩托车-普通型	台	2,000.00	材料费用	020105001	油冷器-100		套	变动	40.00	2,000.00	1.00	80,000.00	40.00	2.47%	2.50%
		100型摩托车-普通型	台	2,000.00	材料费用	020106001	仪表-100仪表总成		套	变动	125.13	2,000.00	1.00	250,260.00	125.13	7.72%	7.83%
		100型摩托车-普通型	台	2,000.00	材料费用	020107001	油箱-普通		个	变动	63.00	2,000.00	1.00	126,000.00	63.00	3.89%	3.94%
		100型摩托车-普通型	台	2,000.00	材料费用	020111001	摩托车支架-100		个	变动	125.13	2,000.00	1.00	250,260.00	125.13	7.72%	7.83%
		100型摩托车-普通型	台	2,000.00	材料费用	020199002	电缆总成		套	变动	38.04	2,000.00	1.00	76,080.00	38.04	2.35%	2.38%
		100型摩托车-普通型	台	2,000.00	材料费用	020199003	座垫-连座		个	变动	35.04	2,000.00	1.00	70,080.00	35.04	2.16%	2.19%
		100型摩托车-普通型	台	2,000.00	材料费用	02020101	轮胎组件-100普通		套	变动	262.76	2,000.00	1.00	525,520.00	262.76	16.21%	16.44%
		100型摩托车-普通型	台	2,000.00	材料费用	02020103	灯-125灯总成		套	变动	72.56	2,000.00	1.00	145,120.00	72.56	4.48%	4.54%
		100型摩托车-普通型	台	2,000.00	材料费用	02020104	100型发动机-J脚启动		台	变动	707.40	2,000.00	1.00	1,414,800.00	707.40	43.64%	44.25%
		100型摩托车-加强型	台	1,500.00	材料费用	020102001	排气消声器-单孔		个	变动	48.63	1,500.00	1.00	72,945.00	48.63	2.93%	2.97%
		100型摩托车-加强型	台	1,500.00	材料费用	020104001	化油器-100带支架		套	变动	81.07	1,500.00	1.00	121,605.00	81.07	4.89%	4.96%
		100型摩托车-加强型	台	1,500.00	材料费用	020105001	油冷器-100		套	变动	40.00	1,500.00	1.00	60,000.00	40.00	2.41%	2.45%
		100型摩托车-加强型	台	1,500.00	材料费用	020106001	仪表-100仪表总成		套	变动	125.13	1,500.00	1.00	187,695.00	125.13	7.55%	7.65%
		100型摩托车-加强型	台	1,500.00	材料费用	020111001	摩托车支架-100		个	变动	125.13	1,500.00	1.00	187,695.00	125.13	7.55%	7.65%
		100型摩托车-加强型	台	1,500.00	材料费用	020199001	座垫-减振		个	变动	40.04	1,500.00	1.00	60,060.00	40.04	2.41%	2.45%
		100型摩托车-加强型	台	1,500.00	材料费用	020199002	电缆总成		套	变动	38.04	1,500.00	1.00	57,060.00	38.04	2.29%	2.33%
		100型摩托车-加强型	台	1,500.00	材料费用	020107002	油箱-加大		个	变动	85.00	1,500.00	1.00	127,500.00	85.00	5.13%	5.20%
		100型摩托车-加强型	台	1,500.00	材料费用	02020102	轮胎组件-100加宽		套	变动	272.78	1,500.00	1.00	409,170.00	272.78	16.45%	16.68%
		100型摩托车-加强型	台	1,500.00	材料费用	02020103	灯-125灯总成		套	变动	72.56	1,500.00	1.00	108,840.00	72.56	4.38%	4.44%
		100型摩托车-加强型	台	1,500.00	材料费用	02020104	100型发动机-J脚启动		台	变动	707.40	1,500.00	1.00	1,061,100.00	707.40	42.66%	43.25%
		100型摩托车-加强型	台	996.00	材料费用	020102001	排气消声器-单孔		个	变动	48.63	996.00	1.00	48,435.48	48.63	2.93%	2.97%
		100型摩托车-加强型	台	996.00	材料费用	020104001	化油器-100带支架		套	变动	81.07	996.00	1.00	80,745.72	81.07	4.89%	4.96%
		100型摩托车-加强型	台	996.00	材料费用	020105001	油冷器-100		套	变动	40.00	996.00	1.00	39,840.00	40.00	2.41%	2.45%
		100型摩托车-加强型	台	996.00	材料费用	020106001	仪表-100仪表总成		套	变动	125.13	996.00	1.00	124,629.48	125.13	7.55%	7.65%
		100型摩托车-加强型	台	996.00	材料费用	020111001	摩托车支架-100		个	变动	125.13	996.00	1.00	124,629.48	125.13	7.55%	7.65%
		100型摩托车-加强型	台	996.00	材料费用	020199001	座垫-减振		个	变动	40.04	996.00	1.00	39,879.84	40.04	2.41%	2.45%
		100型摩托车-加强型	台	996.00	材料费用	020199002	电缆总成		套	变动	38.04	996.00	1.00	37,887.84	38.04	2.29%	2.33%
		100型摩托车-加强型	台	996.00	材料费用	020107002	油箱-加大		个	变动	85.00	996.00	1.00	84,660.00	85.00	5.13%	5.20%
		100型摩托车-加强型	台	996.00	材料费用	02020102	轮胎组件-100加宽		套	变动	272.78	996.00	1.00	271,688.88	272.78	16.45%	16.68%
		100型摩托车-加强型	台	996.00	材料费用	02020103	灯-125灯总成		套	变动	72.56	996.00	1.00	72,269.76	72.56	4.38%	4.44%
		100型摩托车-加强型	台	996.00	材料费用	02020104	100型发动机-J脚启动		台	变动	707.40	996.00	1.00	704,570.40	707.40	42.66%	43.25%
		100型摩托车-普通型	台	1,945.00	材料费用	020102001	排气消声器-单孔		个	变动	48.63	1,945.00	1.00	94,594.52	48.63	3.00%	3.04%
		100型摩托车-普通型	台	1,945.00	材料费用	020104001	化油器-100带支架		套	变动	81.08	1,945.00	1.00	157,709.28	81.08	5.00%	5.07%
		100型摩托车-普通型	台	1,945.00	材料费用	020105001	油冷器-100		套	变动	40.00	1,945.00	1.00	77,800.00	40.00	2.47%	2.50%

数据　　共265条 共1页

账套:(107)成本会计电算化实务　张红(账套主管)　2022-01-31 16:11　4006-600-588

图 9-4　完工产品成本明细表

（二）产品成本明细表

产品成本明细表提供按成本中心进行成本统计，查询成本中心下成本明细费用数据，包括期初、本期、期末数据。在用友 ERP-U8V10.1 成本管理系统中，执行“账表→成本明细报表→产品成本明细表”指令，进入产品明细表界面，可单击工具栏“格式”按钮进入报表定义编辑界面，自行设计栏目和取数公式，格式和取数公式编辑保存后，可自动编制生成当前系统中账套的产品成本明细表，如图 9-5 所示。

产品成本明细表

期间：2022.1

	本期投入							本期发生		本期完工		完工转出		完工余额		
产品名称	本阶数量	本阶金额	耗用数量	耗用金额	废品分摊金额	合计数量	合计金额	数量	金额	数量	金额	数量	金额	数量	金额	在线数量
100型摩托车-普通型	2,000.00	525,520.00	0.00	0.00	0.00	2,000.00	525,520.00	2,000.00	525,520.00	2,000.00	525,520.00	2,000.00	525,520.00	0.00	0.00	0.00
100型摩托车-普通型	2,000.00	145,120.00	0.00	0.00	0.00	2,000.00	145,120.00	2,000.00	145,120.00	2,000.00	145,120.00	2,000.00	145,120.00	0.00	0.00	0.00
100型摩托车-普通型	2,000.00	1,414,800.00	0.00	0.00	0.00	2,000.00	1,414,800.00	2,000.00	1,414,800.00	2,000.00	1,414,800.00	2,000.00	1,414,800.00	0.00	0.00	0.00
100型摩托车-普通型	0.00	15,709.56	0.00	0.00	0.00	0.00	15,709.56	0.00	15,709.56	0.00	15,709.56	0.00	15,709.56	0.00	0.00	0.00
100型摩托车-普通型	2,000.00	19,953.10	0.00	0.00	0.00	2,000.00	19,953.10	2,000.00	19,953.10	2,000.00	19,953.10	2,000.00	19,953.10	0.00	0.00	0.00
100型摩托车-普通型	0.00	2,034.80	0.00	0.00	0.00	0.00	2,034.80	0.00	2,034.80	0.00	2,034.80	0.00	2,034.80	0.00	0.00	0.00
100型摩托车-普通型	0.00	2,593.86	0.00	0.00	0.00	0.00	2,593.86	0.00	2,593.86	0.00	2,593.86	0.00	2,593.86	0.00	0.00	0.00
100型摩托车-普通型	0.00	3,768.91	0.00	0.00	0.00	0.00	3,768.91	0.00	3,768.91	0.00	3,768.91	0.00	3,768.91	0.00	0.00	0.00
100型摩托车-普通型	0.00	576.29	0.00	0.00	0.00	0.00	576.29	0.00	576.29	0.00	576.29	0.00	576.29	0.00	0.00	0.00
灯-125灯总成	1,500.00	52,560.00	0.00	0.00	0.00	1,500.00	52,560.00	1,500.00	52,560.00	1,500.00	52,560.00	1,500.00	52,560.00	0.00	0.00	0.00
灯-125灯总成	1,500.00	22,530.00	0.00	0.00	0.00	1,500.00	22,530.00	1,500.00	22,530.00	1,500.00	22,530.00	1,500.00	22,530.00	0.00	0.00	0.00
灯-125灯总成	1,500.00	9,015.00	0.00	0.00	0.00	1,500.00	9,015.00	1,500.00	9,015.00	1,500.00	9,015.00	1,500.00	9,015.00	0.00	0.00	0.00
灯-125灯总成	0.00	5,344.60	0.00	0.00	0.00	0.00	5,344.60	0.00	5,344.60	0.00	5,344.60	0.00	5,344.60	0.00	0.00	0.00
灯-125灯总成	1,500.00	14,964.82	0.00	0.00	0.00	1,500.00	14,964.82	1,500.00	14,964.82	1,500.00	14,964.82	1,500.00	14,964.82	0.00	0.00	0.00
灯-125灯总成	0.00	541.84	0.00	0.00	0.00	0.00	541.84	0.00	541.84	0.00	541.84	0.00	541.84	0.00	0.00	0.00
灯-125灯总成	0.00	1,945.40	0.00	0.00	0.00	0.00	1,945.40	0.00	1,945.40	0.00	1,945.40	0.00	1,945.40	0.00	0.00	0.00
灯-125灯总成	0.00	1,846.77	0.00	0.00	0.00	0.00	1,846.77	0.00	1,846.77	0.00	1,846.77	0.00	1,846.77	0.00	0.00	0.00
灯-125灯总成	0.00	108.05	0.00	0.00	0.00	0.00	108.05	0.00	108.05	0.00	108.05	0.00	108.05	0.00	0.00	0.00
100型发动机-J脚启动	1,500.00	136,110.00	0.00	0.00	0.00	1,500.00	136,110.00	1,500.00	136,110.00	1,500.00	136,110.00	1,500.00	136,110.00	0.00	0.00	0.00
100型发动机-J脚启动	1,500.00	2,970.00	0.00	0.00	0.00	1,500.00	2,970.00	1,500.00	2,970.00	1,500.00	2,970.00	1,500.00	2,970.00	0.00	0.00	0.00
100型发动机-J脚启动	1,500.00	3,690.00	0.00	0.00	0.00	1,500.00	3,690.00	1,500.00	3,690.00	1,500.00	3,690.00	1,500.00	3,690.00	0.00	0.00	0.00
100型发动机-J脚启动	1,500.00	77,760.00	0.00	0.00	0.00	1,500.00	77,760.00	1,500.00	77,760.00	1,500.00	77,760.00	1,500.00	77,760.00	0.00	0.00	0.00
100型发动机-J脚启动	1,500.00	140,535.00	0.00	0.00	0.00	1,500.00	140,535.00	1,500.00	140,535.00	1,500.00	140,535.00	1,500.00	140,535.00	0.00	0.00	0.00
100型发动机-J脚启动	1,500.00	126,150.00	0.00	0.00	0.00	1,500.00	126,150.00	1,500.00	126,150.00	1,500.00	126,150.00	1,500.00	126,150.00	0.00	0.00	0.00
100型发动机-J脚启动	1,500.00	127,500.00	0.00	0.00	0.00	1,500.00	127,500.00	1,500.00	127,500.00	1,500.00	127,500.00	1,500.00	127,500.00	0.00	0.00	0.00
100型发动机-J脚启动	1,500.00	149,430.00	0.00	0.00	0.00	1,500.00	149,430.00	1,500.00	149,430.00	1,500.00	149,430.00	1,500.00	149,430.00	0.00	0.00	0.00
100型发动机-J脚启动	1,500.00	152,580.00	0.00	0.00	0.00	1,500.00	152,580.00	1,500.00	152,580.00	1,500.00	152,580.00	1,500.00	152,580.00	0.00	0.00	0.00
100型发动机-J脚启动	1,500.00	59,835.00	0.00	0.00	0.00	1,500.00	59,835.00	1,500.00	59,835.00	1,500.00	59,835.00	1,500.00	59,835.00	0.00	0.00	0.00
100型发动机-J脚启动	1,500.00	59,790.00	0.00	0.00	0.00	1,500.00	59,790.00	1,500.00	59,790.00	1,500.00	59,790.00	1,500.00	59,790.00	0.00	0.00	0.00
100型发动机-J脚启动	0.00	5,344.59	0.00	0.00	0.00	0.00	5,344.59	0.00	5,344.59	0.00	5,344.59	0.00	5,344.59	0.00	0.00	0.00
100型发动机-J脚启动	1,500.00	14,964.82	0.00	0.00	0.00	1,500.00	14,964.82	1,500.00	14,964.82	1,500.00	14,964.82	1,500.00	14,964.82	0.00	0.00	0.00
100型发动机-J脚启动	0.00	541.84	0.00	0.00	0.00	0.00	541.84	0.00	541.84	0.00	541.84	0.00	541.84	0.00	0.00	0.00
100型发动机-J脚启动	0.00	1,945.40	0.00	0.00	0.00	0.00	1,945.40	0.00	1,945.40	0.00	1,945.40	0.00	1,945.40	0.00	0.00	0.00
100型发动机-J脚启动	0.00	1,846.77	0.00	0.00	0.00	0.00	1,846.77	0.00	1,846.77	0.00	1,846.77	0.00	1,846.77	0.00	0.00	0.00
100型发动机-J脚启动	0.00	108.05	0.00	0.00	0.00	0.00	108.05	0.00	108.05	0.00	108.05	0.00	108.05	0.00	0.00	0.00

数据　　共265条 共1页

账套:(107)成本会计电算化实务　张红(账套主管)　2022-01-31 16:11　4006-600-588

图 9-5　产品成本明细表

在用友 ERP-U8V10.1 成本管理系统中，同“工产品成本汇总表”相似，可编辑“在产品成本明细表”“入库产品成本明细表”“批次成本明细表”“期初在产调整明细表”“辅助服务成本明细表”等明细表的格式和取数公式，以及自动生成相关报表。

三、成本自定义报表

创建自定义报表的主要操作包括：选择多张表并定义表间关联关系；选择数据源字段，定义分组、定义排序和查询条件；定义交叉表和多元交叉表。选择报表夹，单击“增加”按钮，进入自定义报表设置界面，可根据自己的需要创建自定义查询表，以满足各种不同的查询需要。

成本自定义报表可在用友 ERP-U8V10.1 成本管理系统中，通过单击“增加”按钮进行自定义报表的格式和取数公式设置，也可以在 UFO 报表程序中进行自定义报表格式和取数公式设置。

（一）产品成本表的编制方法

（1）“上年实际平均单位成本”项目：根据上年度本表所列各种可比产品的全年累计实际平均单位成本填列。

（2）“本年计划单位成本”项目：根据年度成本计划的有关资料填列。

（3）“本月实际单位成本”项目：根据产品成本明细账中的资料计算填列。某产品本月实际单位成本＝该产品本月实际总成本÷该产品本月实际产量。

（4）“本年累计实际平均单位成本”项目：根据有关产品成本明细账资料计算填

列。某产品本年累计实际平均单位成本=该产品本年累计实际总成本÷该产品本年累计实际产量。

（5）“本月总成本”各项目：根据本月实际产量与相应单位成本之积填列。

其中“本月实际”项目：根据本月有关产品成本明细账的记录填列。

（6）“本年累计总成本”各项目：按本年累计实际产量与上年实际平均单位成本之积填列。

（二）主要产品单位成本表的编制方法

（1）“历史先进水平”栏各项目：反映本企业历史上该产品成本最低年度的实际平均单位成本和实际单位用量，根据有关年份成本资料填列。

（2）“上年实际平均”栏各项目：反映上年实际平均单位成本和单位用量，根据上年度本表的“本年累计实际平均”单位成本和单位用量的资料填列。

（3）“本年计划”栏各项目：反映本年计划单位成本和单位用量，根据年度成本计划资料填列。

（4）“本月实际”栏各项目：反映本月实际单位成本和单位用量，根据本月产品成本明细账等有关资料填列。

（5）“本年累计实际平均”栏各项目：反映本年年初至本月月末该产品的平均实际单位成本和单位用量，根据本年年初至本月月末的已完工产品成本明细账等有关资料，采用加权平均计算后填列。

（三）制造费用成本表的编制方法

（1）“本年计划数”项目：根据本年制造费用预算填列。

（2）“上年实际数”项目：根据上年度本表的“本年实际数”栏相应数字填列。如果表内所列费用项目与上年度的费用项目在名称和内容上不一致的，应对上年度的各项数字按本年度表内项目的规定进行调整。

（3）“本年实际数”项目：根据本年“制造费用明细账”中各费用项目累计数填列。

第三节　成本分析的内容、流程与方法

一、成本分析及其内容

成本分析主要是根据计划成本和历史期间的实际成本数据，运用一定的分析算法来分析目的期间的成本中心的成本数据或目标产品的成本数据，监控成本的高低变化情况，以达到对生产过程进行监督考核、降低成本提高经济效益的目的。

目前，在成本管理系统中提供批次产品成本追踪分析、成本中心内部利润分析、产品成本差异分析、成本项目构成分析、材料消耗差异、标准成本差异分析等分析方法，系统采用一些数学模型方法，根据历史（计划）成本资料，自动进行成本分析。

二、成本分析流程

在用友 ERP-U8V10.1 成本管理系统中，成本分析流程如图 9-6 所示。依据成本核算报表，可将成本分析分为产品成本分析、成本中心成本分析、订单成本分析，从而进行成本预测。

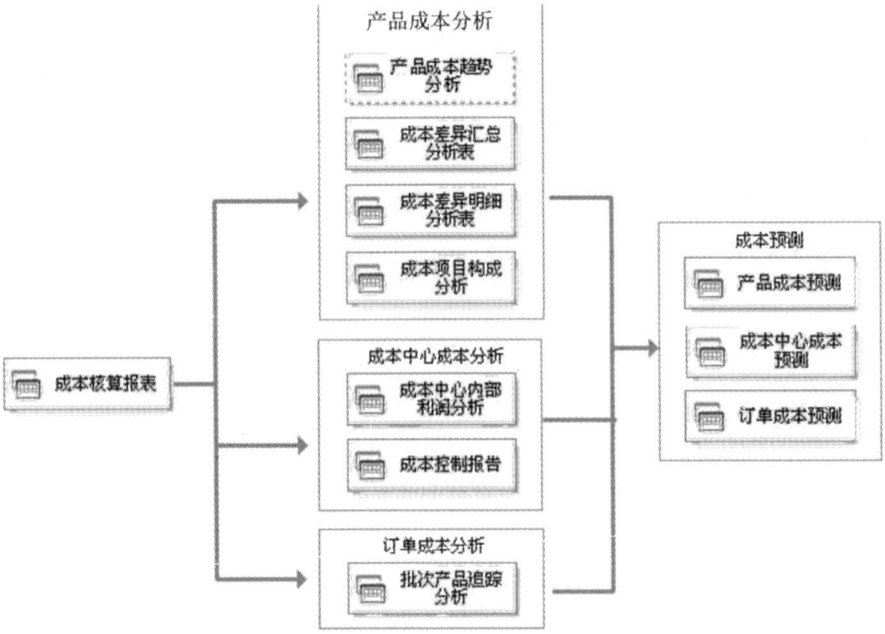

图 9-6　成本分析流程

三、成本分析方法

成本分析主要有整体分析法和指标分析法两种方法。

（一）整体分析法

整体分析法包括水平分析法、垂直分析法和趋势分析法。

1. 水平分析法

水平分析法是将反映企业报告期成本的信息（特别指成本报表信息资料）与反映企业前期或历史某一种成本状况的信息进行全面、综合对比，研究企业经营业绩或成本状况的发展变动情况的一种成本分析方法。

2. 垂直分析法

垂直分析法是通过计算成本报表中各项目占总体的比重或结构，反映报表中的项目与总体的关系及其变动情况的一种成本分析方法。

3. 趋势分析法

趋势分析法是根据企业连续几年或几个时期的分析资料，运用指数或完成率的计算，确定分析期各有关项目的变动情况和趋势的一种成本分析方法。

（二）指标分析法

指标分析法主要包括比较分析法和比率分析法。

1. 比较分析法

比较分析法是通过实际数与基数的对比来揭示实际数与基数之间的差异，借以了解经济活动的成绩和问题的一种分析方法。

比较分析法适用于同质指标的数量对比。采用这种分析方法，应注意相比指标的可比性，可比的共同基础包括经济内容、计算方法、计算期和影响指标形成的客观条件等方面。若指标不可比，应先按可比的口径进行调整，然后再进行对比。该方法有以下几种对比形式：

（1）以成本的实际指标与计划或定额指标对比，分析成本计划或定额的完成情况。

（2）以本期实际成本指标与前期（上期、上年同期或历史最好水平）的实际成本指标对比，观察企业成本指标的变动情况和变动趋势。

（3）以本企业实际成本指标（或某项技术经济指标）与国内外同行业先进指标对比，可以在更大范围内找出差距，推动企业改进经营管理。

2. 比率分析法

比率分析法是通过计算指标之间的比率，来考察企业经济活动相对效益的一种分析方法。比率分析法主要有相关指标比率分析法、构成比率分析法和动态比率分析法。

相关指标比率是将两个性质不同但又相关的指标进行对比求出的比率，如产值成本率、成本利润率等。

构成比率是某项经济指标的各个组成部分占总体的比重，如各成本项目占总成本的比率等。

动态比率是将不同时期的同类指标进行对比求出的比率，据以分析增减速度和变动趋势，如定基比率和环比比率。

定基比率=分析期指标数额/固定期指标数额。

环比比率=分析期指标数额/前一期指标数额。

参考文献

陈英蓉，2009. 会计电算化实务［M］. 成都：西南财经大学出版社.

王新玲，2018. 会计信息系统实验教程［M］. 北京：清华大学出版社.

张力上，宋浩，2020. 成本会计［M］. 成都：西南财经大学出版社.